法治新闻概论

范玉吉 主编

上海三联书店

目 录

序 ·· 001

第一章 从法制新闻到法治新闻 ··· 001
  第一节 法治新闻定义 ·· 001
    一、法制新闻 ·· 002
    二、法治新闻 ·· 008
  第二节 法治新闻发展简史 ·· 010
    一、法制媒体的发展 ·· 012
    二、国家对法制媒体的管理 ·· 031
  第三节 法治新闻的特性 ·· 035
    一、新闻性 ·· 035
    二、法治性 ·· 044
    三、政治性 ·· 047
  第四节 法治新闻的职能 ·· 050
    一、传播信息 ·· 050
    二、舆论引导 ·· 052
    三、舆论监督 ·· 055
    四、普法教育 ·· 057

第二章 法治新闻采访与写作 ··· 064
  第一节 法治新闻采访 ·· 064
    一、法治新闻采访的准备 ·· 065

二、法治新闻采访的要求 …………………………………… 072
　　三、法治新闻采访的方法技巧 ……………………………… 076
第二节　法治消息写作 …………………………………………… 081
　　一、法治消息的类型 ………………………………………… 081
　　二、法治消息的结构 ………………………………………… 086
　　三、法治消息的导语与标题 ………………………………… 093
第三节　法治通讯写作 …………………………………………… 100
　　一、通讯的特征 ……………………………………………… 100
　　二、通讯的结构 ……………………………………………… 102
　　三、通讯的主题 ……………………………………………… 107
第四节　法治深度报道 …………………………………………… 113
　　一、深度报道概述 …………………………………………… 113
　　二、法治调查性报道 ………………………………………… 119
　　三、法治解释性报道 ………………………………………… 123
　　四、法治连续报道 …………………………………………… 125

第三章　法治新闻策划及案例分析 …………………………… 129
第一节　法治新闻策划的意义与理论基础 ……………………… 129
　　一、法治新闻策划的意涵 …………………………………… 129
　　二、法治新闻策划的理论支撑 ……………………………… 132
　　三、法治新闻策划的建设性功能 …………………………… 135
第二节　法治新闻策划的主题类型与案例分析 ………………… 137
　　一、刑事案件的法治新闻策划报道 ………………………… 138
　　二、涉未成年人犯罪法治新闻的策划报道——以"大连13岁男孩
　　　　杀害10岁女孩案"为例 …………………………………… 143
　　三、反腐案件法治新闻策划所呈现的社会启示 …………… 149
　　四、家庭伦理类恶性案件的法治新闻策划——以正义网《枕边行
　　　　凶者图鉴》………………………………………………… 153
第三节　新媒体时代主流媒体的法治新闻策划 ………………… 157
　　一、新媒体法治新闻策划更要明确主要目的 ……………… 157
　　二、央视"两微"端法治新闻报道案例分析 ……………… 166

三、主流媒体"两微"端参与法治新闻策划 …………………… 177

第四章 电视法治节目与融媒体时代的新发展 …………… 184
第一节 媒体融合背景下电视法治节目的发展 ………………… 184
一、电视法治节目生态环境的嬗变 ……………………………… 185
二、电视法治节目面临的挑战 …………………………………… 187
三、电视法治节目面临的机遇 …………………………………… 192
四、"八五"普法时期电视法治节目发展的展望 ……………… 194
第二节 电视法治节目的类型与经典节目解析 ………………… 196
一、电视法治节目的特性与类型 ………………………………… 197
二、经典电视法治节目解析 ……………………………………… 199
第三节 融媒体时代电视法治节目的挑战与机遇 ……………… 216
一、融媒体时代电视法治节目的现实困境 ……………………… 216
二、融媒体时代电视法治节目的优化路径 ……………………… 220

第五章 法治新闻与社会主义法治国家建设 ……………… 233
第一节 法治新闻报道与国家法治形象塑造 …………………… 233
一、国家法治形象与国家形象 …………………………………… 234
二、法治报道与国家法治形象塑造 ……………………………… 235
三、法治报道失当与国家法治形象塑造偏差 …………………… 237
四、改进国家法治形象塑造的路径探索 ………………………… 241
第二节 法治传播与公民法治信仰的塑造 ……………………… 243
一、法治信仰与法治传播 ………………………………………… 243
二、法治传播的主要内容 ………………………………………… 244
三、法治传播的主要途径 ………………………………………… 246
第三节 法治报道失当对司法公正的影响 ……………………… 249
一、从"南北稻香村案"看司法报道失当 ……………………… 249
二、司法报道应慎重给案件定性 ………………………………… 250
三、司法报道失当的影响分析 …………………………………… 252
四、提高媒体法律素养的重要性 ………………………………… 255
第四节 "融媒+智媒"背景下的法治新闻传播 ……………… 257

一、法治新闻传播的当代责任 …………………………… 257
二、法治新闻传播的当代困境 …………………………… 260
三、"融媒＋智媒"发展为法治新闻传播带来的新机遇 ……… 263
第五节　用受众思维做好媒体融合时代的法治报道 …………… 267
一、了解受众：选择宣传载体 …………………………… 268
二、满足受众：创新宣传文本 …………………………… 271
三、倾听受众：强化宣传互动 …………………………… 275

序

  华东政法大学是中华人民共和国成立后创办的第一批高等政法院校,1952年6月在圣约翰大学的旧址成立;圣约翰大学是中国最早办新闻学专业的大学,1920年在全国首办新闻系,这是中国历史上的第一个大学新闻系。于是,在这个充满了历史文化气息的校园里,法学和新闻学融合便是最顺理成章的事了。

  上海是中国法制[①]新闻报道最早的实践地。1979年8月,《民主与法制》杂志在上海创刊,这是我国创办的第一份以报道法律、伦理为主要内容,以普法宣传教育为主旨的法制专业性刊物。在此之后,法制媒体如雨后春笋,次第涌现:1980年《中国法制报》(今《法治日报》)和《新疆法制报》在北京创办,1981年《青海法制报》和《大连法制报》创办,1982年《江西法制报》《山东法制报》《湖北法制报》和《云南法制报》创办,1983年《天津法制报》《河北法制报》和《安徽法制报》创办……与此同时,法制电视、电台节目、栏目、频道也在当时纷纷亮相,全国呈现出了一片普法宣传的新气象。但是早期的法制报道,新闻学专业出身的记者法学素养不足,而法学专业出身的记者新闻素养不足,这样的采编队伍对当时法制新闻报道的专业化、科学化是有很大影响的。于是,1988年,受司法部委托,华东政法大学开办了全国首期法制新闻培训班,学员是来自当时全国法制报刊一线的采编人员。这次培训为华东政法大学开启了一个新的科学方向——法制新闻,朱淳良、谈大正、袁一锋等老师开始了法制新闻的教学与研究探索。

  华东政法大学的法制新闻教育正式起源于20世纪90年代中期。从

[①] "法制"与"法治"是法学界同时使用的两个名词,"法制"多用于早期的表述中,"法治"为当前主流的选择,因此本书中可能会存在两者并存与混用的情况,常见于专名、引文等,特此说明。

1995年起,华东政法大学每年在全校本科二年级学生中选拔100人组成法制新闻专门化班,开展为期两年的法制新闻专业课程辅修,其间学生需完成新闻学主干课程及法制新闻相关课程并取得30多个学分才可拿到合格证。经过这样的专业学习,不少专门化班的毕业生后来都成了各地媒体机构的业务骨干。在此基础上,1996年10月,华东政法大学举办了一期全国法制报刊总编研修班,聘请法学界、新闻界著名的专家、教授来为研修班学员授课。本次研修班的效果甚好,反响强烈。"各报刊'老总'一致希望分层、分期对法制新闻从业人员进行有计划的培训。"[①]当时考虑到业界强烈的需求和华东政法大学较强的法制新闻培训能力,司法部和中华全国法制新闻协会决定创办一个全国性的法制新闻培训基地——中华全国法制新闻协会法制新闻培训中心,基地常设在华东政法大学;中心主任由时任司法部副部长刘飏担任,副主任由司法部宣传司领导及华东政法大学领导担任;中心设有培训部和学术交流部,每年举办2—3期培训班。为了加强法制新闻的理论研究,1996年10月,华东政法大学还成立了法制新闻研究中心,研究中心的宗旨是"以提高法制新闻队伍的总体素质为己任,进行法制新闻的理论建设,研究法制新闻的自身规律,为法制新闻战线培养既有正确的政治方向,又懂法律、懂新闻、基础理论扎实、动手能力过硬的跨世纪人才"[②]。司法部对该研究中心也高度肯定、大力支持,时任司法部宣传司司长、中华全国法制新闻协会副会长兼秘书长刘一杰和副司长尹燕鹿担任该中心顾问。经过几年的努力,当时几乎全国所有的法制报刊和部分电台、电视台法制频道或栏目的骨干采编人员都到华政来参加过培训;若干年后,这些采编骨干不少人成了当地媒体机构的掌舵人。

进入21世纪,华东政法大学的法制新闻教育逐渐从短期培训转向了法治新闻的学历化教育。2003年,华东政法大学申报成功了本科新闻学专业(法治新闻方向),2004年开始面向全国招生。2008年6月28日,华东政法大学承办了由司法部、中华全国法制新闻协会主办的全国法制新闻研讨会,会议的主题为"法治精神·舆论监督·和谐社会",全国27家中央、地方新闻媒体,各省市司法厅和知名院校专家学者代表80余人齐聚华政,共同研讨法制新闻理论和实践中出现的新问题。时任司法部副部长、中华全国法制新闻

---

① 朱淳良:《司法部在华东政法学院设法制新闻培训中心》,载《新闻记者》1997年第10期。
② 《华东政法学院新建法制新闻研究中心》,载《中国律师》1997年第1期。

协会会长张苏军到会讲话,张苏军同志指出,"法制新闻宣传作为法制宣传教育的有效形式,不仅是党的新闻宣传工作的重要组成部分,也是推进民主法制建设的基础性工作"①。张苏军同志鼓励高校在培养法治新闻人才的同时,也要做好法制新闻的理论研究工作,并且他充分肯定了华东政法大学当时在法治新闻人才培养与理论研究方面取得的成绩。2014年,华东政法大学的新闻学专业因其法治新闻的鲜明特色,被上海市教育委员会确定为"上海市卓越新闻传播人才教育培养基地";2015年,华东政法大学获得传媒法制二级学科硕士学位授予权;2017年,华东政法大学获得新闻传播学一级学科硕士学位授予权和新闻与传播专业硕士学位授予权;2020年,华东政法大学新闻学专业获评国家级一流本科。这些年,在法治新闻的人才培养方面,华东政法大学可以说是一步一个脚印,一年一大变化。

在提高人才培养层次和质量的同时,华东政法大学对法治新闻的研究也在持续进步。华东政法大学有一支实力强大的法治新闻研究团队,出版了不少实质性的研究成果,如《论隐性采访的法治成本》(李艺著,法制出版社2009年版)、《政治传播:中国镜像与他国镜鉴》(孔洪刚著,法制出版社2012年版)、《法制新闻话语叙事研究》(薛朝凤著,法制出版社2012年版)、《媒介的尺度:经典侵权案例解析》(石屹著,北京大学出版社2013年版)、《自由的边界——日本媒体侵权研究》(韩景芳著,北京大学出版社2014年版)、《传媒侵权案例评析》(范玉吉著,法律出版社2017年版)、《新闻采集与法》(彭桂兵著,北京大学出版社2020年版)等。华东政法大学"法制新闻研究中心"多年来一直专注于法治新闻的研究,从2012年起,与中华全国法制新闻协会合作,出版了《中国年度法治新闻视角》系列丛书共8本,对每一年度中国最具影响力的法治新闻进行分析评论。

在从事法治新闻教学研究的过程中,我们对法治新闻的理论规律有了一些新的认知与了解,特别是在和业界的专家进行交流的过程中,对这些规律又有了新的思考与理解,于是我们决定把我们的所思所想写出来,把我们教学过程中总结出来的想法写出来,以期更好地为人才培养服务。本书第一章和第五章由范玉吉教授撰写,第二章由孔洪刚副教授撰写,第三章由刘展副教授撰写,第四章由巢立明副教授撰写。

---

① 《全国法制新闻研讨会召开》,载《法制日报》2008年6月30日。

当今时代,实现中华民族的伟大复兴的事业对依法治国提出了更高的要求,在依法治国、依法执政、依法行政共同推进,法治国家、法治政府、法治社会一体建设的进程中,会产生许许多多有价值的新闻,这是人民群众法治实践的历史性呈现,是法治新闻的富矿。如果法治新闻不能在这样的时代紧紧抓住时代的脉搏,把最鲜活的法治新闻记录下来,那么就是对依法治国伟大实践的轻视甚至是无视。在编辑《中国年度法治新闻视角》丛书时,笔者在每一册书的封面上都写了这样一句话:"关注年度法治新闻,记录中国法治进程。"在我们看来,研究中国年度法治新闻,就是在写当代中国法治的编年史,作为中华人民共和国成立后创办最早的政法大学之一,我们有责任也有义务来做这件事。在《2018年度法治新闻视角》一书的后记里,笔者这样写道:"我们对自己的国家是热爱的,我们怀着赤子的热忱去关心我们国家所发生的一切。全面推进依法治国,加快建设社会主义法治国家是党中央的战略部署。法治新闻是推动社会主义法治国家的重要力量,法治新闻不仅是报道了一个法治新闻,它的重要使命是讲好法治中国故事,传播以宪法为中心的中国特色社会主义法律体系,宣传以民为本、立法为民的理念;传播依法行政和法治政府建设的成就,塑造法治政府良好形象;传播公正司法、严格司法的新闻,加强司法活动监督,以提高司法公信力;传播立法、执法和司法中涌现的典型人物和事例,揭露和批评法治建设过程中的丑恶现象,推动法治队伍建设;传播守法光荣、违法可耻的新闻以增强全民的法治观念,推动法治社会建设。通过法治新闻,让民众了解、接受这些信息,最终形成关于法治国家、法治政府和法治社会的理念,对法治国家的建设至关重要。"①这段话几乎就涵盖了法治新闻的内容、作用、意义等。我们希望的是从事法治新闻报道的采编人员能站在法治中国建设的高度,用好法治新闻这一记录中国法治进程的重要工具,讲好法治中国故事,真正在推动法治中国建设方面发挥应有的作用。

这是本书诸位作者的目的,也是本书出版的目的。

范玉吉
2022年2月28日于沪上望曦轩

---

① 范玉吉:《用良心和责任记录中国法治进程》,载《2018中国年度法治新闻视角》,法律出版社2019年版,第285页。

第一章

从法制新闻到法治新闻

新闻活动是人类社会最重要的活动方式,在今天,新闻已经成为人们日常生活和工作的必需品。随着社会发展,行业分类越来越细,不同行业对新闻活动的要求体现出了本行业的独特性,新闻活动从内容层面产生了进一步的专业化细分,如经济新闻、军事新闻、科技新闻、法治新闻、体育新闻、文化新闻等。随着我国依法治国方略的实施,也随着法治中国建设的进一步推进,法治新闻活动越来越受到重视,但是关于法治新闻的研究却还需要深入推进。

第一节 法治新闻定义

新闻活动是人们进行信息生产和传播的一种社会性活动,它建基于人类的社会生产、生活等活动,是上层建筑的一部分。新闻活动的历史很悠久,"原始社会的信息交流与人类的生产劳动和生存发展息息相关。人们把自己在生产劳动实践中所看到的、听到的和认识到的各种事物和信息,用最简单的方式传递给他人,进而达到沟通和协调的目的。这种传递信息的方式虽然十分原始,但已包含新闻传播活动必备的一些要素"①。俄国文艺理论家、美学家普列汉诺夫曾在其研究艺术起源的名著《没有地址的信》中用大量的事例来证明,原始人的绘画并不是用来审美的,其实际目的是向同伴传递信息。② 随着人们后社会生产与生活活动的发展,新闻传播从内容、工具到手段都在不断演进,但将"新闻"一词用来指称我们如今所谓的"新闻出版""新闻

---

① 《新闻学概论》编写组编:《新闻学概论》(第二版),高等教育出版社2020年版,第18页。
② [德]席勒、[俄]普列汉诺夫:《大师谈美》,李光荣译,重庆出版社2008年版,第280—291页。

报道"却比较晚。"新闻"一词无论在我国还是在西方,最初都和"新鲜事物、新奇见闻"有关,后来才逐渐和报业发生关系,"近代以来,随着定期印刷报纸的日益增多,'新闻'一词和新闻现象、新闻传播活动的关系越来越密切,其含义也逐渐拓宽",一指"新近发生的新鲜事情、现象和奇闻逸事",二指"报纸",三指"新闻事业",四指"新闻报道"。① 现代新闻业在观念内容和形式结构上萌芽于 17 世纪,成型于 19 世纪末 20 世纪初。② 从 1815 年 8 月 5 日英国基督教传教士威廉·米怜(William Milne)在南洋马六甲发行《察世俗每月统记传》起至今,中国现代新闻事业已经走过了 200 多年的时光。从 1949 年起至今,在中国共产党的领导下,我国社会主义新闻事业经过 70 多年的发展,取得了辉煌的成就。特别是 1978 年以后,进入改革开放时期,中国社会在政治、军事、经济、科技、文化、教育等各方面都发生了巨大的变化,从而也给新闻事业带来了新的发展机遇,经济新闻、体育新闻、法治新闻、科技新闻等专业新闻类型应运而生。

新闻是对社会生活的记录和报道,新闻内容问题和社会生活的发展密切相关。新闻活动随着社会的发展而发展,因社会变革而变革。1978 年改革开放以后,我国加强了社会主义民主与法治建设,实施依法治国方略,确定了建立社会主义市场经济的基本目标,使中国走上了以法治国和依法治国的法治轨道。特别是自 1986 年开始第一个五年普法规划以来,中国在法治宣传教育上取得了巨大的成就。随着法治建设进程的推进,中国的法治新闻事业从整个新闻事业中脱颖而出,成为新闻事业大花园中最瑰丽的花朵之一。在法治新闻事业 40 多年的发展历程中,"法治新闻"这一概念也经历了一个从"法制新闻"向"法治新闻"过渡的历程。从"法制新闻"变成"法治新闻",不仅仅是一字之变,也不仅仅是名称之变,而是法治中国建设的伟大事业之变,是法治建设的理念之变。这个"变"中蕴含着中国社会主义法治建设的理想、信念,也蕴含着中国建设社会法治国家的信心与决心。

一、法制新闻

"法制新闻,是新闻学中的一个分支,随着社会主义民主与法制建设的不

---

① 《新闻学概论》编写组编:《新闻学概论》(第二版),高等教育出版社 2020 年版,第 21 页。
② 程金福、胡祥杰:《现代新闻业趋于何时》,载《新闻大学》2014 年第 5 期。

断推进,法制新闻的作用日益明显。"①1979 年 8 月,夏征农和罗竹风在上海创办了以刊载政治、法律、社会、伦理等方面稿件为主的综合性新闻期刊《民主与法制》,法制和新闻的关系正式在新闻出版中确立。整整一年之后的 1980 年 8 月,中国第一份以"法制"命名的、面向国内外公开发行的全国性报纸《中国法制报》在北京创办。"法制新闻"这一名称正式诞生。改革开放之初,社会主义现代化建设加快了步伐,尚没有提及"法治",主要还是在法律制度的完善方面努力,邓小平同志就指出:"必须使民主制度化、法律化,使这种制度和法律不因领导人的改变而改变,不因领导人的看法和注意力的改变而改变⋯⋯国家和企业、企业和企业、企业和个人等等之间的关系也要用法律的形式来确定;它们之间的矛盾,也有不少要通过法律来解决。"②所以,改革开放初期,"法制"建设是重点,新闻报道主要就是在反映中国社会主义法制建设中产生的新闻事件。当然,在加快立法的同时,也必须加强普法宣传教育工作的力度。邓小平同志在 1980 年就表示,"要讲法制,真正使人人懂得法律,使越来越多的人不仅不犯法,而且能积极维护法律"③,"在党政机关、军队、企业、学校和全体人民中,都必须加强纪律教育和法制教育。⋯⋯对一切无纪律、无政府、违反法制的现象,都必须坚决反对和纠正。否则我们就决不能建设社会主义,也决不能实现现代化"④。1984 年 5 月,彭真同志在首都新闻界座谈会上对参加座谈会的新闻工作者说:"要做到依法办事,离不开宣传工作,特别是要使法律家喻户晓,使人们知法、懂法、守法,离不开通讯社、报纸、刊物、电台、出版等部门同志的努力。⋯⋯你们是党的喉舌、国家的喉舌,也是人民的喉舌,希望你们一定要努力工作,积极完成党和国家交给的这个光荣任务。"⑤这个任务不是别的,就是加强法制宣传,做好法制新闻的报道工作。中央也高度重视法制宣传教育工作,在 1986 年开始在全国范围内进行普法宣传教育活动,党中央、国务院、全国人大多次就法制宣传教育发文。1994 年,国务院批准的司法部职能配置、内设机构和人员编制方案中,明确

---

① 杨永敏:《论法制新闻》,载《杭州大学学报》1993 年第 4 期。
② 邓小平:《解放思想,实事求是,团结一致向前看》,载《邓小平文选(第 2 卷)》,人民出版社 1994 年版,第 146—147 页。
③ 邓小平:《目前的形势和任务》,载《邓小平文选(第 2 卷)》,人民出版社 1994 年版,第 254 页。
④ 邓小平:《贯彻调整方针,保证安定团结》,载《邓小平文选(第 2 卷)》,人民出版社 1994 年版,第 360 页。
⑤ 转引自青锋:《谈谈新闻与法律的关系》,载《青海社会科学》1985 年第 1 期。

了司法部在法制宣传教育工作方面的职责,规定司法部是国务院主管全国司法行政工作的职能部门,主要职责的第四项是"制定全国法制宣传教育和普及法律常识规划并组织实施,指导各地区、各行业的依法治理工作,指导对外法制宣传工作"①。法制宣传教育在当时取得了全社会的共识,对法制宣传教育的重要性在认识上形成了高度的一致性,"进行社会主义法制宣传教育,一方面要使广大干部群众了解宪法和法律规定的内容和精神,懂得法律知识,掌握法律武器,另一方面要传播和灌输社会主义法律意识,培养干部群众的社会主义法制观念"②。有这样的认识,那么法制新闻作为法制宣传的重要手段和途径,就得到了学界和业界的一致认同。

从学科的角度看,"法制新闻是一门新兴学科,它将新闻学与法学结合起来,形成新闻学的一个分支学科……形成一种交叉边缘学科"③。这一学科通过对法制新闻的发展史、法制新闻理论、法制新闻实务进行深入研究,形成法制新闻学术框架和独特的学科体系,以指导法制新闻的实践。

法制新闻属于专业新闻类别,蓝鸿文主编的《专业采访报道学》就认为,法制新闻属于专业新闻的一种,"法制新闻就是社会生活各方面新近发生的与法制相关的、有新闻价值的事实的报道"④。专业新闻是改革开放后出现的新的新闻类型。随着中国社会主义建设事业的发展,许多领域都取得了巨大的成就,这就需要在新闻报道方面进行集中宣传报道,而原有的新闻媒体无论从数量上还是从能力上都不能满足社会主义新闻宣传事业的需要,在此情况下,专业新闻应运而生。1984年1月1日《经济日报》创办、1984年12月中央电视台经济部成立、1985年3月1日中央电视台《体育新闻》开播、1986年1月1日《科技日报》(原名《中国科技报》)创办、1987年5月1日《金融时报》创办、1988年7月1日《体坛周报》创办……专业性报刊、频道、频率在20世纪80年代如雨后春笋般生长起来。法制新闻报刊就是这一报刊"新军"中的一员。

法制新闻作为一种自觉的新闻实践始于改革开放,但法制新闻作为一个理论研究的对象却基本上成熟于20世纪末21世纪初,不但出现了一些法制

---

① 张勇:《关于法制宣传教育工作规范化的几点思考》,载《当代司法》1995年第8期。
② 杨奉达:《社会主义法制宣传中必须注意的几个观点》,载《法学杂志》1983年第1期。
③ 赵中颉主编:《法制新闻与新闻法制》,法律出版社2004年版,第8页。
④ 蓝鸿文主编:《专业采访报道学》,法律出版社2001年版,第16页。

新闻的研究机构,而且还涌现出了一大批研究成果。蓝鸿文主编的《专业采访报道学》(中国人民大学出版社1991年版)第三章就是关于法制新闻的采访报道研究,方可等主编的《法制新闻概述》(法律出版社1992年版)直接点题对法制新闻进行研究,刘佑生主编的《法制报刊采编实务》(法律出版社1998年版)从法制报刊的角度来研究法制新闻业务,张平宇的《法制新闻报道与写作》(四川人民出版社1998年版)直接对法制新闻业务进行研究,其他的著作还包括肖义舜、何勤华主编的《法制新闻学》(法律出版社2001年版),赵中颉主编的《法制新闻——法制新闻研究(第1卷)》(重庆出版社2001年版),李矗的《法制新闻报道概说》(中国广播电视出版社2002年版)等。单篇的论文研究成果就更多了,据中国知网(CNKI)不完全统计,1985—2005年间,关于法制新闻研究的论文就有400篇左右。目前已知最早研究法制新闻的学术论文是青锋发表于1985年第1期《青海社会科学》的《谈谈新闻与法律的关系》,此后相关研究成果不断涌现,法制新闻一度成了新闻学研究中的"显学"。

在这么多关于法制新闻的研究成果中,最早的论文研究成果大都使用了"法制新闻"这一概念,但是却没有对这一概念进行界定。如青锋的《谈谈新闻与法律的关系》[①]是最早研究法制新闻的论文,文章中对法制新闻必须担负的"不干扰国家司法机关正常法律活动的责任""不导致诱发犯罪后果的责任""不损害当事人合法权益的责任"之论述,就是放到今天看也是十分精准到位的,但不足之处就是没有对法制新闻进行界定。沈沉在《怎样扩大法制新闻的报道面?》[②]中批评了当时法制报刊把法制报道简化成了刑案报道的现象,记者编辑们"把法制工作单纯看作是公安部门破案、抓人,检察机关立案、起诉,人民法院审判,劳改部门关押、改造犯人",这实际上是对法制工作的片面认识,这样做的后果是法制宣传的路子会越走越窄。这样的批评切中肯綮、一针见血,但不足之处也是没有对法制新闻进行准确界定。黄生甫的《晚报的精神文明宣传——兼谈社会新闻》[③]一文则把法制新闻简单归入了"社会生活报道"之中,完全忽略了法制新闻的独特价值与当代使命。

目前可见的资料中,最早给法制新闻下定义的是王齐,他在1987年的一

---

① 青锋:《谈谈新闻与法律的关系》,载《青海社会科学》1985年第1期。
② 沈沉:《怎样扩大法制新闻的报道面?》,载《新闻记者》1986年第9期。
③ 黄生甫:《晚报的精神文明宣传——兼谈社会新闻》,载《新闻通讯》1986年第10期。

篇文章《法制新闻应有自己的地位》中认为,"法制新闻作为新闻事业中一个独立的门类,至今尚未引起新闻理论界的重视。这不能不说是新闻理论研究中的一个缺陷"。因此,他对当时已经积累起来的法制宣传报道的经验进行分析、综合、归纳和概括后,给出了法制新闻的定义:"法制新闻是宣传国家法律、法令,引导人民群众学法、用法、传播法制信息的报道。法制新闻寓法于案,寓理于事,与人民群众生活紧密相关,能引起广大群众广泛兴趣。"这个定义在今天看来当然是有很多不尽如人意的地方,但在法制新闻实践尚不充分的1987年,王齐能有这样的概括已实属不易。他甚至还明确指出要"防止一种错觉,就是不要一法制新闻,就认为是制裁、打击、抓人、判刑。法制新闻主要功能是反映法律的指导和教育作用"[①]。这样的认识对准确把握法制新闻的特点,深刻认识法制新闻的作用,可谓意义重大。

此后关于法制新闻的定义越来越多,学者们从不同的角度对法制新闻进行了多方位的概括。为了全面了解法制新闻概念的发展史,下面按时间顺序,引述不同阶段有代表性的定义:

① 胡冬舫:"(法制新闻)系指对我国社会主义民主建设、法制建设和依法进行国家管理的最近发生的事实的及时报道。"[②](1987年)

② 关小兰、汪木兴:"法制新闻,是指新近发生在法制工作或建设方面的、具有新闻价值的事实的报道。……作为独立的新闻样式,它与其他种类新闻的显著区别就是一个'法'字。'法'字既是法制新闻的显著特征,也是它的报道范围。"[③](1990年)

③ 杨永敏:"法制新闻是社会生活各方面新近发生的与法制相关的、有新闻价值的事实的报道。"[④](1993年)

④ 《中国新闻实用大辞典》:"法制新闻是关于法律制度的建立(立法)、执行(司法)、监督等的新闻。在国际新闻界中,这种报道内容分为:'法院新闻''警察新闻''犯罪新闻'等。在中国当代新闻业界中,法制新

---

① 王齐:《法制新闻应有自己的地位》,载《新疆新闻界》1987年第5期。
② 胡冬舫:《法制新闻宣传价值浅谈》,载《法学杂志》1987年第5期。
③ 关小兰、汪木兴:《简论法制新闻》,载《江西社会科学》1990年第2期。
④ 杨永敏:《论法制新闻》,载《杭州大学学报》1993年第4期。

闻具有较强的政治性,有时涉及有关党纪政纪、反腐倡廉的新闻报道。"①(1996年)

⑤ 甘景山:"法制新闻主要是新近发生的、重要的、有价值的,有关立法、司法、执法、守法和各行业、社会生活各方面与'法'有关的新闻报道。"②(1997年)

⑥ 蓝鸿文:"法制新闻就是社会生活各方面新近发生的与法制相关的、有新闻价值的事实的报道。"③(1997年)

⑦ 王强华:"法制新闻就是新近发生的重要的民主与法制生活的事实报道。"④(1998年)

⑧ 陈应革:"法制新闻就是以法制事件、法制问题、法制动态为依托的新近发生的法制事实的报道。"⑤(1999年)

以上定义虽然在表述上各不相同,但每个定义几乎都包含了以下几个方面:第一,法制新闻是新闻的一种,具有"新鲜""重要""真实"等新闻的全部特征和内涵,这是法制新闻区别于法制文学、法制故事等之重要特点;第二,法制新闻是包含"法制信息"或"法制意义"的新闻,与社会主义民主法制建设过程中的法制活动、法制生活等法制内容有关,这是其区别于其他类型的专业新闻的关键之所在;第三,法制新闻必须是从"法制"的角度对新闻进行采编,发现新闻事件中"法制"的因素或内涵。

但是,这些定义基本上都沿用了传统的新闻理论,套用了陆定一"新闻是新近发生的事实的报道"⑥这一定义,将新闻定义成了新闻报道。早在20世纪末,就有学者对这种关于新闻的定义方式提出了质疑。张允若认为,新闻不等于报道,新闻也不等于事实,新闻的本质应该也只能是信息。⑦周娟认为,一个成功的新闻定义要能体现出各要素之间的有机联系,这不仅在理论上十分必要,在实践上也能有助于新闻从业人员树立正确的新闻理念。所

---

① 冯健主编:《中国新闻实用大辞典》,新华出版社1996年版,第80页。
② 甘景山:《法制新闻写作纵横谈》,海峡文艺出版社1997年版,第113页。
③ 蓝鸿文主编:《专业采访报道学》,中国人民大学出版社1997年版,第113页。
④ 王强华主编:《法制报刊采编实务》,法律出版社1998年版,第7页。
⑤ 陈应革:《法制新闻的特点与功能》,载《中国记者》1999年第8期。
⑥ 陆定一:《我们对于新闻学的基本观点》,载《解放日报》1943年9月1日。
⑦ 张允若:《关于新闻定义的思考》,载《新闻记者》1998年第7期。

以,周娟给出的新闻定义是:"新闻是传播者借助特定媒介所选择的旨在满足受者需求的关于事实的新信息。"①可见,新闻并不等于新闻报道。新闻可以从本体论的角度来理解,新闻是信息;新闻也可以从报道的角度来理解,是经过媒体选择后报道的事实的信息。按照"新闻是……的信息"的定义模式,可以将法制新闻定义为:

> 法制新闻是借助新闻媒介所传播的旨在满足受众需求的关于法制事实的新信息。

具体来说,法制新闻是通过新闻媒介传播的、新近发生的、为受众所关注的、与社会主义法制建设有关的事实信息。新闻报道的重点则落在了报道上,报道是对新闻信息的选择过程,而选择又体现了媒体的立场、记者的素养、编辑的好恶。法制新闻不等于法制新闻报道,法制新闻是法制新闻报道的对象,法制新闻报道是对法制新闻的传播。

二、法治新闻

"法治新闻"和"法制新闻"虽然仅仅一字之差,但却有很大的不同。1988年出版的《中国大百科全书·法学》中只有"法制"(legal system,legality)这一条目,没有"法治"这一条目。"法制"一词有两个释义:首先指法律制度,其次指统治阶级管理国家的一种方式。后一意义上的"法制"与17世纪和18世纪资产阶级启蒙思想家所倡导的"法治"的内涵相一致。沈宗灵认为"法制"主要有三种含义:第一是指"法律"和"制度",或"法律制度";第二是指立法、执法、司法、守法和对法律实施的监督等动态意义上的法律;第三是指"依法办事"的原则,在这一意义上讲与"法治"相近。②

"法制"与"法治"内涵不同,而且在很长时间内不仅仅是内涵不同,更体现为意识形态上的差异。1949年以后,我国废除了旧法统,确立了社会主义法制,因此主流的观点认为,"法治"是资产阶级思想和法律理论体系,社会主义法制国家是不认同、不接受也不采用这个概念,不使用这一理论的。由于

---

① 周娟:《关于新闻定义的再思考》,载《新闻知识》2003年第1期。
② 沈宗灵:《"法制"、"法治"、"人治"的词义分析》,载《法学研究》1989年第4期。

受意识形态和政治观念的影响，"法治"和"法制"之间泾渭分明，前者属于资产阶级思想，后者则属于社会主义思想。1954年的《宪法》第85条规定了"中华人民共和国公民在法律上一律平等"，这虽然是"法治"的重要原则，但却被解释成了"社会主义法制"原则。即使是这样的解释，在1957年后也不能幸免，遭到了批判。因此，"法治"一词以及法治的相关问题就成了学术研究的禁区。1978年5月11日，《光明日报》以特约评论员的署名刊发了一篇文章——《实践是检验真理的唯一标准》，引发了全国性的真理标准问题大讨论，掀起了思想解放运动。1978年12月6日，《人民日报》发表了《坚持公民在法律上一律平等》一文，法学界的思想由此得到解放，开始了"人治与法治"问题的讨论，"法治"一词开始得到学术界的关注。如1979年第4期《吉林大学学报（哲学社会科学版）》就刊登了著名刑法学家高格的论文《谈谈人治与法治》，文章就对"我国为什么不能实行人治，必须实行法治，以及如何实行和加强社会主义法治"的问题进行了深入探讨。[①] 不过，全国主流的法学研究仍然停留在"法制"上。1978年12月22日通过的《中国共产党第十一届中央委员会第三次全体会议公报》指出，"为了保障人民民主，必须加强社会主义法制，使民主制度化、法律化，使这种制度和法律具有稳定性、连续性和极大的权威，做到有法可依，有法必依，执法必严，违法必究"[②]。这是官方最权威的文件，所以也是最具权威性的表述方式，即使有法学专家提出应当实行"法治"，但官方没有这样表述时，学界的观点无法成为主流。

  1989年9月，江泽民同志在中外记者招待会上就宣布："我们绝不能以党代政，也绝不能以党代法。这也是新闻界讲的人治还是法治的问题，我想我们一定要遵循法治的方针。"[③]1997年，党的十五大报告首次正式提出要"建设社会主义法治国家"；1999年，九届全国人大二次会议通过的《宪法修正案》规定："中华人民共和国实行依法治国，建设社会主义法治国家。"从依法治国到建设社会主义法治国家，中国在国家治理方略上实现了重大的转变。法治既是一种治国的方略，又是一种法律价值和法律精神。随着依法治国的全面推进，加强法治宣传，弘扬社会主义法治精神，努力培育社会主义法治文

[①] 高格：《谈谈人治与法治》，载《吉林大学学报（哲学社会科学版）》1979年第4期。
[②] 中国共产党历次全国代表大会数据库：《中国共产党第十一届中央委员会第三次全体会议公报》，http://cpc.people.com.cn/GB/64162/64168/64563/65371/4441902.html。
[③] 转引自姚钦华：《关于学习江泽民依法治国思想的体会》，载《政协天地》2006年第11期。

化,促进全社会形成学法、尊法、守法、用法的良好氛围,就成为时代的最迫切需要。"法制新闻"就是在这种情况下变成了"法治新闻",仅仅是一字之变,却反映了我国社会主义法治建设的巨大转变与我国社会主义法治国家建设的伟大现实。

法治新闻的定义可以套用法制新闻的定义:

> 法治新闻是借助新闻媒介传播的旨在满足受众需求的关于法治事实的新信息。

看起来两个定义没什么区别,仅仅是一字之差,但是内涵却不同,正如"法制"与"法治"的区别。法治新闻是运用大众传播媒介,对依法治国过程中产生的与科学立法、依法行政、公正司法以及全民守法等有关的新闻信息的报道。法治新闻报道的主要目的是弘扬法治精神、公开法治信息、普及法律知识、宣传教育民众、全面推进依法治国,其内容一方面要突出"法",另一方面要体现"治",用法治精神、法治思维和法治观念去报道法治信息。

第二节 法治新闻发展简史

1976 年"文化大革命"结束后,无论是当时党和国家的领导人,还是思想界和学术界的专家们,都指出法制的不健全是导致"文化大革命"的真正原因。邓小平同志就指出:"我们过去发生的各种错误,固然与某些领导人的思想、作风有关,但是组织制度、工作制度方面的问题更重要。这些方面的制度好可以使坏人无法任意横行,制度不好可以使好人无法充分做好事,甚至会走向反面。"[①]为了解决制度方面的缺陷,邓小平同志强调必须加强法制,必须使民主制度化、法律化,使这种制度和法律不因领导人的改变而改变,不因领导人的看法和注意力的改变而改变。邓小平同志指出:"现在的问题是法律很不完备,很多法律还没有制定出来……所以,应该集中力量制定刑法、民法、诉讼法和其他各种必要的法律……经过一定的民主程序讨论通过……做

---

① 邓小平:《党和国家领导制度的改革》,载《三中全会以来重要文件选编(上)》,人民出版社 1982 年版,第 523—524 页。

到有法可依……国家和企业、企业和企业、企业和个人等等之间的关系,也要用法律的形式来确定;它们之间的矛盾,也有不少要通过法律来解决。"①在这样的历史背景和认识基础上,从1978年起,中国在提出改革开放的同时,也加快了社会主义法制建设的步伐。

  1979年7月1日,中华人民共和国第五届全国人民代表大会第二次会议审议通过了《刑法》《刑事诉讼法》,自1980年1月1日起施行。1982年12月4日,第五届全国人民代表大会第五次会议审议通过了《宪法》,由全国人民代表大会公告公布施行。此后,《民法通则》《民事诉讼法》《行政诉讼法》等一系列法律公布并实施,社会主义法制建设取得了初步的成效。有了《宪法》不等于就实现了依宪治国、依宪执政,制定了法律也并不等于就实现了依法治国和依法行政。领导干部如果不能了解法律,就不能在治理国家时依法行政、依法执政;法律如果不能让普通公民了解,不能深入到每一个公民内心,形成公民的法律信仰,也就不能真正发挥其作用。于是,在立法取得初步成果之时,如何深入而广泛地宣传法律就成了头等大事。1985年6月,司法部与中央宣传部联合召开了全国法制宣传教育工作会议,在总结经验的基础上,草拟了《关于加强法制宣传教育在公民中普及法律常识的决议(草案)》,并报请国务院批准。1985年8月20日,国务院向全国人大常委会提交了《国务院关于提请审议〈关于加强法制宣传教育在公民中普及法律常识的决议(草案)〉的议案》,决议指出:"为了加强法制宣传教育,增强我国公民的法制观念,使每个公民知法守法,养成依法办事的习惯,保证我国社会主义现代化建设的顺利进行,根据我国宪法第二十四条关于普及法制教育的规定,很有必要在今后一段时间内,集中力量对全体公民进行比较系统的法律常识教育。这不仅是当前加强我国民主与法制建设的迫切需要,也是社会主义现代化建设的客观要求。"1985年11月22日,第六届全国人大常委会第十三次会议通过了《关于在公民中基本普及法律常识的决议》,决议指出:"为了发展社会主义民主,健全社会主义法制,必须将法律交给广大人民掌握,使广大人民知法、守法,树立法制观念,学会运用法律武器,同一切违反宪法和法律的行为作斗争,保障公民合法的权利和利益,维护宪法和法律的实施。大力加强

---

① 邓小平:《解放思想,实事求是,团结一致向前看》,载《邓小平文选(第2卷)》,人民出版社1994年版,第146—147页。

法制宣传教育,在公民中普及法律常识,对于加强社会主义法制,保障国家的长治久安,促进社会主义物质文明和精神文明的建设,实现我国在新时期的奋斗目标和总任务,具有重大的意义。"因此,该决议决定,"从1986年起,争取用五年左右时间,有计划、有步骤地在一切有接受教育能力的公民中,普遍进行一次普及法律常识的教育,并且逐步做到制度化、经常化"。这两个决议,标志着中国普法工作的全面启动。

中国的法制新闻事业就是为了适应我国民主法制的建设进程,为了在全社会更好地宣传法律、普及法律知识而起步发展的。

一、法制媒体的发展
(一)法制报刊

在中国法制新闻事业中最先登台亮相的是《民主与法制》杂志。1979年8月,为适应建设社会主义法制国家的需要,《民主与法制》杂志在上海创办,这是新时期以来我国创办的第一份以报道法律、伦理为主要内容,以普法宣传为主旨的群众性通俗读物。创办以后,《民主与法制》迅速崛起,受到社会各界的广泛欢迎。杂志认真贯彻执行党的宣传工作方针政策,既重视法制宣传,又重视民主宣传;既坚持正确的舆论导向,又重视舆论监督;既配合形势积极宣传中央精神,又体察民情重视反映群众呼声,形成了融新闻性、思想性、战斗性、服务性为一体的办刊风格,深受广大读者的喜爱。整整一年之后,1980年8月1日,《中国法制报》在北京创办。这是中国第一份以"法制"命名的、面向国内外公开发行的全国性法制报。这一刊一报,一南一北,遥相呼应,形成了新时期中国法制新闻最初的基本格局。上海与北京作为中国最有影响力的两个城市,在法制新闻发展史上历史性地承担了开创新时代的伟大使命。

20世纪90年代,《民主与法制》杂志社自上海迁往北京,由中国法学会主管。杂志始终坚持以正面报道为主,宣传依法治国,宣传民主法制建设的成就;歌颂人大和公检法司战线先进集体、英雄人物的动人事迹;通过典型案例,普及法律知识,提高全社会的法治意识,为我国新时期法制建设和普法宣传工作作出了杰出的贡献。《中国法制报》最初为四开四版周一报,后改为周三报、周六报,进而又改为对开四版的日报;1988年1月1日,更名为《法制日报》;1994年1月1日,增扩为每日八版;2020年8月1日,由《法制日报》再

度更名为《法治日报》。随着这一报一刊的创办,其他中央级法制媒体也陆续诞生:

《人民公安报》创办于1984年10月5日,最初为四开四版的周报,经历了四开四版周二刊、周三刊,对开四版周三刊、周四刊等几个阶段,于1998年1月改为对开四版日报,现为中华人民共和国公安部主办的机关报。

《民主与法制时报》于1985年创办,是中国法学会主办的全国性综合性新闻周报。

《中国检察报》创办于1991年7月4日,由邓小平同志亲自题写报名,后更名为《检察日报》,先后经历了周一刊、周二刊、周四刊、日报等几个阶段,如今为八版日报,是中华人民共和国最高人民检察院的机关报。

《人民法院报》创办于1992年10月1日,2000年元月改版为日报,现为对开四版日报,由中华人民共和国最高人民法院主管。

至此,公检法司和中国法学会分别拥有了属于自己的法制宣传阵地,在全国范围内开展了轰轰烈烈的法制新闻传播工作。

在全国性法制媒体相继创生的同时,地方性法制媒体也在蓬勃发展、茁壮成长。最早创办的地方性法制媒体当属福建省司法厅创办于1979年12月的《学法用法》,不久之后更名为《福建法制报》。之后是1980年8月创办的《新疆法制报》汉文版和维文版,1981年又有两种地方性法制报《青海法制报》和《大连法制报》创办。进入20世纪80年代,地方性法制报的创生如雨后春笋。1982—1986年是地方性法制报创办的黄金时期,全国共有26份法制报创办。据统计,到20世纪末,全国法制类新闻报刊已经发展到200多家,发行量高达400万份,从业人员多达200万人,每年编发的各种法制新闻稿件多达数百万件。[①] 地方性法制报在法制新闻宣传工作中发挥了巨大的作用。各少数民族地区还结合地方特点,创办了民族语言版的法制报,如新疆维吾尔自治区早在1980年就创办了维文版的法制报,青海省在1983年创办了藏文版的法制报,内蒙古自治区在1987年创办了蒙文版的法制报,西藏自治区在1988年创办了藏文版的法制报。民族语言的法制报在宣传社会主义法制建设的巨大成就方面,也发挥了重大的作用。据不完全统计,到1988年,全国已有法制类报纸40多家,法制类刊物30多种,法制报刊已经成为"我国新闻战

[①] 刘斌、李矗:《法制新闻的理论与实践》,中国政法大学出版社2005年版,第12页。

线上的一支重要力量,是开展法制教育和法制宣传的重要阵地"①。

主要地方性法制报刊创办基本情况统计表

省级行政区	现用名	曾用名	创办时间
北京	《法制晚报》	《北京法制报》	1985 年
上海	《上海法治报》	《上海法制报》	1984 年
天津	《天津政法报》	《天津法制报》	1983 年
重庆	《重庆法制报》		1986 年
河北	《河北法制报》	《河北法制报(河北政法报)》	1983 年
山西	《山西法制报》		1984 年
内蒙古	《内蒙古法制报》		1985 年
	《内蒙古法制报(蒙文)》		1987 年
辽宁	《辽宁法制报》		1984 年
	《大连法制报》		1981 年
吉林	《北方法制报》	《北方公安报》	1992 年
黑龙江	《黑龙江法制报》		1984 年
江苏	《江苏法制报》		1985 年
浙江	《浙江法制报》		1984 年
安徽	《安徽法制报》		1983 年
福建	《法制今报》	《福建法制报(学法用法)》	1979 年
江西	《法制新报》	《江西法制报》	1982 年
山东	《山东法制报》		1982 年
河南	《河南法制报》	《今日安报》	1985 年
湖北	《前卫(杂志)》	《湖北法制报》	1982 年
湖南	《法制周报》	《当代政法报》	2005 年
广西	《法制快报》	《广西法制报》	2000 年
海南	《法制时报》	《海南特区法制报》	1998 年
四川	《四川法制报》		1985 年

---

① 崔向民:《怎样为法制报刊写稿》,载《新闻知识》1988 年第 5 期。

续表

省级行政区	现用名	曾用名	创办时间
贵州	《法制生活报》		1999 年
云南	《云南法制报》		1982 年
西藏	《西藏法制报》		1992 年
	《西藏法制报(藏文)》		1988 年
陕西	《西部法制报》	《法制周报》	1984 年
甘肃	《甘肃法制报》	《法制导报》	2001 年
宁夏	《宁夏法制报》		1985 年
青海	《青海法制报》		1981 年
	《青海法制报(藏文)》		1983 年
新疆	《新疆法制报》		1980 年
	《新疆法制报(维文版)》		
深圳	《深圳法制报》		1986 年

经过40多年的发展，我国的法治新闻传播已经形成了一支力量可观的队伍，在社会主义民主法治建设和社会主义法治国家建设中，发挥着越来越不可替代的作用。

中央级法制报刊社已经发展成了一个个报业集团。

《法治日报》是中央政法委机关报，是党在政法战线的主要喉舌，是党和国家在民主法治建设领域的重要舆论阵地。中央全面依法治国委员会于2018年成立后，为适应依法治国新形势的需要，《法治日报》于2019年1月1日全新改版，努力将报道领域扩大到全面依法治国各方面、各环节，力争成为中央全面依法治国委员会及其办公室的主要宣传平台，以及党领导全面依法治国工作的重要舆论阵地。目前，《法治日报》是全国规模最大、最具权威性和影响力的法治传媒平台。《法治日报》始终坚持"作为中国共产党和中国民主法制建设的喉舌，为法律职业群体和其他关心民主法制人群提供高水准的、专业的法制新闻资讯，提供重要的法制思想观念，用民主法制视角观察一切"的办报宗旨。随着法治传媒事业的发展，如今的法治日报社已经形成了一个《法治日报》《法治周末》《法制文萃报》《法治日报·社区版》四张报纸，《法制与新闻》《法人》《法治参考》三本杂志，以及法制网、"两微一端"等新媒体平台相结合的法治传媒综合平台。

《检察日报》由中华人民共和国最高人民检察院主办,它立足检察,宣传法治,及时报道社会主义法制建设的最新动态、热点和难点问题,高扬反腐倡廉的旗帜。检察日报社主办了《最高人民检察院公报》、最高人民检察院机关刊物《人民检察》,创办了法制文学月刊《方圆》。《检察日报》每周推出《声音周刊》《廉政周刊》《法治评论》《明镜周刊》《绿海周刊》,以警醒世人的大案要案、精辟缜密的经法透视、耐人深思的社会问题追踪,以及环球司法最新动态,带给读者新感觉、新视角、新思维。1999年1月1日,《检察日报》电子版问世,这是全国法制新闻媒体中的第一份电子报纸。2000年9月1日,《检察日报》电子版正式更名为"正义网(www.jcrb.com.cn)"。这一报一网三刊,以其特有的风采,构成了《检察日报》的立体媒体宣传新格局。

《人民法院报》由中华人民共和国最高人民法院主管,是集中反映人民法院审判工作的唯一的一份全国大型报纸,是全国各级人民法院及所有关心中国社会主义民主法制建设人士的重要舆论阵地。2016年,经中央机构编制委员会办公室批准,"人民法院报社"更名为"人民法院新闻传媒总社"。人民法院报社下辖《人民法院报》、《人民司法》、中国法院网、最高人民法院影视中心,还经营着最高人民法院的官网、官微、官博。

《人民公安报》隶属于中华人民共和国公安部,由人民公安报社主办。人民公安报社编辑出版《人民公安报》及两个子报(《消防周刊》《交通安全周刊》),还负责《人民公安》《公安内参》《警察文摘》三本杂志,而且建立并运行着中国警察网和中国警察图片网。

2003年,根据国家新闻出版主管部门对报业整顿的精神,各地方性法制报陆续划归地方党报报业集团,属于集团中自主经营、自负盈亏、独立核算的完全法人单位。这一文化体制的改革,给法制报刊的发展带来了新的机遇和挑战。

除了专业法制报刊外,综合性的报刊也开辟了法制栏目,原先属于社会新闻的内容中逐渐增加了政法新闻,之后基本上完全转向了法制新闻的报道。有资料统计,在2000年8月的《中国青年报》上,单是经济法制新闻就有155篇(其中,法制消息52篇,法制图片23篇,法制通讯75篇,法制言论54篇),占当月报道总量的23%。①

---

① 转引自刘斌、李矗:《法制新闻的理论与实践》,中国政法大学出版社2005年版,第13页。

（二）电视法制节目

1. 电视法制节目的出现

1980年7月,中央电视台创办了第一个评论性电视节目《观察与思考》,节目中除包括政治经济、文化教育等内容外,还包括法律道德等方面的内容。从内容的实质分析,这可以看作是中国电视法制节目的最初形态。1980年11月21日至1981年年初,中央电视台对最高人民法院特别法庭审理"林彪、四人帮反革命集团案"进行了摄影和剪辑录播,前后持续达3个多月。这次转播活动让老百姓第一次了解了庭审活动的基本情形,看到了控辩审三方的法庭表现,第一次接触到了"审判长""被告人""证人"这些法律术语,具有极大的普法宣传意义。这可以看作是最早的法制新闻节目。1985年5月22日,上海电视台首次试播了中国电视史上的第一个法制节目——《法律与道德》。试办10期后,于同年11月正式定名开播,每周三晚间播出,次日重播,每次播出20分钟。这一节目在内容和形式上都比较灵活,既有案例报道,也有人物专访,主要是通过生动的案例对观众进行普法教育。1987年11月13日发生了中华人民共和国成立以来上海市的第一宗持枪抢劫银行的大案,该案在当时轰动了全国。1987年12月4日和12月9日,法院分别对主犯于双戈和从犯蒋佩玲、徐根宝进行了公开审理,上海电视台《法律与道德》节目本来计划对庭审进行现场直播,后因有关部门不同意,改成了录像转播,审判于双戈的录像播放了70分钟,审判蒋佩玲、徐根宝的录像播放了60分钟,观众反映良好。上海电视台对收视进行了调查,受访观众表示"他们感受到了一次法制教育。有人说,过去看不到法庭审判的情况,现在电视中播放了公诉人与辩护律师的辩论,看到了律师制度的作用。有的观众说,案件本身很有教育意义,它告诉人们,在情与法的较量中,应该站在哪一边"[①]。

在中国第一个电视法制节目正式诞生一个月后,中央电视台第一个正式的法制节目《规矩与方圆》开播,但这一节目比较短命,在次年的中央电视台节目大调整中停办了。1988年初,中央电视台又办了一个名为《社会瞭望》的法制类节目,一年后更名为《社会经纬》。这一时期地方电视台法制节目的开播情况可参见下表:

---

① 有耳、任则:《改革法制新闻的有益探索》,载《新闻记者》1988年第2期。

部分地方电视台法制节目开播情况一览表

电视台	节目名	开播时间
南京电视台	《法制园地》	1985 年
山东电视台	《道德与法制》	1986 年
广东电视台	《公民与法制》	1986 年
江苏电视台	《法与大众》	1986 年
太原电视台	《法律在我们身边》	1987 年
广东电视台	《社会纵横》	1992 年
上海电视台	《东方110》	1993 年
乌鲁木齐电视台	《案与法》	1993 年
上海有线电视台	《金色天平》	1993 年
上海电视台	《案件聚集》	1994 年
陕西电视台	《社会档案》	1995 年
大连电视台	《法制天地》	1996 年
山东电视台	《金剑之光》	1997 年
新疆电视台	《公民与法》	1998 年
北京电视台	《法制进行时》	1999 年
湖南电视台	《零点追踪》	2000 年
上海电视台	《社会方圆》	2000 年
重庆电视台	《拍案说法》	2000 年
福建电视台	《与法同行》	2000 年

随着大批法制电视节目涌现出来,法制新闻的队伍也在不断壮大并成熟起来。

从1994年到1998年,全国开办电视法制节目的电视台从50多家增加到了150多家,有的省市台甚至有2个以上的法制节目。[①] 1996年5月16日,中央电视台的《社会经纬》节目经过改版,以新的面目与观众见面,每周一期,长度增加为45分钟,包括"举案说法""经纬传递""法在身边""是非公断"四个板块,后又增加了"法系人生""目击""视线""你说我说""百姓寻呼"等几

[①] 宋维才:《中国电视法制节目论略》,载《中国广播电视学刊》2001年第12期。

个不固定的板块,这就使法制新闻的节目从内容到形式都更加丰富起来。1999年元月2日,中央电视台高调推出了"点滴记录中国法制进程"的《今日说法》。《今日说法》采取以案说法、专家释法的方式进行普法宣传和舆论监督,节目以其内容的前沿性、深刻性、代表性、广泛性等特点,成为中国电视法制新闻的标志性节目。这一时期,法制新闻节目已成为中国电视观众最喜欢的电视内容之一。2000年8月,广电总局的统计表明,在全国45个卫星频道中,开办法制专栏的电视台已达33个。截至2021年底,全国各省级广播电视台都开办了法治电视节目,大部分地市级广播电视台也都有法治电视节目,有的台还有多个法治电视节目。电视节目因其方便观看、易于操作、具有较强的易接触性而广受中老年用户欢迎,成为对这一群体进行法治宣传教育的重要阵地。

2. 电视庭审直播的出现

早在1987年上海发生"于双戈持枪抢劫银行案"后,上海电视台《法律与道德》节目就计划对庭审进行现场直播,但有关部门认为技术条件和经验都不足,怕产生不利影响,未同意案件直播,后改为转播。1994年4月1日,南京市中级人民法院开庭审理一起故意杀人案,南京电视台对此案进行了庭审直播。"以现场直播的形式,把法院庭审的全过程搬上电视屏幕,并作为一个固定的准点播出的栏目,开播时,在全国还无先例。"[1]自此,南京电视台的《法庭传真》节目正式开播,这标志着我国电视法制节目又一个新类型——庭审直播的诞生。

这种全新类型法制节目的出现,无论是从节目质量上看,还是从国家法治建设层面上看,都是一次质的飞跃。这一新的法制节目类型受到了观众的一致好评,收视率节节攀升。受此影响和启发,全国许多地方台也相继开辟了一些庭审类法制节目:

1995年6月,沈阳电视台开办《法庭传真》;

1996年5月,济南电视台开办《庭审纪实》;

1996年6月,上海电视台开办《庭审纪实》;

1996年8月,河北电视台开办《现在开庭》;

---

[1] 张国良、吕建江:《把旁听席延伸到千家万户——我们是怎样办好"法庭传真"栏目的》,载《视听界》1997年第3期。

1997年5月,北京电视台开办《庭审纪实》;

1997年12月,长沙电视台开办《庭审纪实》;

……

1998年4月15日,当时新任的最高人民法院院长肖扬同志在全国法院系统教育整顿工作会议上提出:"公开审理的案件,除允许公众自由参加旁听外,逐步实现电视和广播对审判活动的现场直播,允许新闻机构以对法律负责的态度如实报道。"[①]1998年7月11日,中央电视台对北京市中级人民法院"国内十大电影厂诉版权被侵案"的一审进行了全国范围的现场直播。本次直播预定时间为190分钟,最后延长到了275分钟,完整地记录了法庭调查、法庭辩论和宣判的全过程。直播采取了前后期二级切换的方式,前方有记者出镜进行采访报道,配有6台摄像机和整套转播系统;后方演播室内,法学专家和主持人进行现场讲解与评论。这一法制节目的现场直播在社会上产生了很大的影响,新华社等国内外媒体进行了报道和评论,专家学者和各界群众都高度评价了此举在新闻改革和司法改革方面的重大意义。本次直播取得了4.5%的收视率,超过了白天节目的一般收视率。1999年3月26日,中央电视台联合最高人民法院办公厅和重庆电视台,把"綦江虹桥垮塌案"的庭审情况向全国进行了现场直播。2001年4月,中央电视台对重庆和湖南常德法院两地同时审理的"张君、李泽军特大系列持枪杀人抢劫案"进行了庭审直播。之后,庭审节目相继成为许多电视台的常设节目,深受广大民众的欢迎。如2003年4月20日,中央电视台从上午8点半开始对震惊全国的"兰州股票黑市案"的庭审进行直播,引起了舆论的广泛好评,具有极大的普法价值,也彰显了人民法院公开公正的法治形象。地方电视台的庭审直播节目中,值得一提的是1998年7月23日广州电视台《法庭直击》对广州市中级人民法院审理的一起特大入室抢劫、杀人、盗窃案的现场直播。本次直播持续时间长达4日,总时间长达22小时,创下了国内电视台直播庭审时间长度之最,其影响之大,被境外媒体称为中国司法改革和新闻改革的重大突破。

北京大学法学院教授陈永生研究发现,截至2019年3月10日,全国庭

---

① 李蒙:《〈庭审直播全记录〉系列报道之一:来龙去脉:庭审直播在中国是如何井喷的?》,载《民主与法制》2019年第29期。

审直播的案件总数近265万件。① 庭审直播的出现,揭开了司法公开的新时代大幕,使中国的司法公开位居全世界的前列。中国社会科学院法学研究所研究员支振锋把庭审直播称作有史以来最大规模、最生动的法治公开课。借助新工具、新平台进行庭审直播,人民法院可以通过更高效、更便捷的技术手段,将法院"做什么、怎么做、为何做"的过程尽可能全方位展现出来。以庭审直播这种鲜活的方式,将人民法院司法活动最核心的部分进行最彻底的实时公开,对于提升司法公开的整体质量,增强人民群众对司法体系的信心,显然意义重大、无可替代。② 为了规范庭审直播行为,最高人民法院于2010年颁发了《关于人民法院直播录播庭审活动的规定》,该规定第2条第1款明确表示:"人民法院可以选择公众关注度较高、社会影响较大、具有法制宣传教育意义的公开审理的案件进行庭审直播、录播。"这说明最高人民法院基本将庭审直播、录播案件范围进行了以下三方面限定:第一,公众关注度较高、社会影响较大;第二,具有法制宣传教育意义——这里的宣传教育意义显然应该是正面的,而不应该是负面的;第三,公开审理的案件。同时,对于是否进行庭审直播、录播,用的是"可以选择"。

3. 电视专业频道的诞生

电视法制节目的迅猛发展,适应了社会主义法制建设的需要,满足了人民群众对法制讯息、法制知识的需求,各地电视台的收视率就充分说明了这一点。但是,这距离依法治国和进一步建设社会主义法治社会的要求还很远,与人民群众对电视法制节目的总体需求状况还有差距,这就决定了电视法制节目还必须在已有成绩的基础上继续探索和创新。于是,电视专业频道应运而生。

1999年5月17日,长沙电视台政法频道的开播标志着我国电视法制节目播出专业化的开始。长沙电视台政法频道共有《政法报道》《方圆之间》《晚间》《电视文摘》《法庭直播》《119视线》等6个节目,开播2年多一直都稳居该台各频道收视排行榜之首。有了长沙电视台的成功尝试,各省市的电视专业频道不断涌现出来:2000年3月20日,山西电视台法治·道德频道开播;

---

① 李蒙:《〈庭审直播全记录〉系列报道之五:莫衷一是:究竟哪些庭审需要直播?》,载《民主与法制》2019年第29期。
② 李蒙:《〈庭审直播全记录〉系列报道之五:莫衷一是:究竟哪些庭审需要直播?》,载《民主与法制》2019年第29期。

2000年7月,河南广播电视台法治频道开播;2001年3月5日,黑龙江电视台法制频道开播;2001年3月,南京有线台法治生活频道开播;2001年4月,太原电视台法制频道开播;2001年11月,烟台电视台政法文体频道开播;2001年12月31日,河南电视台法制频道开播;2002年1月1日,陕西电视台政法频道开播;2004年4月,新疆电视台法制频道开播。在地方电视台专业频道如火如荼地开播的同时,2004年12月28日,中央电视台对原来的西部频道进行改造,创办了社会与法频道;2007年8月6日,吉林电视台法治频道正式开播;2009年12月,广州电视台法治频道开播;2018年10月9日,黑龙江电视台新闻法治频道开播。

在电视受到网络冲击的今天,专业频道承担起了拯救收视率的重任,有的省市级电视台开始向法治频道要效益。2021年1月1日起,山西广播电视台科教频道改版为社会与法治频道,以"聚焦社会建设、关注民生改善、普及法律知识、弘扬法治精神"为主要内容。改版后的节目将更多地强调VR、AR等技术手段的新应用,形成线上线下双循环、相互导流的融合传播体系。改版后的节目在流程设置上都强化了互动性,着力打通线上线下资源,加强大屏小屏互动,让观众的意见参与到节目生产过程中,真正实现采编流程的全媒化、融媒化。

电视专业频道的出现,增加了播出空间和时间,丰富了法制报道的节目和内容,更增加了吸引力。如吉林电视台法制频道是专业描写法制生活的电视频道,以宣传报道"依法治国、以德治国、和谐社会"的治国方略为己任,在普及法律知识的同时,提高老百姓的法律素质。它的定位语为"知法、明理、爱生活",核心理念和诉求为"公众、公德、公益"。频道每天播18个小时,节目用"故事加服务""悬念加惊奇"两大法宝,在晚间黄金时段推出一个黄金节目组合,即《第一法制》《老刘故事会》《法律在行动》《今日开庭》《吉林警界》《大案反思录》,为观众提供丰富的社会、法治资讯,提供贴身的法律援助服务,讲述发生在观众身边的道德故事,剖析大案、要案发生的经过以及教训等。另外,在《法制剧场》中,频道还陆续推出优秀的法制类影视剧,使观众在欣赏精彩节目时,得到法律知识的熏陶。专业频道的出现大受观众欢迎,据河南电视台统计,河南电视台法制频道开播以来,整体收视率节节攀升,单2007年下半年的收视率就较上半年增长52%,收视份额增长幅度达63%,广告创收较2006年增长60%。

4. 普法栏目剧

栏目剧是将已经发生过的新闻事件用表演的方式加以重现,并通过电视台相对固定的栏目进行播出的电视艺术节目。栏目剧最鲜明的特点是在相对固定的时间、固定的栏目播出,有固定的长度。栏目剧的内容大都取材于现实生活,讲述百姓故事,以贴近生活见长,讲述发生在老百姓身边的故事,或喜剧或悲剧,将生活中的酸甜苦辣展示出来。栏目剧的场景设置不局限于室内,而是大量使用外景。栏目剧不是由影视公司制作的,其往往由媒体自己投资、自己制作,属于媒体的独家资源,媒体的可控性强。在栏目剧中,常常可以看见将已经发生过的新闻事件用表演的方式加以重现,属于新闻事件的艺术化表达。

我国最早的栏目剧是重庆卫视的《雾都夜话》,栏目剧这个名称也是该栏目的制片人马及人发明的。该剧创办于1994年10月,是重庆地区家喻户晓的栏目,是重庆卫视最吸引全国观众的栏目,也是重庆地区收视率和收视份额唯一进入全国栏目总排名前十名的栏目。《雾都夜话》的开篇语是:"这不是电视剧,这是真人真事,是地地道道的重庆人自己演自己的故事。"这句话充分揭示了栏目剧的草根性。栏目剧主要有两种类型:一种是全国性的电视台生产的栏目剧,具有代表性的有中央电视台的《心灵俱乐部》、重庆卫视的《雾都夜话》、陕西电视台的《都市碎戏》、广东卫视的《外来媳妇本地郎》、江苏卫视的《新三言二拍》等;另一种则是地面频道生产的栏目剧,具有代表性的有湖南经视的《故事会》、湖北经视的《经视故事会》等。

栏目剧也是普法宣传的重要阵地,许多省市都有经法治新闻改编而成的栏目剧,或者是将一些现实生活中发生的法治事件加以改编,以贴近群众的方式——主要是用方言、由非专业的群众来做演员等——用身边事教育身边人。普法栏目剧则多以真实的司法案件为素材,通过演员表演或群众演绎,模拟再现案发情景,分析解剖法理人情,其制作成本相对低廉,却为百姓所喜闻乐见。如安徽当涂县电视台的普法栏目剧《法治微剧场》的第一期节目《骗局》,就以观众身边的电信诈骗为题材,节目采用当涂县当地的方言,情景完整再现,以案例说法理,提升民众对电信诈骗的警觉性,引导民众以法律方式维护自身合法权益,树立起尊法、守法、用法的意识。该期节目在网络中发布之后,短短3天就获得了5000余次点击,这个成绩对于一档地方性节目来说是难得的。[①]

[①] 刘谡:《法制栏目剧的制作要点与创新路径》,载《青年记者》2019年第11期。

在所有的普法栏目剧中,中央电视台的《普法栏目剧》最有代表性,其内容好、质量高。该节目于 2011 年 4 月 18 日在中央电视台社会与法频道首播,开设这一节目的目的是进一步开拓社会服务和建设的内容资源,提供专业的法制内容,服务百姓、关注青少年,构建"援助、帮助、救助"的社会服务网络。节目采用观众喜闻乐见的栏目剧形态,运用真实再现、情景剧、系列剧等手法,在和全国普法办等部门充分合作的前提下,广泛搜集素材,进行二度创作,生动普法,弘扬正气,震慑犯罪。中央电视台的《普法栏目剧》开播十几年,为观众呈现了诸多经典的系列剧作品,如《古镇奇谭》《莲花闹海棠》《听见凉山》《我本神探》《谁是卧底》等。复杂的情节、环环相扣的剧情、快速的故事发展节奏,都颇能引起观众共鸣,是普法栏目剧成功的一面。普法栏目剧超越了普通栏目剧简单讲故事的特征,节目的重心放在普及法律知识、提高公民的法律意识方面。普法栏目剧的普法宣传并不是简单的法律说教,也不是纯粹的案件回放,而是挖掘每一个案件发生的根源和与案件有关的法理,在剧中呈现法律服务精神,引导观众在观看节目的同时反思人性、反思道德,从而引起观众情感上的共鸣。①

普法栏目剧总体来说水准比电视剧要低。首先,许多节目由于编剧对程序法、实体法不熟悉,往往会在法治内容的表达上不严谨,非法治化的问题比较严重。如山东广播电视台录制的《的士司机奇遇记》中有一个情节:一女子为了报答的士司机的恩情,假扮保姆潜入他人家中,偷录了另一对夫妻的对话作为向法庭提交的证据,最终为的士司机讨回了公道。剧中人的取证方式是典型的非法取证,按照法律规定,人民法院应不予采信此类证据。这个法律硬伤严重影响了该剧的整体质量。其次,过多展示刑事案件,对民事案件、行政案件、知识产权案件等反映较少。刑事案件因涉及犯罪、侦破、刑罚等故事情节,跌宕起伏,悬念不断,最能够满足受众的猎奇心理。许多普法栏目剧会展示凶杀、打斗、抢劫、诈骗等犯罪情节,这不仅过多地展示了人性的黑暗,而且也可能成为犯罪的"教科书",直至引发负面的社会效果。再次,普法栏目剧的戏剧元素不足,节目制作的艺术水平和技术含量有待提高。不少普法栏目剧过分强调"栏目"特点而忽略了"剧"的特点,导致故事编排简单

---

① 周婷婷、谭立志:《普法栏目剧的创作之道——取材、表达与内涵并重》,载《电视研究》2016 年第 1 期。

化,人物塑造脸谱化,主题思想直白化,因此作品整体吸引力不强,可看性不大,艺术性不高;有的电视台播出的栏目剧,编剧、导演、演员都欠专业,尤其是演员大都是业余的,甚至就那么几个人翻来覆去地用,同一个演员今天演警察,明天演罪犯,让观众产生了观看疲劳;有的栏目剧为了最大限度地节约资金,不惜伤害节目质量,在制作上标准不高、粗制滥造,服装、道具、化妆、美术毫不讲究,拍出来的东西自然没有艺术美感。这些做法如果不及时加以纠正和改进,伤害的是电视观众对整个节目形态的信心,最终将会导致普法栏目剧被平台和观众双双抛弃。普法栏目剧之所以广受观众喜爱,关键在于一个"剧"字。①

电视法制节目的整体收视状况十分理想,如中央电视台新闻频道的《法治在线》自 2003 年 5 月 1 日开播以来,尽管不在黄金时间播出,但是根据中央电视台索福瑞的收视调查数据,其收视率和收视份额在新闻频道中一直居于前列,在 2005 年每个季度新闻频道综合评比中均位列第一。2005 年 9 月 12 日,《法治在线》登陆中央电视台,在早间播出,收视率大幅攀升,比原来同时段节目的收视率提高了 64%。2005 年,《法治在线》观众满意度全台排名第 24,全台知名度排名第 18,全台观众规模排名第 6,全台期待度排名第 8。地方电视台的收视状况也十分理想,以上海电视台的法制节目为例,2008 年 1 月的月平均收视率为 9.63%,月最高收视率达 14.4%(2008 年 1 月 4 日《东方 110》)。

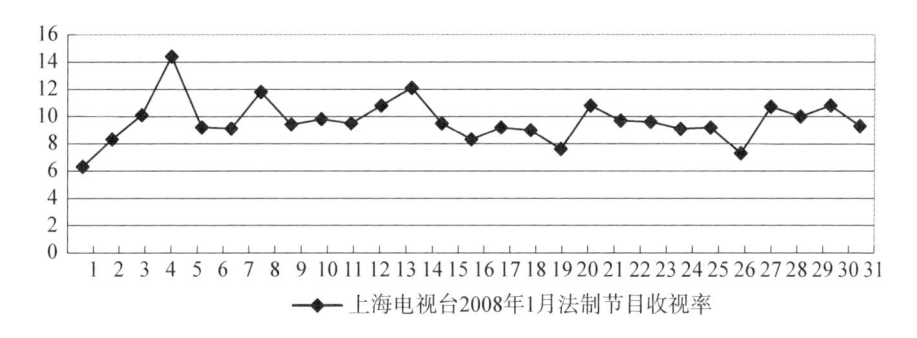

◆—— 上海电视台2008年1月法制节目收视率

2008 年 3 月 11 日播出的《案件聚焦》(《谁之罪——许霆案件追踪报道》),收视率更是高达 14.6%,超过了天气预报,排在新闻综合频道的第三位(第一位与第二位分别是《新闻透视》和《观众中来》)。

---

① 田水泉:《电视普法栏目剧亟待"升级"》,载《人民法院报》2015 年 12 月 11 日。

（三）新媒体的产生

随着信息技术的迅猛发展，以新媒体、融媒体为代表的新闻传播方式，不断影响着人民群众的文化生活，而且给传统媒体造成一定冲击。国家新闻出版署 2020 年 10 月发布的《2019 年全国新闻出版业基本情况》显示，2019 年，全国共出版报纸 1851 种，其中全国性报纸 213 种，平均期印数 2835.35 万份；省级报纸 747 种，平均期印数 10763.43 万份；地、市级报纸 872 种，平均期印数 3670.30 万份；县级报纸 19 种，平均期印数 34.26 万份。这个数字每天都在发生变化，主要是在减少，而与之相对应的则是新媒体和融媒体数量的不断增加。2021 年 8 月 31 日公布的《第 48 次中国互联网络发展状况统计报告》显示，截至 2021 年 6 月，我国网民规模达 10.11 亿，手机网民规模达 10.07 亿，网络视频（含短视频）用户规模达 9.44 亿，网络新闻用户规模达 7.60 亿。通过这一对比就可以看出互联网发展在新闻传播方面的巨大推动作用。

随着网络传播的发展，法治新闻网办得影响最大的还是国字号的四大网站，即法制网、正义网、中国法院网和中国警察网。

法制网于 1999 年上线，是中央政法委机关报《法治日报》旗下的综合性新闻门户网站。2020 年 8 月，国家互联网信息办公室下发通知，将法制网纳入中央重点新闻网站序列，使法制网成了中央宣传部、中央网信办直接指导的中央重点新闻网站之一，这也是中央重点新闻网站中唯一的一家法治类新闻网站。法制网设有新闻资讯、法律服务、法制社区、视频、访谈直播等多个版块，40 余个一级频道，逾 500 个二级栏目，日更新量近 2000 条，网站页面日均点击量超过千万人次，拥有手机报、舆情监测、微博、微信、客户端等多款服务及新媒体产品，已经成为中国政法界最具权威性的信息发布和服务平台。2009 年起，法制网经批准进入人民大会堂设立直播间，成为现场报道"两会"盛况的 8 家中央主要新闻网站之一。法制网法之光论坛，已经成为各级政法机关网络问政的重要平台。法制网不断拓展服务领域，先后承建了司法部政府网站、中国普法网、中国公证网、中国法律援助网等 10 余家政务网站；法制网还不断加强与学界的联系，先后同中国政法大学、中国传媒大学、华东政法大学等知名高校展开业务合作，并成为各校新闻及相关院系的实习基地。法制网秉持"法治中国，一网尽览"的理念，以"传播法治理念，推动法治进步"为宗旨，权威解读国家政策法规、及时发布海量法制资讯、全面创新法律服务理念、精心搭建思想交流平台,被广大网民誉为"中国民主法治的信息总汇""法律人的网上家园"。

正义网创办于1999年1月1日,其前身是《检察日报》的网络版,由最高人民检察院主管,由检察日报社主办,属于法治类门户网站。2000年初,《检察日报》电子版正式命名为"正义网";同年9月,正义网获得国务院新闻办公室批准,从事网络新闻登载业务,成为国内首家具备网络新闻采编发布资格的法治网站。此后,正义网进行了三次改版,其版式风格和频道设置都有较大变化。2003年,正义网开始尝试网络现场直播,标志着正义网的原创网络新闻采编迈上了一个新的台阶。2006年2月,为适应互联网行业的飞速发展,应对日益激烈的竞争,正义网第五次改版工作正式启动,原来的九大版块调整为16个频道、289个栏目,增加了影像、司考、博客、人才等频道,使正义网的特色更加鲜明、突出。

中国法院网是唯一经中华人民共和国最高人民法院批准成立,经中华人民共和国国务院新闻办公室批准从事登载新闻业务的综合性新闻网站,也是世界上最大的法律网站之一。中国法院网在传播审判信息、增强审判工作的透明度、向全社会提供更完善的法律服务、促进依法治国基本方略的实施等方面,都发挥着重要的作用。中国法院网已成为全国开展法治宣传,进行信息交流的主平台。作为全国法院信息交流的主平台,中国法院网将为全国各级法院建设相对独立的法院信息与新闻频道。中国法院网设有要闻、时讯、评论、法学、审判、图片、深度报道、中国法治之声、全国法院新闻展播等版块,还开设有中国法制图片库、中国审判案例库、法律文库查询、中国法院网络电视台、中国法治之声、法院公告查询、院长信箱、给大法官留言、专利诉讼代理人名单、图文直播、中国庭审公开网等频道。2016年9月27日,中国庭审公开网开通,到2021年,已经有520家地方各级法院实现了与这个平台的联通。所有法院公开的庭审视频都在第一时间自动汇聚到这个平台,并推送到各大主流可视媒体。这一方式既有助于确保庭审公开工作规范有序、安全稳定,也能够为人民群众提供一个权威、便捷、可靠的庭审视频观看平台。网站以地图的方式,显示全国四级法院是否接入庭审直播网,是否有正在直播的案件,"今日直播"栏目推送当天的热点案件,用户不仅可以观看收听直播的庭审,还可以收藏,并通过微博、微信进行分享。

中国警察网是中华人民共和国公安部主管,由人民公安报社主办的大型综合性门户网站,于1998年9月14日注册域名,先行发布人民公安报社及各子媒的电子版,2003年4月改版后初步呈现为公安系统专业网站。中国警察网以宣传公安为己任,在保持了人民公安报社权威性的同时,充分发挥了互联网的及时性和互动性,具有很强的吸引力、可读性,以及广泛的传播力、覆盖率,满足公安机关内外的新闻资讯、互动方面的不同需求,成为深受公安民警和社会各界喜爱的媒体网络平台。如2001年3月22日,中国警察网抢在全国所有通讯社、报纸、网络媒体记者发稿前,连续发布《石家庄特大爆炸案告破》《天网是这样织成的》两篇稿件,对"河北石家庄特大爆炸案"犯罪嫌疑人靳如超抓捕行动进行详尽报道。凭借着自己独特的新闻源渠道,中国警察网在一些大案要案、突发事件等的报道上赢得了很高的声誉。经过20多年的发展,中国警察网依托公安部、人民公安报社的综合优势,从单纯的新闻发布拓展到多方位业务并进,连年取得跨越式发展。2010年的全新改版后,中国警察网发展成以警务资讯传播、涉警业务交流为主,下设新闻中心、舆情中心、视频中心、技术中心、运营中心五个部门。中国警察网共设1个首页,10个二级频道,245个三级栏目,成为舆情监测、电子商务、新媒体传播等多元化业务共同发展的政法系统明星网络媒体。

除了国字号的网络媒体,地方各省都有法治网,网络法治新闻传播的影响力几乎要超越传统媒体。随着抖音等短视频平台的影响越来越大,法治宣传也开始利用短视频平台进行。不少地方都尝试利用互联网、手机等新媒体终端,在法治宣传方面进行创新和探索。首先是借助本单位或相关网站进行法治宣传,增设栏目,以群众喜闻乐见的形式,用身边人和身边事来教育群众,效果良好。其次是利用微博、微信等平台进行法治宣传,围绕法治宣传教育主题,实时发布法律常识、法律维权知识、法治新闻与热点、维权动态、以案释法等内容,围绕社会热点,从法律视野、社会综合治理角度提出建议,让人们学会用法律武器保护自己,维护自身权益。如2020年4月20日,"湖南高院"官方微博发布的《互联网不是法外之地》写道:"近年来,网络暴力频致惨剧,戴着正义面具的键盘侠,不仅给当事人身心带来极大的伤害,往往还伴随着侵权行为和违法犯罪行为。"这则微博有960万的阅读量和超10万的点赞量,可见其影响之大。① 再次是利用抖音、快手等短视频平台进行法治宣传,

---

① 阮占江、欧嘉剑、陶琛:《湖南法院创新形式奏响普法宣传大合唱》,http://www.legaldaily.com.cn/index/content/2021-08/10/content_8576454.htm。

推出在形式上、内容上、表达方式上都新颖、亲民的短视频,把法律知识与法律文化融为一体,送到百姓面前。如2018年9月,上海市宝山法院就注册进驻抖音、快手平台;2018年10月23日,上海市宝山法院在抖音、快手两个平台同时发布第一条执行工作短视频,成为上海市首家发布抖音、快手短视频的法院。再如,吉林省四平市公安局创办的社交平台账号"四平警事"凭借独创的"段子式"原创搞笑普法视频,以轻松形式,有效围绕禁毒、扫黑除恶、禁贩枪支弹药、网络贷、禁酒驾、抢劫等主题进行了法律法规知识普及,并多次收获中央电视台、《人民日报》等权威媒体点赞。账号开通一年多时间里,"四平警事"收获粉丝1470万,每个视频的点赞为几十万到几百万不等,累积点赞量近9000万,被网友誉为最"正经"普法团队、"最皮政务号"[①]。

新媒体时代的网络普法,最值得称赞的还是网络庭审直播。2003年5月14日,浙江省丽水市莲都区人民法院对一起变更抚养关系案件进行了网络直播,这是目前资料显示中国最早的网络直播。此后,网络直播的影响逐渐超过了电视直播。2004年11月30日,北京市朝阳区人民法院网络直播了"通惠家园噪音污染案"的庭审;2005年6月,北京铁路运输法院就"郝劲松状告铁路部门索要发票案"的庭审和宣判情况,在中国法院网进行了网络现场直播;2006年10月19日,中国法院网直播了北京平谷法院审理的"飞车抢夺单身女性案"等。这些都是影响巨大的网络直播。随着直播越来越多,最高人民法院顺势而为,于2009年12月23日召开新闻发布会,向社会公布《关于司法公开的六项规定》和《关于人民法院接受新闻媒体舆论监督的若干规定》,要求法院通过庭审视频、直播录像等方式,满足公众和媒体了解庭审实况的需要,并向社会承诺立案、庭审、执行、听证、文书、审务六公开,规范人民法院接受新闻媒体监督工作。2009年年底,经最高人民法院批准,中国法院网正式开通了网络直播系统,该系统包括网上访谈和审判直播。各法院网和各级法院可以直接与中国法院网联系,进行案件审判与访谈等方面的直播。2010年10月,最高人民法院发布《司法公开示范法院标准》,要求法院每年选择一定数量案件进行庭审直播,以促进《关于司法公开的六项规定》的落实。2010年11月,最高人民法院印发《最高人民法院关于人民法院直播录播庭审

---

① 苏苏:《四平警事:千万级抖音政务号背后的走红逻辑》,https://www.sohu.com/a/327773430_100156659。

活动的规定》,将网络庭审直播录播纳入庭审直播的范围。

随着微博和微信的崛起,这两个平台也成了庭审直播的重要渠道。2011年3月,山东省莱阳市人民法院进行了全国首次微博庭审直播,以图文形式直播了一起买卖合同纠纷的庭审过程。此后,微博直播取代电视直播,成为最常见的直播方式。

2011年8月30日,湖北省恩施中级人民法院通过新浪微博、腾讯微博,以图文形式直播一起杀妻骗保案的庭审过程;

2011年10月25日,广东省深圳市宝安区法院在深圳新闻网、新浪微博和腾讯微博直播了一起涉嫌招摇撞骗案的庭审全过程,既有视频直播,又有图文直播;

2013年8月22日至8月26日,济南市中级人民法院对"薄熙来案"的庭审进行直播,通过官方微博发布了152条微博,该案的微博转发总量达22万余条,微博热议度达15万人次;

2016年1月7日,北京市海淀区人民法院在其官方微博对"快播案"进行了视频直播,5个阶段的庭审活动全部完整呈现,20余小时直播总时长创造了历史纪录,27条长微博全程庭审播报,高峰期4万人同时在线,直播期间累计100余万人观看视频,案件话题页累计阅读达3600余万次;

2017年5月27日,山东省高级人民法院采取微博直播的方式,全程公开了轰动一时的"于欢案"的二审庭审过程,直播采用了图文加阶段性视频的方式,把庭审的事实细节、证据认定以及控辩双方争议的焦点全程网上直播,先后发布了165条微博,有1.7亿次的点击量;

……

2016年9月27日,中国庭审公开网正式开通运行,上线当天即接入427家法院。截至2021年12月6日,全国共有3501家法院接入,接入率为100%,庭审直播案件数量1658万余件,全国各网站累计访问量达到了十分惊人的431亿余次。中国庭审公开网的正式上线,标志着中国法院在中国裁判文书网、中国执行信息公开网、中国审判流程公开网之后,司法公开第四平台的建成开通,这是人类有史以来规模最大的全国统一的司法公开平台。

中国的网络庭审直播是司法公开的重要内容,也是依法治国的重要内容,彰显了中国司法的公开、公平与公正,远远地走在了全世界审判公开的前列。中国社会科学院法学所研究员支振锋了解到西安的一个案件:一个台湾人在西安贩毒,审理的时候,犯罪嫌疑人的家属在中国台湾地区,来中国大陆不方便,法院就告诉他们,通过新浪微博或者法院网站,就能够看到庭审的现场直播,而且是至少 4 个摄像头。这让嫌疑人的亲属很震惊,他们没想到中国大陆的庭审已经发展到直播阶段,比中国台湾地区公开得多。①

随着融媒体传播格局的形成,新的传播方式也在形成,融媒体直播就是其中之一。融媒体直播关键在于一个"融"字,不同于传统的电视新闻直播,融媒体直播是根据直播内容,通过不同的媒介产品进行一系列相关的报道。这里的"融"就是把传统媒体与新媒体有机结合,把图片、文字、音频、视频等不同的表达形式在不同的平台有机融合,通过一场直播来带动一系列报道,以此达到传播效果和影响力的最大化。如 2020 年初那场突如其来的"新冠疫情"牵动了整个国家的心弦,在整个防疫队伍中,公安干警是冲在最前线的群体之一。当武汉防疫开始后,人民公安报社战"疫"融媒体报道组就于 2020 年 1 月 31 日紧急驰援武汉,前方记者广泛采访报道了广大公安民警与辅警的"战疫"事迹,在"战疫"的最前线发好公安战疫的声音,讲好公安战疫的故事。在武汉"解封"的直播报道中,中国警察网利用网站、微信、微博、百家号、头条号等平台对该场直播进行了图文、音视频的呈现。在直播中,中国警察网记者与更了解一线情况的民警一同担当主播,对广大网友提出的抵离武汉相关政策进行详细解答,对出行及防护问题进行温馨提示,对群众身份证过期、丢失等问题予以指引。《直击武汉"解封"》系列直播累计观看人数 500 余万,并获得了 2020 年度全国政法优秀新闻作品融媒体移动直播二等奖。②

二、国家对法制媒体的管理

法制新闻媒体是迎着建设社会主义法治国家的东风盛开的花朵,其职责就是传播党和政府在法治建设和依法治国过程中产生的相关新闻,宣传党和政府的法律法规,加强社会主义普法教育。这些报刊的主办和主管单位都是与法治建设相关的公检法司等部门,所以它们身上都有明显而浓厚的政府机关报色彩。比如,《检察日报》作为中华人民共和国最高人民检察院的机关报,就始终坚持"就检察说社会,就社会说检察"的办报思路,"立足检察、面向

---

① 关于庭审直播方面的内容,较多参考了李蒙:《庭审直播全记录》,载《民主与法制》2019 年第 29 期。
② 师二洋:《融媒体直播报道探索——以中国警察网〈直击武汉"解封"〉为例》,载《法治新闻传播(第五辑)》,中国检察出版社 2021 年版。

社会",采取生动活泼的形式,宣传党的基本路线、基本理论,宣传反腐倡廉的方针政策;宣传社会主义民主与法制建设成果,弘扬秉公执政刚正不阿的崇高品德;揭露各种违法犯罪现象,鞭挞丑恶行为;运用典型案例,以案说法,普及法律知识;抓住典型事件,进行舆论监督、追踪报道,伸张人间正义。而《法治日报》作为中共中央政法委员会机关报,其办报宗旨就是作为中国共产党和中国民主法制建设的喉舌,为法律职业群体和其他关心民主法制人群提供高水准的、专业的法制新闻资讯,提供重要的法制思想观念,用民主法制视角观察一切。

我国公检法司各部门都有自己的机关报,这些报纸原来基本上都实行条块管理,"自家的孩子自已管",国家新闻出版署(原新闻出版总署,下同)只是总体上进行指导性管理。如此多的法制报刊对法制宣传工作来说确实起到了很好的作用,不过部门办报、重复办报会带来很大的资源浪费,也会给基层带来很大的负担。这些报纸属于计划经济时代的产物,作为专业报,一般由主管部门给予长期的经费补贴,经营发行又主要依靠行业内部的"红头文件",所以经营不善、摊派发行是最为诟病的两大问题。就全国范围来看,行业报的创办到1990年前后达到了顶峰,仅上海一市就有27种主要专业类报纸,而其中有17种属于党政机关直接主办,占62.96%;有8种属于准政府机构主办,占29.96%;仅有2种属于媒体主办,只占7.41%。

当时,法制媒体的主管部门在办报质量方面的管理还是十分严格的。1995年2月20日,新闻出版署和司法部联合发布了《关于进一步加强法制类报纸管理的通知》,要求各地司法局(厅)作为报纸主管部门,认真履行职责,指定一名领导专门分管报纸工作,并明确指出各报的办报方向和报纸的责任。1996年2月6日,司法部又颁发了《关于加强法制报刊管理工作的通知》,肯定了全国大部分法制报能自觉坚持正确的办报(刊)宗旨,报道内容形式不断改进,导向基本正确,把握比较平稳,基调健康向上,受到广大读者的欢迎,但同时也指出有少数法制报刊,特别是一些报纸的月末版和周末版,在内容格调、出版发行等方面还存在一些不容忽视的问题。其中,最突出的问题是报道刑事案例过多,渲染凶杀、暴力,甚至夹杂淫秽内容。有些报道片面追求可读性,追求轰动效应,在读者中,特别是在青少年读者中,产生了不良影响。鉴于这些情况,司法部强调各法制报刊必须坚持以邓小平同志建设有中国特色社会主义理论为根本指针,坚持党的基本路线,坚持团结、稳定、鼓励和正面宣传为主的方针,坚持为社会稳定服务,为发展社会主义市场经济服务,为全党全国工作大局服务。同时,司法部也要求各地方司法厅(局)要"守土有责",认真履行领导、管理职责,把法制报刊作为司法行政的重要工作抓紧抓好。司法部再次明确规定要有一名领导分管报刊工作,定期听取并研究宣传报道工作,对报刊的宣传报道计划、重大宣传活动、社论和重要言论审核把关,及时发现、纠正、解决问题,对新闻宣传主管部门和上级审读阅评通报提出的问题,要负责检查、改进和落实,加强对报刊舆论导向的监督指导。司法部宣传司还坚持对法制报刊进行审读评阅,严把报刊质量关。

为了更好地引导、管理传媒,1986年7月,中纪委(监察部)、中政委、中央综治办、中宣部、全国人大办公厅、最高人民法院、最高人民检察院、公安部、司法部、安全部、国务院法制办、广电总局、新闻出版署,中央和地方各报刊社、通讯社、出版社、广播电台、电视台,各省法制新闻协会、学会以及其他部门的法制新闻工作者共同组织了全国性、非营利性的法制新闻团体——中华全国法制新闻协会,简称"法制新闻协会",接受中华人民共和国司法部的业务管理和中华人民共和国民政部的监督管理。协会的宗旨是团结全国法制新闻工作者,贯彻执行党和国家有关新闻工作和法制建设的方针、政策,遵守宪法、法律、法规和国家政策,遵守社会道德风尚,组织和推动法制新闻业务的交流研讨,促进法制新闻工作的繁荣和发展,为实现依法治国,建设社会主义法治国家而奋斗。协会的工作任务是组织交流法制新闻工作经验;评选优秀法制新闻作品(节目);开展法制新闻理论与实践的研究;协同中央新闻单位和地方法制新闻协会,对法制新闻工作者进行培训;维护法制新闻工作者的合法权益;举办有益于法制新闻工作者身心健康的福利事业;推动法制新闻工作的改革,促进法制新闻事业的繁荣和发展;开展国际间法制新闻交流活动。协会下设六个专业委员会:报刊专业委员会、广播专业委员会、电视专业委员会、网络专业委员会、摄影专业委员会和理论研究专业委员会。协会建立以来,紧密配合党的中心工作和法制宣传教育、依法治理工作规划的实施,在开展法制新闻评奖活动、提高法制新闻报道质量、培训法制新闻业务骨干、开展法制新闻对外交流等工作上取得了一定经验和成绩,产生了广泛的社会影响,为推动法制新闻工作的繁荣和发展作出了重要贡献。

虽然法制报刊在形式和内容上都能符合新闻出版署的要求,但是当时全国党政部门办报办刊的散滥和利用职权摊派发行的情况,还是给基层增添了不少的负担。为此，中共中央办公厅和国务院在 2003 年联合下发了《关于进一步治理党政部门报刊散滥和利用职权发行，减轻基层和农民负担的通知》。根据通知，新闻出版署于 2003 年 7 月 25 日发布了一个落实上述通知的实施细则。这一细则明确提出，中央党政部门所办报刊除公报、政报、文告外，都要与部门实行人员、财务和发行方面的"管办分离"，由读者自由评阅。

细则规定，经编制部门批准，具备独立法人资格，导向正确，5 年以上没有违规记录，且经营状况良好的中央党政部门的报刊社，经新闻出版署审核批准后，可作为报刊主办单位，仍由原主管部门主管。不具备上述条件的报刊，可划转到在京报业集团、出版集团或经国务院批准的全国性行业组织、群团组织主管主办。划转中找不到新闻出版行政部门认定的具备资格的主管主办部门的报刊，予以停办。省级党政部门党委统一主管主办 1 份党报和 1 份党刊，政府主管主办 1 份免费赠阅的公报或政报。省、自治区、直辖市党政各部门所办报刊，原则上划转到省级党报集团、广电集团、出版集团。导向正确，经营状况良好，年广告收入 5000 万元以上的报社或 1000 万元以上的期刊社，也可以接收被划转的报刊。被划转的报刊经调整后，面向市场，由读者自费订阅。对那些主要在本系统内自办发行，读者自费订阅数量不足发行总量 50% 的部门报刊，予以停办。对经营困难、资不抵债，或在划转中找不到新闻出版行政部门认定具备资格的主管主办单位的报刊，予以停办。并且，细则还明确，省级和省级以下政法、公安等单位不再办报刊，已办的一律停办。截至 2004 年 1 月，被纳入治理范围的 1452 种报刊中，共停办 677 种，还有 325 种从党政部门划转到报业集团或出版集团，310 种实行了"管办分离"，94 种公报政报改为免费赠阅。各地的法制报基本上属于划转的 325 种行列，归入了地方党报报业集团旗下。

2004 年 2 月 4 日，中宣部和新闻出版署又联合下发了《关于对管办分离和划转报刊加强管理的通知》，再次强调党政部门及其工作人员不得参与报刊经营活动，党政部门及其工作人员不得为报刊发行和承揽广告业务提供各种便利，报刊社的工作人员不得与党政部门公务员混岗，要求报刊社实行自主经营、独立核算；党政部门不得以任何名目向报刊社收取管理费、发行费和其他费用，也不得以任何名目将部门资金转入报刊社。

这次报刊治理工作对法制报刊业的影响很大，被后来的理论界称为专业报的"断奶行动"，它将法制报刊从计划经济的安乐窝，一下子推进了市场经济的大海中。这次"断奶"对有的法制报来说是一种转机,在市场的大潮中适者生存,获得了新生,像《上海法治报》《浙江法制报》等就办出了特色,得到了市场的肯定,但有的法制报却在划转后或被停办(如《深圳法制报》),或被其他的报刊代替(如《湖北法制报》就被《前卫》杂志取代)。

虽然法制报刊在经营上脱离了司法行政部门的直接领导,但在办报质量、法制宣传方面还要接受司法行政主管部门的领导。受新闻出版署报刊管理司和司法部宣传司的委托,中华全国法制新闻协会还定期对中央和地方的法制报纸进行质量检查。比如,2005年9月就曾经对中央和地方的37家法制报纸进行了一次质量检查。

我国没有专业的电视法制媒体,只有法制栏目或频道,所以自从电视改制节目出现以来,主管单位和主办单位基本没有改变过,一直接受国家广播电视行政主管部门的管理。

随着电视法制节目种类的不断增加,规范管理和引导就成了当务之急,所以1995年中国广播电视学会正式成立了法制节目委员会,法制节目有了自己的第一个专业组织,从组织形式上成了法制新闻大军中的"正规军"。1996年,中华全国法制新闻协会成立,各地电视台都成了它的集体会员单位。2002年7月,河南、山西、黑龙江、陕西、青岛、长沙七省市法制栏目负责人发起了"法制频道总监论坛",成立了"七省市法制节目协作体",就法制电视节目的现状及今后的发展趋向进行了深入研究和探讨。

第三节 法治新闻的特性

法治新闻是众多新闻类型中的一种,属于专业新闻的范畴,既具有新闻的一般特性,当然也有其独特之处。所谓特性,是指事物所特有的性质、品质或品性,而法治新闻的特性就是指法治新闻不同于其他新闻之性质。

一、新闻性

任何新闻都具有新闻性,一般而言,新闻的特性包括真实性、时效性和公开性。法治新闻是新闻之一种,当然应当具备以上三种特性,但这些并不能成为法治新闻所独具的特性,法治新闻的新闻性在此基础上又具有其独特性。

（一）法治新闻的真实性

先谈谈法治新闻的真实性问题。新闻必须真实、客观，这是任何新闻都必须具备的特性，但是对于法治新闻来说，其真实性又尤为重要，并且不同于一般的新闻真实。真实是新闻的生命，但什么是新闻报道中所呈现出来的真实，却并不是一个容易回答的问题。关于真实问题，可以分为三个层面，即客观真实、法律真实和新闻真实。客观真实要求最高，必须是与客观事实完全相符的真实才能是客观真实。客观真实是存在于人的意识之外，不依赖于人的意识而独立存在的客观事物。从认识论的角度看，即使人无法认识客观真实，它也是客观地存在着的。法律真实的真实性要求次之，法律真实涉及认识论的范畴，是指在发现和认定案件事实的过程中，法官运用符合法定程序和要求的证据、严格的逻辑推理和公认的经验法则，推导、证明了的再现事实。新闻真实的真实性要求则最低，它所呈现出来的完全属于认识论层面的真实。由于受认识能力、认识水平、认识手段、认识的客观条件等的限制，媒体呈现的新闻真实只能是法律所讲的"问题基本真实"或"内容基本真实"。[①] 正是考虑到了这一点，《民法典》第1025条规定，媒体"为公共利益实施新闻报道、舆论监督等行为"，如果"对他人提供的严重失实内容未尽到合理核实义务"而"影响他人名誉"，只要尽到了合理的核实义务，就不认定为侵权。也就是说，媒体报道的内容尽管在司法上看并未达到法律真实，但是其因达到了新闻真实，所以也可以作为侵权抗辩的事由。

对于一般新闻报道来说，只要对自己采访获得的事实素材尽到了合理的核实义务，达到新闻真实的要求就可以了；但是，对于法治新闻来说，新闻报道的事实最好能达到法律真实的程度，不然就会对法律真实造成影响，进而影响司法的公正性。关于这一点，我们可以通过曾经影响巨大的沈阳"刘涌案"的报道来加以考察。关于"刘涌案"的最初报道，是新华社的两篇电讯稿《沈阳"黑道霸主"覆灭记》（2001年1月19日）和《"黑道霸主"刘涌是如何"当"上人大代表的？》（2001年4月24日）。这两篇报道大量使用了"恶行""血案"等词语，而且报道中还使用了"组织黑社会性质的犯罪集团""黑道霸主""黑帮""黑老大"等词语。刘涌是不是"黑道霸主""黑帮老大"？媒体记者通过其所掌握的采访素材并不能作出准确的判断，证明刘涌是"黑道霸主"

[①] 参见《最高人民法院关于审理名誉权案件若干问题的解答》（1993年）。

"黑帮老大"的那些素材还需要侦查机关、公诉机关以及审判机关依照法定程序加以科学、审慎的认定。这两篇报道早于"刘涌案"一审判决（2002年4月17日）一年多时间，就从事实上下了这样的结论，显然具有太大的风险。如果最终法院没有这样认为，那就可能造成公众对法院裁判的误解，认为法院没有媒体公正；如果法院的裁定与媒体一致，那就是在司法审判之前抢先给当事人定性、定罪，容易让自己戴上"媒介审判"的帽子。在法治新闻的报道中，不依据法律事实而对案件作煽情式报道，刻意夸大某些事实；偏听偏信，只为一方当事人提供陈述案件事实和表达法律观点的机会；对采访素材按照既有观点加以取舍，为我所用；断章取义，甚至歪曲被采访者的原意；对审判结果胡乱猜测，影响公众判断；未经审判，报道即为案件定性，给被告人定罪；发表批评性评论缺乏善意，无端指责，乱扣帽子等，都会对新闻的真实造成影响，并且会对司法公正造成影响。法治新闻的真实性要求，对案件报道之事实最好来自公检法等权威机关，因为自己采写的当事人或其他相关人的陈述，可能与法院认定的事实不吻合，从而会造成舆论的误解，反而使法院的事实认定受到质疑。

即使是对已经判决的案例，报道中出现的事实与观点也最好是以裁判文书为准。虽然裁判文书不一定是绝对正确的，但是对于绝大多数案件来说，法院的判决是有法律事实作为裁判依据而作出的，既有客观事实的基础，也有法律事实的准确性，以此作为新闻事实就不会给司法公正造成舆论误导，从而影响公众的公平感。2006年11月20日上午，64岁的徐寿兰老人在等公交车，而彭宇则从公交车上下来。在混乱中，徐寿兰摔倒致伤，彭宇发现后将徐寿兰扶至路边并等其亲属到来后，一并将徐寿兰送往医院，后徐寿兰被诊断为左股骨颈骨折并施行了髋关节置换术。事故发生后，南京市公安局公共交通治安分局城中派出所依法对该起事故进行了处理，并制作了讯问笔录。一审法院的判决认定，"原告是被撞倒后受伤，且系与被告相撞后受伤"。然而，当时许多媒体并未采信法院的事实认定，而是认为彭宇是做好事反被"讹诈"了。如2007年9月7日的《成都日报》就以《扶人却被判撞人赔钱 南京小伙好心没好报》为题进行了报道。10年后，《人民法院报》揭开了"彭宇案"的真相，指出了媒体不以法定事实为依据报道的错误。"彭宇在第二次庭审时承认'我下车的时候是与人撞了'，但否认是与徐相撞。第三次开庭中，原告方提供了一份主要内容为彭宇陈述两人相撞情况的笔录照片，虽然这份笔录因警方失误丢失客观上无法提供原件,但也得到了当时做笔录的警官的确认。结合彭宇自述曾经与人相撞却说不清与何人相撞以及经警方确认的笔录照片,这就构成了优势证据,一审法院认定彭宇与老太太相撞并无不妥。而从客观真实看来,事别多年后,彭宇也承认了当年确实和老太太发生过相撞。遗憾的是,当年一些媒体一边倒地将彭宇'人设'为被冤枉的'好人',毕竟'好人蒙冤'的剧情要比'撞人该赔'的现实更加能够撬开读者的眼睛,撩动他们互动的欲望。而不得不说的是,或许是人性的自私因子使然,我们习惯于为自身在众人中的冷漠去找到一个客观而冠冕堂皇的借口,'以讹传讹'似乎总比真相走得快一些。这就造成如今遗憾又尴尬的局面,人们对于该案的误解、误读越陷越深,至今仍然有不少人坚信着彭宇仅因施救而被判赔偿的假象。"①

再比如,2015年12月1日,《郑州晚报》A10版刊登了一则题为《掏鸟16只,获刑10年半——啥鸟这么宝贵?燕隼,国家二级保护动物》的报道,其中称:"大学生小闫发现自家大门外有个鸟窝,和朋友架了个梯子将鸟掏了出来,养了一段时间后售卖。昨天记者获悉,小闫和他的朋友小王分别犯非法收购、猎捕珍贵濒危野生动物罪等,被判刑10年半和10年,并处罚款。"②一篇并不长的报道,连标题也只有667个字,却在网络舆情的发酵下迅速跃居话题榜首位,掀起轩然大波。随后,各大媒体紧跟舆情,纷纷刊发、转载"掏鸟案"系列报道。一时间,"在家门口掏鸟窝被判刑10年半的大学生"闫啸天引来了大批网友的同情,责备法院不近人情、惊呼"人不如鸟"的舆论声音此起彼伏。但是,没过几天,闫啸天长期猎杀、贩卖珍禽的信息遭网友曝光,一时间,他从一个可怜无知的"受害者",变成了一个私藏枪支的"偷猎惯犯"。网友这时才如梦初醒,纷纷抨击媒体"绑架"了舆论。作为舆论发酵的"源头",《郑州晚报》是"掏鸟案"的首发媒体,但报道中的诸多事实却与法院审理认定的事实多有不符,在犯罪地点、犯罪情节、犯罪故意等犯罪构成要件方面出现了严重的新闻失实。判决书明确认定被告人闫啸天、王亚军是"在辉县市高庄乡土楼村一树林内非法猎捕燕隼",而报道中却轻描淡写地说"小闫在自家大门外掏鸟窝"。"树林内"和"家门口"的一词之差,会产生截然不同的阅读

---

① 舒锐:《十年前彭宇案的真相究竟是什么》,载《人民法院报》2017年6月15日。
② 鲁燕:《掏鸟16只,获刑10年半——啥鸟这么宝贵?燕隼,国家二级保护动物》,载《郑州晚报》2015年12月1日。

效果,从而引发读者对案情和判决的误解。报道强调闫啸天的"大学生"身份,以"学生"的无知来掩盖其"明知是国家保护动物,而非法猎捕、出售"的行为;报道中"在家没事掏鸟窝"的措辞也淡化了"非法猎捕、出售"的牟利目的。"掏鸟窝"与"非法猎捕"的差别很大,前者属于过失,后者则明显属于故意。判决书强调了闫啸天"非法猎捕、收买珍贵、濒危野生动物"的犯罪事实,而且是多次猎捕和买卖,但报道却说"小闫将鸟的照片上传到朋友圈和QQ群,就有网友与他取得联系"。这样的报道弱化了闫啸天"主动出售珍贵、濒危野生动物"的犯罪事实。报道还略去了闫啸天从张某处收购凤头鹰的事实,这也是其犯罪的重要情节之一。该报道一经刊载,便引发了舆论的极大同情。在新浪网对"掏鸟案"的民意调查中,截至2015年12月3日15点18分,共有1万多名网友参与投票,其中有76.6%的人认为法院量刑过重。更有甚者,2015年12月3日,《新京报》新媒体即时新闻发布了题为《掏鸟获利千元为何与受贿千万同罚?》的报道。无独有偶,同日,新浪新闻中心《新闻极客》栏目发布了《掏鸟10只=贪腐1600万≈坐牢12年》。两篇报道不约而同地将官员受贿犯罪与"掏鸟窝"事件相提并论,从而引发了网友对司法权威的质疑。①

法治新闻的真实性应当以法定事实为基础,不能完全由媒体自己来求证事件的真相,否则媒体的报道与法院的认定不一致时,就会让公众对法院的判决产生质疑,进而产生不公正感。党的十九大报告指出,"努力让人民群众在每一个司法案件中感受到公平正义"。可见,司法不是没有给出公平正义,而是这种公平正义没有让人民群众感受到。要让人民群众真正感受到公平正义,新闻媒体就要和司法审判同频、同步,把司法裁判讲全面、讲透彻,做好以案释法、以案普法。

(二)法治新闻的时效性

再谈谈法治新闻的时效性问题。新闻贵在一个"新"字,是新近发生的事件,"它记录新事物的产生出现、生息消长,揭示事物发展变化的外部条件和内在规律,展示新事物的发展趋势。呈现在受众面前的新闻,应当具有新鲜的内容、新颖的面孔和清新的生活气息"②。这个"新",除了报道的内容"新鲜"之外,还有一个就是报道的"快速"。如果不能用最快的方式加以传播出

---

① 范玉吉、杨心怡:《从"掏鸟窝"事件审视传媒法律素养》,载《新闻记者》2016年第2期。
② 《新闻学概论》编写组编:《新闻学概论》(第二版),高等教育出版社2020年版,第29—30页。

去,那么就成了"旧闻",所以习惯上常说新闻是"易腐品",保鲜时间短,必须抢先、抢新。对于一般新闻来说,抢占第一时间点极端重要,要力求在新闻事件发生后用尽可能短的时间将新闻报道给受众。但是,法治新闻又有所不同,不能一味地抢"先",法治新闻的"新"要建立在"准"之上。

为什么说法治新闻的"新"要建立在"准"之上?法治新闻最常见的内容是关于各类案件的报道,但是大多数案件发生后,"真相"并不能立即得出,侦查机关往往需要进行一段时间的调查、取证、求证、论证、认证之后才能确定真相。这一时间有长有短,不一而足,因此,如果为了求得第一时间报道案件真相,媒体不等公安机关、检察机关或法院公布案件真相就先行公布自己调查到的"真相",极有可能会误导舆论,对司法形象产生影响,有的甚至还可能影响司法公正,产生媒介审判。以刑事案件的报道为例,一般情况下,发生刑事案件后,公安机关到达现场后都会为保护现场而封锁现场,除公安人员外一般不准外人进入,包括记者。同时,与案件相关的人员也往往会被公安机关拘留、控制或问询,记者所能采访到的往往都不是案件相关人或真正的知情人,他们向记者所提供的也大都是一些道听途说的内容。如果此时媒体把这些道听途说的内容进行第一时间的报道,反而会误导舆论,歪曲真相,有的还会给司法造成负面影响。

如发生在 2016 年的"吴谢宇弑母案",就这个新闻事件来说,案发时间并不清楚,《新京报》在 2016 年 3 月 4 日只是根据 2016 年 3 月 3 日福建省福州市公安局晋安分局的一则悬赏通告,以《北大一学生涉嫌弑母 福州警方悬赏捉拿》为题最先进行了报道。该报道的导语称:"昨日,一则福州警方发布的悬赏通告在网上热传。通告称,2 月 14 日,警方发现一名女子死在福州一所中学教职工宿舍内,其子有重大作案嫌疑。福州警方证实此通告确由警方发布,犯罪嫌疑人目前仍未抓获。"整篇报道关于案件的核心信息都来自警方的通告,记者采访警方人员,也仅仅是证实"通告确由警方发布"。被采访的警官并未提供更多信息,只是说"通告刚发出来几个小时,目前还没有抓到吴谢宇"。之后就是对外围信息的获取,有来自网上的吴谢宇的户籍登记地址和相关公开资料,也有对吴谢宇的大学同学和高中校友的采访,但并无与案件有关的信息。

然而,为了抢先报道"新鲜"内容,此后《新京报》在发布该新闻时,就在案件发现时间的"2 月 14 日"后加上了"情人节"一词:"3 月 3 日,福州警方发布了一则悬赏通告。通告称,2月14日情人节,警方发现一名女子谢天琴死在福州一所中学教职工宿舍内,其22岁儿子吴谢宇有重大作案嫌疑,警方悬赏万元缉捕。"这样一来,将一则本来因"名校大学生""弑母"等因素而备受关注的新闻事件,与"情人节"建立了某种联系。此后,腾讯、凤凰资讯等门户网站在转载该新闻时,为了创"新",又将标题改成了《福州警方悬赏抓捕1名北大学生:情人节当日杀母》。原本"2月14日"只是警方发现案件的时间,此时却成了案件发生的时间,"发生"与"发现",一字之差就暗示了这一刑案的"离奇性"与"神秘性"。

　　由于此时距警方抓到犯罪嫌疑人吴谢宇还有3年多时间(2019年4月21日,警方在重庆江北机场将犯罪嫌疑人吴谢宇抓捕归案),警方不可能提供更多的案件相关信息,但为了求"新",媒体只能从其他非权威渠道获得"小道消息"以丰富其报道。财新网在报道这一新闻时,使用的题目是《福州"弑母案"嫌疑人人格呈现双面人　曾购买大量刀具塑料膜》,报道中还"深挖"出了诸如嫌疑人在杀死其母后"曾与一名性工作者结识,两次生意后,两人确立恋爱关系"等与本案毫不相干的内容。这样一来,一则法治新闻就成了一篇情节跌宕、内容离奇的市井故事,色情、暴力、堕落、丑闻、乱伦等诸多因素足以刺激起受众的窥隐欲,达到媒体预想的传播效果。

　　因此,就法治新闻来说,一定要按照公安机关和司法机关的节奏来进行报道,不要一味地抢"时效",不要一味地求"先"、求"鲜",要考虑法治新闻报道的准确、客观、公正与时效的辩证统一。

(三) 法治新闻的公开性

　　最后来谈谈法治新闻的公开性。新闻报道就是要公开传播满足公众需求的信息,不公开无新闻。"新闻以满足社会信息需求、为社会提供信息服务为目的,是人们进行社会交往的桥梁和纽带,也是人们了解外部世界的窗口,而公开传播则是满足社会信息需求的前提。所以,新闻一经产生,就必然是公开的,而且具有天然的扩散性。"[1]就法治新闻而言,其公开性主要包含着法律的公开、执法的公开、检察事务公开、审判公开等内容。这些关于公开的要求,既有政务信息公开的要求,也有司法公开的要求;既要满足公众的知情权,也要满足公众的监督权。

---

[1] 《新闻学概论》编写组编:《新闻学概论》(第二版),高等教育出版社2020年版,第33页。

法律公开的要求在《立法法》第58条得到体现："法律签署公布后,及时在全国人民代表大会常务委员会公报和中国人大网以及在全国范围内发行的报纸上刊载。"也就是说,任何法律制定后都必须通过各种渠道予以公布公开,让人民群众充分知悉了解。为了做好法律的公开,国家从1986年起就开始实行普法教育规划,2020年完成了"七五"普法规划,2021年是第八个五年普法规划的开局之年。

检察院作为国家的法律监督机关,其职责是依法履行法律监督职能,保证国家法律的统一和正确实施。公民对检察工作既有知情权,也可以行使监督权。从1998年的《关于在全国检察机关实行"检务公开"的决定》起,最高人民检察院出台过多份关于检务公开的文件。2006年,最高人民检察院又颁布了《关于进一步深化人民检察院"检务公开"的意见》,其中第2条第2项规定了"除因涉及国家秘密等原因外,对办案程序、复查案件的工作规程、各个诉讼阶段诉讼参与人的权利和义务、法律监督结果等依法应该公开的事项,都要充分公开,如实公开"的"真实充分"原则。

审判公开则是国际通行的司法准则,审判公开的实质是将审判活动置于公众的监督之下进行,约束法院和法官依法行使审判权,杜绝"暗箱操作"可能造成的弊端,保证审判公正。《宪法》第130条规定:"人民法院审理案件,除法律规定的特别情况外,一律公开进行。"《民事诉讼法》第134条规定:"人民法院审理民事案件,除涉及国家秘密、个人隐私或者法律另有规定的以外,应当公开进行。离婚案件,涉及商业秘密的案件,当事人申请不公开审理的,可以不公开审理。"《刑事诉讼法》第11条规定:"人民法院审判案件,除本法另有规定的以外,一律公开进行。被告人有权获得辩护,人民法院有义务保证被告人获得辩护。"《刑事诉讼法》第285条规定"审判的时候被告人不满十八周岁的案件,不公开审理。但是,经未成年被告人及其法定代理人同意,未成年被告人所在学校和未成年人保护组织可以派代表到场。"《行政诉讼法》第54条规定:"人民法院公开审理行政案件,但涉及国家秘密、个人隐私和法律另有规定的除外。涉及商业秘密的案件,当事人申请不公开审理的,可以不公开审理。"审判公开的内容包括:第一,立案公开,立案阶段的相关信息应当通过便捷、有效的方式向当事人公开。第二,庭审公开,建立健全有序开放、有效管理的旁听和报道庭审的规则,消除公众和媒体知情监督的障碍。第三,执行公开,执行的依据、标准、规范、程序以及执行全过程应当向社会和当事人公开，但涉及国家秘密、商业秘密、个人隐私等法律禁止公开的信息除外。第四，旁听公开，人民法院对开庭审理程序之外的涉及当事人或者案外人重大权益的案件实行听证的，应当公开进行。第五，文书公开，裁判文书应当充分表述当事人的诉辩意见、证据的采信理由、事实的认定、适用法律的推理与解释过程，做到说理公开。第六，审务公开，人民法院的审判管理工作以及与审判工作有关的其他管理活动应当向社会公开。各级人民法院应当逐步建立与完善互联网站和其他信息公开平台，建立健全过问案件登记、说情干扰警示、监督情况通报等制度，向社会和当事人公开违反规定程序过问案件的情况和人民法院接受监督的情况，切实保护公众的知情监督权和当事人的诉讼权利。2009年，最高人民法院还专门颁布了《关于人民法院接受新闻媒体舆论监督的若干规定》，该文件规定"人民法院应当主动接受新闻媒体的舆论监督。对新闻媒体旁听案件庭审、采访报道法院工作、要求提供相关材料的，人民法院应当根据具体情况提供便利"。"对于社会关注的案件和法院工作的重大举措以及按照有关规定应当向社会公开的其他信息，人民法院应当通过新闻发布会、记者招待会、新闻通稿、法院公报、互联网站等形式向新闻媒体及时发布相关信息。""对于公开审判的案件，新闻媒体记者和公众可以旁听。审判场所座席不足的，应当优先保证媒体和当事人近亲属的需要。有条件的审判法庭根据需要可以在旁听席中设立媒体席。"

但是，法治新闻报道的公开性中又有很多的限制，因为案件本身可能涉及太多不能公开的内容，媒体报道必须克制，必须注意保密，在不公开审理的案件中含有国家秘密、商业秘密、个人隐私、未成年人信息等内容时，不允许披露和报道。《保守国家秘密法》第9条第6款就把"追查刑事犯罪中的秘密事项"列为国家秘密，要求任何公民和法人都必须遵守。《刑事诉讼法》第152条规定："侦查人员对采取技术侦查措施过程中知悉的国家秘密、商业秘密和个人隐私，应当保密；对采取技术侦查措施获取的与案件无关的材料，必须及时销毁。采取技术侦查措施获取的材料，只能用于对犯罪的侦查、起诉和审判，不得用于其他用途。"对刑事案件的报道更要慎重，有些信息关系重大，必须征得公安机关、检察机关或人民法院的批准、审核才能进行报道。《刑事诉讼法》第64条规定："对于危害国家安全犯罪、恐怖活动犯罪、黑社会性质的组织犯罪、毒品犯罪等案件，证人、鉴定人、被害人因在诉讼中作证，本人或者其近亲属的人身安全面临危险的，人民法院、人民检察院和公安机关应当采取以下一项或者多项保护措施：(一)不公开真实姓名、住址和工作单位等个人信息；(二)采取不暴露外貌、真实声音等出庭作证措施；(三)禁止特定的人员接触证人、鉴定人、被害人及其近亲属；(四)对人身和住宅采取专门性保护措施；(五)其他必要的保护措施。"对与未成年人有关的案件的报道更须慎重，不能披露未成年人的相关资料和信息，要对未成年人加以特别的保护。《预防未成年人犯罪法》第45条规定："人民法院审判未成年人犯罪的刑事案件，应当由熟悉未成年人身心特点的审判员或者审判员和人民陪审员依法组成少年法庭进行。对于审判的时候被告人不满十八周岁的刑事案件，不公开审理。对未成年人犯罪案件，新闻报道、影视节目、公开出版物不得披露该未成年人的姓名、住所、照片及可能推断出该未成年人的资料。"

对于不遵守法律规定，擅自泄露、报道要求保密的案件信息的行为，《刑法》还规定了两个罪名，即泄露不应公开的案件信息罪，以及披露、报道不应公开的案件信息罪。《刑法》第308条之一规定："司法工作人员、辩护人、诉讼代理人或者其他诉讼参与人，泄露依法不公开审理的案件中不应当公开的信息，造成信息公开传播或者其他严重后果的，处三年以下有期徒刑、拘役或者管制，并处或者单处罚金……公开披露、报道第一款规定的案件信息，情节严重的，依照第一款的规定处罚。"

二、法治性

法治新闻姓"法"，如果法治新闻没有了法治性，那就不是法治新闻了。法治新闻报道是关于依法治国过程中产生的新闻的报道，从依宪治国、依宪执政、科学立法、依法执政、依法行政、公正执法、公正司法到全民守法，可以说社会生活中的方方面面，只要和"法"有关的新闻，都可以划进法治新闻的范畴中。当然，这样说似乎会有泛法治化之嫌，有学者对此非常担心，因为将"法治新闻的内容泛化不利于法治新闻的传播与发展"，要"改变这种局面最重要的方法就是保持法治新闻内容的专业性"[①]。这种担忧是存在的，因为许多法治新闻虽然报道的是一个与"法"有关的事件，但实际上却是借了"法"的名义在报道一个普通的社会新闻。那么，这里就必须要澄清法治新闻之"法"指什么？

---

① 刘斌：《法治新闻传播学》，中国政法大学出版社2012年版，第61页。

法治新闻中的"法"不是"法治新闻"这道菜中用来增加"法味"的佐料,而是菜本身。如果某地发生了一起命案,媒体按照一般新闻叙事的方式对此案的发生时间、地点、嫌疑人和被害人的一般情况等进行报道,最多再增加一些道听途说来的案发原因与嫌疑人和被害人的八卦,那就不是法治新闻,而属于典型的社会新闻。如2021年11月23日《新民晚报》第7版刊登的一则新闻《30楼,一杯水"扔"下一宗罪》:

> 本报讯(记者 郭剑烽 通讯员 田娜)"今年6月8日晚上10点左右,我正在楼下乘凉,突然有个东西差点砸到我的头,掉在我的脚边,我看了一下是一个星巴克的塑料杯,杯子里的水溅了一地。我看杯子上有订单标签,就拿着来报案了。"今天上午,经静安区检察院以高空抛物罪提起公诉,从30层高楼窗户扔下这只杯子的男子徐某,被静安法院当庭判处拘役三个月,并处罚金人民币一千元。
>
> 1990年出生的徐某是一家公司的部门负责人,租住在静安区某高层小区的30层。他平时工作很忙,经常会在租住的地方喝喝咖啡、饮点小酒,提提神,解解压。
>
> 6月8日,徐某在某外卖平台下单了一杯星巴克咖啡,喝完他还觉得口渴,便用那个塑料杯装了矿泉水,喝了几口后,随手连水带杯从30层的书房窗户抛了出去,砸到小区主干道上。
>
> 公安机关依法调取了监控录像,证实2021年6月8日晚徐某高空抛下涉案水杯落地时的情况。在侦查过程中,公安机关还发现,徐某于2021年6月15日在某外卖平台下单购买了两份小龙虾约40只。凌晨3时许,他将装有小龙虾餐食残渣的白色塑料碗从窗户抛下,砸到小区行人行走及车辆行驶的主干道上。徐某两次高空抛物的落地点距离窗口水平距离较远,系其故意抛掷所为。
>
> 承办检察官依法讯问了被告人,审查了全部案件材料,认定徐某从建筑物高空抛掷物品,情节严重,其行为已触犯《刑法》第二百九十一条之二第一款的规定,应以高空抛物罪追究其刑事责任。11月1日,静安区检察院以高空抛物罪对徐某提起公诉。

如果这则新闻仅止于此,那就是一则典型的社会新闻,虽然报道中涉及了法律，但并没有脱离社会新闻的基本特性，也没有表现出法治新闻之特别属性。但是，这则新闻在后面加了"检察官点评"后就不一样了。

> 检察官点评
> 　　高空抛物罪是去年《刑法修正案(十一)》第三十三条新增设的罪名。高空抛物、坠物行为损害人民群众人身、财产安全，极易造成人身伤亡和财产损失，引发社会矛盾纠纷。
> 　　本案中，徐某两次高空抛物行为虽未造成严重后果，但是系从30层高楼故意抛物，在重力加速作用下会形成具有伤害力的冲量，有造成严重后果的可能性，构成高空抛物罪。

新闻中增加的"检察官点评"，就超越了一般的社会新闻，通过剖析本事件中所蕴含的法理，用以案释法、以案普法的方式对一则社会新闻进行了法治层面上的升华，将高空抛物的危害及该行为应当受到的法律制裁剖析得明明白白，对高空抛物罪的法理基础进行了简要分析，极具普法教育意义。

当然，并非只有明确带"法"的才是法治新闻，有些新闻虽然表面上并没有"法"，但实际上也可以成为法治新闻，而且是十分具有法治含量的新闻。例如，2009年7月，冯小刚到浙江大学之江校区这个全国重点文物保护单位取景拍摄电影《唐山大地震》，这可是全国的娱乐记者们都关注的大新闻，之前已有多家媒体报道了冯小刚剧组将到浙江大学拍戏的新闻，那这样的新闻中是不是也有法治的内容呢？对《浙江法制报》的青年记者金霖萍来说，答案是肯定的。她和蜂拥而至的娱乐记者一起去报道这个新闻，但她的报道角度却是剧组拍戏过程中会不会影响到文物建筑的保护？学校和剧组会采取怎样的保护措施？行政部门和相关法律法规对此又有什么规定和限制？后来，在深入采访中，金霖萍发现，剧组由于根本就不知道《浙江省文物保护管理条例》有"利用文物保护单位进行电影、电视和其他音像制品拍摄的，拍摄单位应当提前十日向省文物行政部门或者其委托的所在地设区的市人民政府文物行政部门提出申请，经依法批准后方可拍摄。利用全国重点文物保护单位拍摄的，应当依法报请国务院文物行政部门批准"的规定，所以竟然没有向文物主管部门提交过拍摄申请，以为与杭州市委宣传部、浙江大学之江校区管委会就拍摄事宜进行了协调，做了相应的保护措施，就可以开拍了。《浙江省文物保护管理条例》规定:"对于未经批准擅自拍摄或超范围拍摄各级文物保护单位和馆藏文物的行为,各级文物管理部门可根据情节对拍摄者予以处罚并没收拍摄所得全部文物资料,情节严重者,移送当地公安、司法部门处理。"剧组未向省文物保护行政部门申请获准就开拍将涉嫌违法。金霖萍了解了这些信息后,并未直接曝光以博读者眼球,而是主动帮助剧组牵线搭桥,找相关部门提出申请,最终在开机前一天走完了所有的审批流程,获准在浙江大学开机拍摄。2019年7月7日,电影如期开机;2019年7月8日,《浙江法制报》刊出了两个整版的独家报道,即《冯小刚新戏钟情浙大文保建筑 本报记者帮剧组弥补重大法律疏漏》《老校区、老房子、老古董 学校剧组倚"老"护"老"》。① 这一新闻就是典型的在看似没有"法治"元素的新闻事件中找出了"法治"元素,并且通过报道普及了文物保护法,也彰显了媒体的公信力和责任心。

关于法治新闻的法治性,主要体现在报道全过程都要有法治思维。这可以从两个方面来看:一方面,法治新闻报道要用法治思维去策划选题,用法治思维去释法说理,用法治思维去叙事抒情,使整篇报道有法治的态度、法治的品格、法治的立场,能很好地起到释法普法的社会效果;另一方面,法治新闻报道还要尊法、守法,严守法律的边界,从公法到私法、从程序法到实体法,都不越雷池一步,重视社会效益,辩证对待正面报道。同时,法治新闻报道要以人为本,发挥媒体整合社会功能;通达人情,报道有温度的法治新闻;为受众着想,注重传播内容的易亲近性,让普通大众也能读懂与理解。

三、政治性

从政治体系对新闻体制的制约与规定,以及政治活动对新闻传播无处不在、无时不有、具体而微的渗透中可以看出②,新闻具有极强的意识形态属性。从世界报刊发展经历的三个阶段看,官报时期和党报时期,新闻的政治性自不必说,就是到了商报时期,虽然这时的报刊都是以营利为目的,但这"并不是说报刊没有自己的观点,它的观点是围绕着利益转移的,报刊的自身利益,特别是经济利益通常决定着报刊的政治态度。这种利益可能会使报刊的政

---

① 浙江法制报编:《换个活法——浙江法制报打造"四全媒体"的探索》,红旗出版社2020年版,第25—31页。
② 李良荣:《新闻学概论》(第七版),复旦大学出版社2021年版,第209页。

治态度相当模糊,或者无所谓态度,或者有时候态度非常鲜明,总之,传媒的政治态度是围绕着如何争取更多的读者转的"①。新闻与政治之间存在着十分密切的关系,不独法治新闻有政治性。但是,法律和政治的关系不仅是密切,法律就是政治的一部分。法律是由国家创制的,并由国家强制力保证实施的,普遍适用的行为规范的体系。法律体现了统治阶级的意志,是确认、保护和发展有利于统治阶级的社会关系和社会秩序的工具。法治是依据法律进行国家治理,它实际上包含着多层含义:一方面是指一种治国的方略,另一方面也可以看成是一种社会调控方式。另外,法治还指一种法律价值、法律精神或社会理想,以及通过这种治国的方式、原则和制度而形成的一种社会状态。法治强调依法治国、依法行政、法律至上、公正司法,而法治新闻就是将这种依法治国、依法行政过程产生的信息传播给公众。所以,法治新闻的政治性要高于经济新闻、文化新闻、体育新闻、娱乐新闻、科技新闻等专业新闻,更高于一般的社会新闻。法治新闻的主要目的是满足人民群众对法治信息的需要、塑造国家法治形象、塑造人民法治信仰和培育社会主义法治文化,这四个方面的内容都有明确的政治目的,具有极强的政治属性。从法治新闻报道的内容来看,主要包括坚持党对全面依法治国的领导;坚持以人民为中心;坚持中国特色社会主义法治道路;坚持依宪治国、依宪执政;坚持在法治轨道上推进国家治理体系和治理能力现代化;坚持建设中国特色社会主义法治体系;坚持依法治国、依法执政、依法行政共同推进,法治国家、法治政府、法治社会一体建设;坚持全面推进科学立法、严格执法、公正司法、全民守法;坚持统筹推进国内法治和涉外法治;坚持建设德才兼备的高素质法治工作队伍;坚持抓住领导干部这个"关键少数"。可见,法治新闻报道囊括了我国社会主义法治建设中的全面新闻内容,其政治属性是不言而喻的。

　　检察日报社检察传媒研究院晏向华在分析2020年度全国政法优秀新闻作品时指出,"20件一等作品都体现了坚定的党性意识和人民立场",都"紧扣民心这个最大政治"。在具体分析时,晏向华认为:

　　《检察日报》报刊通讯《最高检为何紧盯"小井盖"——全国检察机关落实"四号检察建议"现场推进会释放重要信号》,聚焦检察机关的为民

---

① 陈力丹:《新闻理论十讲》(第二版),复旦大学出版社2021年版,第156页。

举措——守护"脚底下"的安全。最高人民检察院紧盯人民群众的操心事、烦恼事、揪心事,推动有关部门重视窨井盖安全问题,消除公共安全隐患,向住房和城乡建设部发出"四号检察建议",同时抄送工业和信息化部、公安部、司法部、交通运输部、国家广播电视总局、国家能源局等相关单位。

《人民法院报》报刊系列报道《"十三五"小康路上看亮点》,立体式描绘我国实现人民生活从温饱不足到总体小康、奔向全面小康的历史性跨越,在中华大地上全面建成小康社会的图景。

中央人民广播电视总台电视专题《特殊押解》体现出司法行政系统践行"不忘初心、司法为民"的决心和使命担当。妹妹突患急性白血病危在旦夕,唯一配型成功、能够挽救她生命的哥哥却在监狱服刑。节目全面展示了司法部以及天津、河南两地的监狱系统在救治行动中的种种努力和付出。

新疆昌吉广播电视台广播专题《依法严守耕地红线》,记者践行"四力",在接到群众举报破坏耕地的线索后,紧盯问题不放松,深入田间地头,历时3小时完成追踪报道,最终违法人受到刑事处罚,破坏的耕地得到恢复。[1]

所有这些法治新闻,都是从"以人民为中心"这个最重要的政治议题出发来进行报道的,同时也是对我国法治建设取得的成就之最好展示。

法治新闻报道的核心内容要体现法治价值观,法治价值观所体现的具体内容包括用法律制约权力、用法治取代人治、实现公平正义、保障司法独立、追求正当程序、保障基本人权等。2015年1月15日,中国法院网发布的《最高法发布人民法院关于行政不作为十大案例》的报道,就体现了法律对权力的制约。对"佘祥林案""张氏叔侄案""念斌案"等冤案的报道,就体现了对司法公正、保障人权、正当程序等价值理念的追求,是对社会主义法治建设的最好促进。应当说,所有的法治报道都蕴含着政治性,所有的法治报道都体现着"以人民为中心"和"坚持中国特色社会主义法治道路"的政治信念,体现着

---

[1] 晏向华:《唱响政法好声音——2020年度全国政法优秀新闻作品一等奖作品分析》,载《法治新闻传播(第五辑)》,中国检察出版社2021年版。

"依法治国、依法执政、依法行政共同推进,法治国家、法治政府、法治社会一体建设"的治国方略。

第四节 法治新闻的职能

任何事物都具有一定的功能,这也是其具有价值的基础。所谓功能,就是某一特定对象能够满足某种需求的一种属性。一般将新闻能满足受众的某种需求称为新闻的功能,但我们此处讲的法治新闻不仅仅是指某种新闻类型,而是已经蕴含了法治传媒这一行业,所以有关法治新闻对受众有什么作用或法治新闻有什么任务的语言表述,最好采用法治新闻的"职能"。"职"是指法治传媒这一行业,而"能"则指这一行业或职业的功能。陈力丹在谈传媒的基本职能时说:"职能这个概念既说明论证的角度是在社会层面,又能在较为广泛的意义上全面说明传媒在社会中的作用。"本书也采用这一表述方式,将一般常用的"法治新闻的功能"称为"法治新闻的职能",以强调法治新闻作为传媒业所应当尽的职责和应当具备的功能。

一、传播信息

对于法治新闻来说,其首要的职能就是传播法治新闻信息。法治新闻是新闻传播中的新闻"富矿"。人为什么需要新闻?这是一个看似无聊的问题,并不需要作出回答或我们根本无法找到恰当答案,因为人需要新闻似乎并不像人需要食物或睡眠一样重要,但如果深入探究下去却又不是这样。本质上说,人并不是一定需要新闻,而是需要信息,需要那些可以消除人的随机不确定性的信息。人们生活在这个世界上,随时都会面临许多不确定的因素,要消除这些不确定性因素,就必须借助一定的信息。比如,原始人在打猎时就需要从同伴那里得到一些信息:哪里可以打到猎物?哪里打猎会比较危险?用什么样的方法可以打到更多的猎物?人类社会从狩猎文明、农业文明、工业文明到今天的信息文明,信息传播在人类社会的进化演变过程中扮演了重要角色。丹尼尔·贝尔将信息称为信息社会的"关键变量"[①],到了今天这样的信息社会,人们对类似功能的信息需求更强烈,工作、生活、社交、娱乐……

---

① 中国科学技术情报研究所编:《信息社会的社会结构》,科技文献出版社1984年版,第87页。

离开了信息人们将无法生存。所以,新闻的需求成了当代社会的刚需,媒体业的繁荣就是这种刚需催生出来的。从信息主体的角度划分,信息可以分为个人信息、组织信息、社会信息、国家信息;从新闻传播的角度划分,信息可以分为公共信息、商业信息、社会信息。公共信息主要是由政府产生、编辑或维护的信息,可分为政治信息、军事信息、科技信息、经济信息、文化信息、法治信息等;商业信息主要是工商企业在生产、经营中形成的信息,包括生产活动信息、产品或服务信息、管理活动信息等;社会信息则是人们在社会生活中所形成的各种信息。无论是哪一类信息,都涉及和法治相关的信息。政府信息中的立法、行政、执法、司法等活动就和法治有直接关系,甚至就是法治本身;商业活动中的签订合同、发布广告、保护商业秘密、维护竞争关系等,也与法治有密切关系;人们在日常社会生活中也会产生各种纠纷、发生各种冲突、形成各种法律关系,这些自然而然地成为法治社会的组成部分。现代社会是法治社会,人们对法治信息的需求也是一种刚需,而法治新闻就是传播法治信息的重要途径。

公众与信息的关系主要包括"知情需要"(need to know)和"知情欲望"(want to know),这两个概念来自菲利普·帕特森和李·威尔金斯,他们指出,"知情需要"是一个源自哲学领域的概念,大众媒介的功能之一就是为公民提供能使他们在社会中投入日常生活的信息,公民有合法的权利获知这些信息中的大部分内容。当新闻工作者断言公众"有权获知"某个事实时,他们的意思往往是公民"需要"这类信息,以便在日常生活中游刃有余,方便应对,因此媒体必须满足公众的"知情需要"。"知情欲望"则来自人们的好奇心,这些信息与我们的生活并不密切相关,如某个好莱坞明星和谁出轨了,或者某个富豪有多少资产等,但我们本能地很想了解这些信息,它们服务于我们聊天娱乐,为我们提供谈资和笑料。① 大多数"知情欲望"不能为人们所获知,但还是有相当一部分的"知情欲望"需要媒体来满足,这是娱乐新闻存在的根据之一。

大部分的法治新闻所传递的都是公共信息和商业信息,都属于公众"知情需要"的范畴,从宪法角度来看,公众对这些信息有知情权。法治新闻报道

---

① 〔美〕菲利普·帕特森、〔美〕李·威尔金斯:《媒介伦理学:问题与案例》(第四版),李青藜译,中国人民大学出版社2006年版,第137—138页。

必须把这类新闻客观、真实、及时、全面地报道出来,以满足公众的知情权和"知情需要"。

法治信息的国际传播也十分重要。西方国家对中国社会主义法治建设的成就了解不全面,对法治中国的国家形象认识不到位,往往对中国法治指手画脚、说三道四。为了消除西方国家对中国法治成就的误解,塑造法治中国的国家形象,应当重视法治信息的国际传播。《中央宣传部、司法部关于开展法治宣传教育的第八个五年规划(2021—2025年)》(以下简称《"八五"普法规划》)就明确提出,要加强法治文化国际传播和国际交流,以讲好中国法治故事为着力点,突出对外宣传中国特色社会主义法治优越性、新时代法治建设实践成果和中华优秀传统法律文化;讲好中国遵循国际法故事,对外宣示我国积极维护国际法治、捍卫国际公平与正义的立场主张;注重在共建"一带一路"中发挥法治作用;坚持贴近中国实际、贴近国际关切、贴近国外受众,加强法治文化国际传播能力建设。

二、舆论引导

新闻报道和舆论有着十分密切的关系,"舆论是社会生活中公众对某一事态所持有的意见和看法……公众是舆论的主体,事实是舆论的客体,意见、看法或者情绪是主体对客体的判断,是舆论的表现形式"[①]。法治事件往往会涉及对某一事件的客观评价与价值判断,因此法治新闻最容易引发公众舆论。对某一法治事件的判断,必然内含着对某一价值的认同或否定,所以评判某一法治事件实际上就是进行价值判断。法律的本质是对权利的保护,对某一法治事件所进行的价值判断,也就是用特定的价值来判断某种权利是否应当得到法律的保护。人类所有的权利既不是来源于造物主,也并非来自自然,更不是人类的发明创造,"权利是经验与历史——尤其是极端的邪恶——所教会我们的更好选择,而这些选择是如此重要,以至于应该教导公民将它们确立为权利,同时别让权利屈从于善变的多数决之下"[②]。由此可见,什么权利值得保护,什么权利应当得到尊重,取决于人类的经验,也就是说法律怎样规定并非一成不变、与生俱来的,而是也要随着人类经验的发展而发展。

---

① 《新闻学概论》编写组编:《新闻学概论》(第二版),高等教育出版社2020年版,第156页。
② [美]艾伦·德肖维茨:《你的权利从哪里来?》,黄煜文译,北京大学出版社2014年版,第69页。

因此，在对法治事件进行价值判断时，会产生不恰当的判断，这就是舆论产生的原因。

当然，公众的舆论并不一定就是正确的。舆论来自群体的意见，而群体却是冲动的、易变的、急躁的、缺乏理性的，群体的情绪是夸张和单纯的，意见也是偏执、专横和保守的。① 因此，公众的舆论也是需要引导的，不引导就会成为危害社会的洪水。"对当前我国经济社会发展中存在的突出问题、改革攻坚和加快转变经济发展方式面临的难点问题、干部群众普遍关注的热点问题，新闻媒体应主动回应、深入调查，多做解疑释惑、疏导情绪工作，多做增进共识、增进团结的工作，引导社会舆论向积极的方面发展。"②法治新闻报道的事件往往都是公众普遍关注的热点问题，也是改革发展过程中产生的难点问题，由于公众对此认识不到位，有的还带有错误的认识，特别是在法律法规、司法程序、法治理念等方面存在着认识的偏差和误解，所以非常容易形成舆情，亟需加以引导。

关于这一点，可以从曾经引起全国关注的"张扣扣杀人案"看出。1996年8月27日，王自新的三子王正军（时年17岁）因邻里纠纷，将张扣扣之母汪秀萍伤害致死。1996年12月，法院作出判决，王正军因犯罪时未满18周岁，依照《未成年人保护法》，不按刑事案件进行处理，予以释放，王自新赔偿张家经济损失9639.30元。又因张母在此前言语中多有不当才激怒了王正军，所以两家经过调解达成了和解，其间张扣扣家与王自新家没有再增添新的矛盾。案发时，年仅13岁的张扣扣目睹了母亲被打死，此事在张扣扣心中埋下了"复仇"的种子。22年之后的2018年大年三十，张扣扣杀死了王正军及其父亲王自新与哥哥王校军。张扣扣故意杀人的事实清楚，这本该是一起没有太多争议的刑事案件。针对这一事件，网友们的看法几乎是一边倒，很多人认为他罪不至死，原因有以下三点：首先，王家有错在先，即使张母的做法有过分之处，也不应该被杀，俗话说"一报还一报"，杀母凶手得不到法律制裁，张扣扣为母复仇符合天理人情；其次，张扣扣生活失意、心理扭曲都由王家造成，值得同情；最后，案发之后，张扣扣主动投案，还算是一个"敢做敢当"的人，有自首情节，应该改判无期徒刑。针对这些舆论，央视网进行了及时的

---

① ［法］古斯塔夫·勒庞：《乌合之众：大众心理研究》，冯克利译，中央编译出版社2014年版，第14—34页。
② 新华通讯社课题组：《习近平新闻舆论思想要论》，新华出版社2021年版，第112—113页。

引导：

面对当年案件事实清楚、证据确凿、判决公正的结果，张扣扣仍然在光天化日之下连杀三人、蓄意"复仇"，这不仅是无视法律既定事实，更是对法律权威的蔑视和挑战。倘若如此罪行被允许、被鼓励、被轻判，这将是对犯罪的纵容，也是法律的倒退。

法律是公众意志的体现，存在的意义在于维持社会秩序。倘若人人都以张扣扣式的极端手段解决私人恩怨，进行私人审判，那我们的社会秩序将如何保障？所以，法律只有被信仰，才不至于形同虚设。任何"复仇"都不是超脱法律之外的借口，任何人也都不能凌驾于法律之上！

张扣扣案是一起极端的个案。正是这种极端的个案才能更好地引发人们讨论、思考、反思并形成共识。如何对待和看待张扣扣案，不仅仅涉及张王两家个人恩怨的公允裁定，更影响着我们社会未来法治的走向和共识的形成。

我们常常在一些复杂、争议案件上既希望实现公平正义，又希望体现法治的温度，让法与情兼顾平衡。而张扣扣案之所以如此引人关注，原因也是如此。毕竟，法理易断，但情理难说。

正如张扣扣的辩护律师在一审辩护词中所说，张扣扣一直对妈妈挨打、致死并被公开解剖的三个场景终生难忘，并引用弗洛伊德的话"那些发生于童年时期的疾病是最严重、也是最难治愈的"来说明张扣扣走上"复仇"道路的原因。这也是一些人对张扣扣表示同情的动容之处。

然而，这并不是为罪行开脱的理由。"为母报仇"这种观点虽然具有朴素的正义感，可正是这种朴素的正义感对法治社会的破坏性更大。这种以情度法、以情代法的思想，是影响法治进步的敌人，也是实现公平正义道路上的"绊脚石"。

是非曲直终有定论，对公众而言，这无异于一堂意义深刻的法律公开课。我们希望，张扣扣案的判决在回应社会的关切中，充分彰显公平与正义，弘扬法治中国的理想与信念。[1]

---

[1] 沐城：《莫因极端个案动摇对法治与常识的坚守》，https://baijiahao.baidu.com/s?id=16305103302891165 90&wfr=spider&for=pc。

随着中国特色社会主义进入新时代,社会法治新闻必须用自己的专业性做好舆论引导,在引导舆论的过程中传播法治正能量,引导舆论向上向善,为建设社会主义法治国家营造良好的法治舆论环境。

三、舆论监督

法治新闻报道也具有十分重要的舆论监督功能,它是保障人权、促进司法公正的重要手段之一。从立法开始就需要新闻媒介的公开报道,之后的执法、司法等各环节的法治活动更是离不开媒体的报道。

首先,新闻媒介对立法工作及法律的公开报道是法律公开的基本要求。《立法法》第58条规定,法律制定完成并经签署公布后,应当及时在全国人民代表大会常务委员会公报和中国人大网以及在全国范围内发行的报纸上予以公布;第71条规定,行政法规制定完成并签署公布后,也应当及时在国务院公报和中国政府法制信息网以及在全国范围内发行的报纸上刊载公布。法律只有公开,并让人们知悉、了解,才能发挥其应有的作用。在实际立法过程中,法律起草本身就是一个值得公众关注的新闻,法律草案也往往要通过媒体公布,以征求社会公众的意见,这就是对立法工作的监督,目的是保证立法工作不偏离人民利益的轨道,保证立法能保障人民的权益。

其次,新闻媒体在检察事务公开中应当发挥作用。为了自觉接受人民群众和社会各界的监督,保证检察机关公正司法,1998年10月,最高人民检察院印发了《关于在全国检察机关实行"检务公开"的决定》,向社会公布检务公开的十个方面内容,采取多种形式实行检务公开,要求检察机关要"通过报刊、电台、电视等新闻媒介,公布和宣传'检务公开'的具体内容"。以上文件对从人民检察院的职权和职能部门主要职责、人民检察院直接立案侦查案件的范围、贪污贿赂与渎职犯罪案件立案标准、侦查和审查起诉阶段办案期限,到检察人员办案纪律、侦查和审查起诉阶段犯罪嫌疑人的权利和义务、侦查与审查起诉阶段被害人的权利和义务以及证人的权利和义务等进行了公开规定,以接受人民群众的监督。为了进一步规范检务公开,1999年1月4日,最高人民检察院发布了《关于"检务公开"具体实施办法》。该办法进一步明确,各级人民检察院要定期或不定期地召开新闻发布会或情况通报会,或者通过公告、报刊、电台、电视等新闻媒体,向社会团体公布检察机关履行法律监督职责的情况,对具有较大社会影响、公众关注的重大刑事案件、职务犯罪案件的查办情况,在逮捕或提起公诉后,适时予以报道。

再次,新闻媒体对司法公开和司法公正的监督作用也很大。审判公开是国际通行的司法准则,其实质是将审判活动置于公众的监督之下,约束法院和法官依法行使审判权,杜绝"暗箱操作"及其可能造成的弊端,以确保审判活动的公正公平进行。《宪法》第130条规定,"人民法院审理案件,除法律规定的特别情况外,一律公开进行";《民事诉讼法》第134条规定,"人民法院审理民事案件,除涉及国家秘密、个人隐私或者法律另有规定的以外,应当公开进行";《刑事诉讼法》第11条规定,"人民法院审判案件,除本法另有规定的以外,一律公开进行";《行政诉讼法》第54条规定,"人民法院公开审理行政案件,但涉及国家秘密、个人隐私和法律另有规定的除外"。从这些规定可以看出,在我国,无论何种类型的案件审理,除涉及国家秘密、个人隐私的案件外,原则上一律公开审理。审判公开不仅仅指庭审公开,实际上是包括了立案公开、庭审公开、执行公开、旁听公开、文书公开、审务公开等内容的一个完整的过程。早在1999年3月8日,最高人民法院在《关于严格执行公开审判制度的若干规定》中就指出,"依法公开审理案件,经人民法院许可,新闻记者可以记录、录音、录相①、摄影、转播庭审实况"。为进一步落实公开审判的宪法原则,规范人民法院接受新闻媒体舆论监督工作,妥善处理法院与媒体的关系,保障公众的知情权、参与权、表达权和监督权,提高司法公信力,2009年12月24日,最高人民法院发布了《关于人民法院接受新闻媒体舆论监督的若干规定》,指出人民法院应当主动接受新闻媒体的舆论监督,对新闻媒体旁听案件庭审、采访报道法院工作、要求提供相关材料的,人民法院应当根据具体情况提供便利。对于社会关注的案件和法院工作的重大举措以及按照有关规定应当向社会公开的其他信息,人民法院应当通过新闻发布会、记者招待会、新闻通稿、法院公报、互联网站等形式向新闻媒体及时发布相关信息。对于公开审判的案件,新闻媒体记者可以旁听。审判场所座席不足的,应当优先保证媒体和当事人近亲属的需要。有条件的审判法庭根据需要可以在旁听席中设立媒体席。

除了检察机关和人民法院主动接受媒体的监督以促进司法公正外,媒体也可以通过自己的主动采访和调查,对执法、司法等法治活动进行监督,以保

---

① 原文如此。

证执法和司法活动的公正公平,保障人民群众的合法权益。

四、普法教育

普法教育功能是社会主义法治传媒特有的功能,这既是社会主义法治建设的一项根本性措施,又是社会主义精神文明建设的重要任务。1978年12月22日通过的《中国共产党第十一届中央委员会第三次全体会议公报》明确指出:"为了保障人民民主,必须加强社会主义法制,使民主制度化、法律化,使这种制度和法律具有稳定性、连续性和极大的权威,做到有法可依,有法必依,执法必严,违法必究。从现在起,应当把立法工作摆到全国人民代表大会及其常务委员会的重要议程上来。检察机关和司法机关要保持应有的独立性;要忠实于法律和制度,忠实于人民利益,忠实于事实真相;要保证人民在自己的法律面前人人平等,不允许任何人有超于法律之上的特权。"之后,中国政府便开始了完善社会主义法制体系的立法工作。1984年前后,彭真同志几次提出"把法律交给人民",必须要让人民掌握法律,做到懂法、知法、守法、用法。为了完成这一使命,1984年6月5日至6月7日,司法部在本溪市召开了全国法制宣传工作现场会,这次会议首次提出"争取用五年左右的时间,在全体公民中普及法律常识"。20世纪80年代初,"司法部就开展了法制宣传工作,但当时的法制宣传仅限于文字宣传,而且宣传的对象、目的不够明确,广度、深度都不够,效果不明显"。1985年初,中央书记处转发了时任中央政法委书记陈丕显同志在全国政法工作会议上的讲话,其中提到了全民普法。1985年6月9日至6月15日,中共中央宣传部、司法部在北京共同召开了全国法制宣传教育工作会议。全国各省省委宣传部长、司法厅(局)长参加了会议,这是中华人民共和国成立以来第一次专门讨论法制宣传教育工作的全国性会议。1985年11月,在六届全国人大常委会第十三次会议上,司法部提交了普法"一五"规划草案。全国人大常委会会议审议时,多数常委会组成人员表示赞成。之后,中共中央、国务院中发〔1985〕23号文件转发中宣部、司法部具有权威性的文件《关于向全体公民基本普及法律常识的五年规划》①,由此开启了中国法制宣传教育的新时代。随着中国法制建设不断取得新成就,中国特色社会主义法制体系基本完善,法制宣传活动也开始向纵深

---

① 庞继书:《法制讲座走进中南海的前前后后》,载《法制日报》2019年8月9日。

开展。2001年4月26日,中共中央、国务院转发的《中央宣传部、司法部关于在公民中开展法制宣传教育的第四个五年规划》确定:"将我国现行宪法实施日即12月4日,作为每年一次的全国法制宣传日。"确立法制宣传日的目的是要通过开展系列的宣传活动,进一步在广大干部群众中牢固树立宪法是国家根本大法的观念、国家一切权利属于人民的观念、公民权利和义务对等的观念、依法治国的观念和法治与德治相结合的观念。

法制宣传教育是中国特色社会主义法治建设的重要组成部分,"传播法律知识,弘扬法治精神"是媒体——尤其是法治媒体——的重要使命。《中央宣传部、司法部关于在公民中开展法治宣传教育的第七个五年规划(2016—2020年)》明确指出,要"健全媒体公益普法制度,广播电视、报纸期刊、互联网和手机媒体等大众传媒要自觉履行普法责任,在重要版面、重要时段制作刊播普法公益广告,开设法治讲堂,针对社会热点和典型案(事)例开展及时权威的法律解读,积极引导社会法治风尚";要"充分运用互联网传播平台,加强新媒体新技术在普法中的运用,推进'互联网+法治宣传'行动。开展新媒体普法益民服务,组织新闻网络开展普法宣传,更好地运用微信、微博、微电影、客户端开展普法活动。加强普法网站和普法网络集群建设,建设法治宣传教育云平台,实现法治宣传教育公共数据资源开放和共享。适应我国对外开放新格局,加强对外法治宣传工作"。

随着传媒技术的发展,法制宣传对媒体普法提出了要求。《"八五"普法规划》指出,要"充分运用新技术新媒体开展精准普法"。在运用新的传媒技术进行精准普法方面,《"八五"普法规划》提出了三方面的要求:

第一要创新普法内容。为了适应人民群众对法治的需求从"有没有"向"好不好"的转变,提高普法质量,形成法治需求与普法供给之间更高水平的动态平衡,媒体必须注重运用新技术分析各类人群不同的法治需求,提高普法产品供给的精准性和有效性。要走好全媒体时代的群众路线,鼓励公众创作个性化普法产品,加强对优秀自媒体制作普法作品的引导。加大音视频普法内容供给,注重短视频在普法中的运用。

第二要拓展普法网络平台。要以互联网思维和全媒体视角,深耕智慧普法。强化全国智慧普法平台功能,推动与中国庭审公开网、中国裁判文书网等网络平台的信息共享。建立全国新媒体普法集群和矩阵,发挥"学习强国"等平台优势,形成多级互动传播。建设全国统一的法律、法规、规章、行政规范性文件、司法解释和党内法规信息平台，及时更新数据，免费向公众开放。

第三要创新普法方法手段。要坚持效果导向，在充分利用传统有效的普法方式的基础上，促进单向式传播向互动式、服务式、场景式传播转变，以增强受众参与感、体验感、获得感，使普法更加接地气，更为群众喜闻乐见。建设融"报、网、端、微、屏"于一体的全媒体法治传播体系，使互联网变成普法创新发展的最大增量。

除此之外，《"八五"普法规划》还明确提出，为了提高媒体法制宣传有效性和针对性，要"加强对媒体从业人员法治教育，将法治素养作为从业资格考评的重要内容，提高其运用法治思维和法治方式解读社会问题、引导社会舆论的能力"。在法治宣传教育的规范性文件中，《"八五"普法规划》首次提出了对媒体从业人员的专业素养要求。

五、文化建设

建设社会主义法治文化是媒体的重要职责之一。2021年4月，中共中央办公厅、国务院办公厅印发了《关于加强社会主义法治文化建设的意见》，指出社会主义法治文化是中国特色社会主义文化的重要组成部分，是社会主义法治国家建设的重要支撑。该意见要求落实媒体公益普法责任，综合运用"报、网、端、微、屏"等资源和平台，推动法治融媒体建设，建立以内容建设为根本、先进技术为支撑、创新管理为保障的法治全媒体传播体系，创建法治品牌栏目、节目。

在法治文化建设方面，媒体首先要通过法治新闻报道来加强以案普法、以案释法，发挥典型案例引领法治风尚、塑造社会主义核心价值观的积极作用，不断提升全体公民的法治意识和法治素养。如《法治日报》2021年11月25日刊登的新闻《涉案赌资超16亿元抓获犯罪嫌疑人142名》，深度报道了"黑吉两省警方联手侦破非法组织公民跨境赌博大案"。黑龙江、吉林两省公安机关联合专案组在公安部统一指挥下，历时9个月，辗转国内12个省30余个市抓捕取证，彻底将一个大肆对中国境内公民招赌吸赌的犯罪组织摧毁，查获境内用于资金流转的空壳公司18家、地下钱庄4个，为参赌人员提供服务的旅行社10家；抓获犯罪嫌疑人142名，调查取证参赌人员2963名，以开设赌场罪移送检察机关审查起诉犯罪嫌疑人75名，其中赌场管理人员1名、股东15名、"经纪人"及洗码人员19名、赌厅工作人员38名、旅行社管理人员两名；查获涉案银行卡 4416 张，核查认定赌资超 16 亿元，扣押一批涉案资金。该报道通过"包机游背后陷阱重重""雷霆出击铲除毒瘤"和"溯源斩断招赌'黑手'"三部分，深入剖析了这个犯罪组织的犯罪手段、犯罪方式以及受害人的被骗受害过程，深刻揭示了其危害性。在报道的最后一部分，有中国政法大学教授曲新久的"以案说法"：

> 针对跨境赌博问题，《刑法》第 303 条的核心精神是，虽然境外赌场在一些国家和地区是合法的，但是不能在中国境内做广告、拉赌客，以及通过网络（包括即时通讯软件）实质性延伸到中国境内，比如目前出现的一些在境外赌博、在境内通过网络支付平台进行筹码结算的行为。本案重点打击的就是境外赌场对中国内地的招赌吸金行为，也包括旅行社在明知的情况下，积极参与的组织赌博行为。
>
> 跨境赌博导致我国巨额财产流向境外，严重影响我国经济安全和社会稳定，危害巨大。近年来，我国不断加大打击力度，本案进一步彰显了中国政府坚决打击跨境赌博犯罪的坚定决心和态度，为境外赌博集团对我国招赌吸金行为划清了红线、立明了规矩，并对境外赌博集团背后金主、股东、从业服务人员和赌客形成有力震慑。
>
> 从法律层面，我国也加大了处罚力度。2020 年 12 月 26 日通过的《刑法修正案（十一）》，提高了开设赌场罪的刑罚配置，将三年以下有期徒刑、拘役或管制的"三年"提高为"五年"，同样，情节严重的三年以上十年以下有期徒刑的"三年"提高为"五年"。同时增设了组织参与国（境）外赌博罪，组织我国公民参与国（境）外赌博，数额巨大或者有其他严重情节的，依照开设赌场罪进行处罚，对组织跨境赌博行为的处罚更加明确具体了。

类似报道在《检察日报》《人民法院报》《民主与法制时报》等国家级法治报以及地方法治报上已经成为常规性的报道，在各级各地电视台中——如中央电视台的《今日说法》、上海电视台的《案件聚焦》、重庆电视台的《给你说法》——也都是以案释法的重要内容。这些释法的新闻报道或电视节目在引领法治风尚、塑造法治价值观、提升公民法治意识方面发挥了重要的作用。

其次，媒体还要借助报刊、电视、网络以及新媒体平台，通过文艺评论、理论文章、文艺作品、影视作品等形式来塑造法治文化。要借助这些作品形式来推动中华优秀传统法律文化创造性转化、创新性发展,挖掘民为邦本、礼法并用、以和为贵、明德慎罚、执法如山等中华传统法律文化精华,根据时代精神加以转化,加强研究阐发、公共普及、传承运用,使中华优秀传统法律文化焕发出新的生命力。《检察日报》的"绿海副刊"就是一个很好的传播法治文化的阵地,如2021年11月27日的"绿海副刊"就刊登了一篇借《西游记》说刑法的文章:

孙悟空和镇元子的官司

睢晓鹏

唐僧师徒一路西行,来到了万寿山五庄观。五庄观里有一异宝,乃是混沌初分,鸿蒙始判,天地未开之际产出的一棵灵根,所结出的果实,唤名草还丹,又名人参果。此灵树三千年一开花,三千年一结果,再三千年果实始得成熟,这人参果如同未及三岁的小童,手足俱全,五官咸备,具有神奇之效,闻上一闻,就活三百六十岁,吃上一个,就活四万七千年。

五庄观的主人家镇元子乃地仙之祖,唐僧是金蝉子转世。五百年前,两人在"兰盆会"上相识,镇元子受唐僧亲手传茶之礼,将之视为故人,此番算得唐僧师徒经其道观而去,但因有事外出,乃命留守道童清风、明月奉上两个人参果以飨故人。

清风、明月谨遵师命,背着悟空、八戒和沙僧,将两个果子取下送与唐僧品尝,谁知唐僧因误会此果为三岁婴童,不肯食用,果子又不能久留,清风、明月即分而食之。猪八戒偷听得两道童吃人参果,便怂恿孙悟空偷取人参果尝鲜。岂料刚吃完就被两道童发觉,两道童不肯罢休,找到唐僧理论,污言秽语一顿乱骂就惹恼了孙悟空。孙悟空作个法,来到宝树前,轮开了金箍棒,一顿胡打乱撞,可怜那天地灵根枝折叶落,顷刻而毁。镇元子好意招待唐僧,却不想惹来此番灾祸,由此引来这一番纷争。

《西游记》的故事里,大多数是各类神精鬼怪欲谋不轨,孙悟空作为西天取经团队的一个主要战斗人员,降妖除魔,是一个正义凛然的形象。不过,在与镇元子的官司里,却俨然是一个不讲道理的"泼猴"。人参果长在五庄观的土地上,乃镇元子所有,镇元子如何处分、赠予何人,是其作为所有权人的自由，从法律上并不能对镇元子作出否定性的评价。相反，孙悟空因未进入吃人参果的名单，就擅自偷摘偷食，甚而至于偷吃被拆穿就愤而毁树，实在是一错再错。那么，从法律的角度，孙悟空和镇元子的官司该怎么断？

从刑法的角度审视，孙悟空是否构成了刑事犯罪呢？从其表现形式来看，孙悟空可能涉嫌构成两种犯罪，即盗窃罪和故意毁坏财物罪。盗窃罪是指以非法占有为目的，盗窃公私财物数额较大或者多次盗窃、入户盗窃、携带凶器盗窃、扒窃公私财物的行为。故意毁坏财物罪，是指故意实施毁灭或者损坏公私财物，数额较大或者有其他严重情节的行为。

审查孙悟空的行为，我们发现，孙悟空偷吃人参果、打砸人参果树，有犯罪的故意，有损害的后果，侵犯的客体是镇元子的财产权利。唯一要考察的是，是否构成数额较大或其他严重情节。就此问题，得放到《西游记》的整体语境中考察。

人参果和人参果树虽然是异宝，不过《西游记》里对偷盗和损害财物的行为通常并未使用刑事手段进行打击。君不见，西去取经途中遇到的很多厉害的妖怪，都是神仙的坐骑、小童，他们偷了神仙菩萨的宝贝下凡成妖，结果往往不过是神仙菩萨到场，使法术让其现出原形，然后带回严加看管而已。与之相类似的，孙悟空"五百年前大闹天宫"，毁了多少神器奇宝，最后也只是压在五指山下五百年，按照天上一天，地上一年的时间比率换算，也只不过是相当于一年多的有期徒刑。镇元子的人参果再是异宝，与王母娘娘的蟠桃相比，也是小巫见大巫了。所以，从这个角度来说，可能还认定不了数额巨大或有其他严重情节了。

不过，虽然是否构成盗窃罪和故意毁坏财物罪尚有可议，但孙悟空的行为具有侵害镇元子财物的故意，客观上导致了镇元子人参果树死亡的后果，孙悟空的违法行为与镇元子的损害后果之间具有因果关系，构成侵权不言自明，应当承担侵权行为的损害赔偿责任。

承担侵权责任的方式主要有：停止侵害、排除妨碍、消除危险、返还财产、恢复原状、赔偿损失、赔礼道歉、消除影响、恢复名誉。倘若镇元子要求司法机关处理，因孙悟空侵害的是镇元子的物权，对物的侵害，最好的处理方式是恢复原状，即使镇元子的财产恢复到未受侵害之前的状态，同时还可以要求孙悟空承担赔礼道歉的责任。不过，是否能够判决孙悟空承担恢复原状的责任,以具有恢复原状的可能为前提,倘若恢复原状已不可能,则只能采取赔偿损失等责任方式了。

调解是民事司法活动解决纠纷的另一条途径。调解以自愿和合法为前提,它可以调动双方的履行积极性,达到共赢的效果。镇元子遭遇损失是出于好意待客,孙悟空连偷带毁也自觉不堪,因此这个官司有调解的主观基础;镇元子的诉求是救活人参果树,孙悟空与神仙菩萨交游甚广,因此这个官司有调解的现实可能性,所以,镇元子要求孙悟空限期救树。孙悟空求仙拜神,最终请动观音菩萨大驾救活宝树,两人的梁子解开了,还八拜结交,最终是劫波渡尽兄弟在,相逢一笑泯恩仇。

以上这篇文章属于涉法文学的范畴[①],它是借文学作品来研究法律,将文学作品当成了分析法律的资料。作者在孙悟空损毁镇元子人参果树这一"案件"中,剖析了孙悟空的行为是否构成刑法上的盗窃罪和故意毁坏财物罪,是否需要承担民法中的侵权赔偿责任,以及是否具有进行民事调解的可能性。看似一篇玩笑之作,实际上却是极严肃的学术分析,在文学作品中普及了法律知识,也将理性、生硬的法律条文进行了感性、灵魂的艺术剖析,其法治文化传播的效果十分明显。

---

① 范玉吉等:《涉法文学散论》,中国法制出版社2004年版。

第二章

法治新闻采访与写作

采、写、编、评是最基本的新闻实务,从新闻生产的角度说,采访与写作有着紧密的联系,采访是写作的基础,写作是对采访得来素材加工的结果。在法治新闻传播活动中,法治新闻采访与写作占据着非常重要的位置。在依法治国、建设社会主义法治国家的时代背景下,了解法治新闻采访与写作的理念及实操知识,具有必要性和紧迫性。法治新闻采访与写作,可以分为法治新闻采访、法治消息写作、法治通讯写作、法治深度报道等,本章将逐一介绍、论述。

第一节 法治新闻采访

新闻采访不仅是新闻业务中的重要环节,也是新闻传播活动的起始点。新闻采访围绕事实为新闻写作和报道提供原材料,是新闻写作和报道的前提与基础。"巧妇难为无米之炊",一篇优秀的新闻作品离不开前期专业性的调查采访和准确丰富的素材积累。

法治新闻采访与其他新闻采访的一般方法既有共通之处,也有其侧重点。以真实性、严肃性、准确性、公正性等要求作为基本原则的法治新闻报道,对新闻采编人员在采访环节提出了更高、更专业的要求。[1] 这就要求记者具有新闻意识、价值意识和法律意识,既要提高法治新闻敏感度,能够发现新闻素材在法治宣传角度和道德宣传角度中的价值,又要提高自身的法律意识,不能将揭露违法行为视作可以体验违法行为的挡箭牌;此外,在新闻实践

---

[1] 刘斌:《法制新闻采访与写作》,中国政法大学出版社 2006 年版,第 146—152 页。

里,要慎重采用隐性采访的方式。

本节聚焦于法治新闻采访在前期准备、采访原则以及方法技巧方面的原理和方法,突出其特殊性。从准备环节上来看,法治新闻采访要求采编人员培养过人的胆识与勇气,注重对法律法规的掌握,主动积累法学领域专家人脉,与有关部门建立良好关系,以及了解国家法治方略和政策文件。在具体采访计划中,要从新闻事实或者受访人物的法治视点入手,收集访前背景资料、选择合适访谈对象、制定具体采访规划。从具体采访技巧上看,法治新闻工作者要设置逻辑清晰、指向明确的采访问题,抓住事件的转折节点和悟性事实,综合采用正、反面的提问方式,结合受访对象的个人情况,提出准确、专业、精彩的问题。

一、法治新闻采访的准备

新闻采访的成功离不开前期的充分准备。"'准备'之于采访而言,就像'思考'之于新闻学一般:是支持所有采访的基本活动。"[1]法治新闻报道作为具有高度专业性的社会活动,前期的充分准备更为必要。从时间周期上对采访前的准备加以划分,可以将其分成采编人员日常的知识积累与素质培养,以及确定选题后需要采取的准备工作。

(一)长期积累与素质培养

1. 培养不惧危险的胆识勇气

在调查采访中,法治新闻工作者不仅要有对公平正义的强烈追求,更要有过人的勇气和胆识,尤其是在采访刑事案件或采写揭黑新闻时,记者遭遇打砸机器、威胁恐吓、暴力伤害的案例不在少数。

1992年,海南省发生一起丈夫伙同他人绑架妻子并对其进行轮奸毁容的恶性事件,犯罪嫌疑人凭借在当地的势力逍遥法外,被害人投告无门。《海南晚报》女记者寒冰顶着当地政府的包庇作假和犯罪分子"寒冰记者她敢来,我们就把她碎尸万段"的威胁[2],历时3个月,坚持采访、报道了震惊全国的"邢月殴惨遭摧残案",帮助被困妻子邢月殴脱离困境。犯罪分子林先安被逮捕归案,判处死刑。2012年,此案另一嫌疑人黄某逃亡19年后终落法网。

---

[1] [英]萨利·亚当斯、[英]文弗·希克斯:《新闻采访:第一线采访手边书》,郭琼狸、曾慧琦译,上海三联书店2004年版,第25页。
[2] 详见卜卫:《新闻》,暨南大学出版社1998年版,第44页。

前《中国经济时报》高级记者、"中国揭黑第一人"王克勤于 2000 年发表文章《兰州证券黑市狂洗"股民"》,全文 1.5 万余字,社会反响激烈,国务院总理作出批示,黑市被查。从采访到发稿,王克勤屡屡受到兰州黑市背后势力的"恐吓",诸如"我们已知道你的家庭地址,晚上,我们来接你的老婆孩子""我们要血洗你的家,你等着"等。最终,警方派出了 4 名荷枪实弹的警察来保护王克勤的安全。①

受报道内容特殊性的影响,法治新闻工作者在新闻调查和采访中可能面临着更多突发性的危险,记者在采访中需要勇气、胆略,甚至是牺牲精神。这些正面能量来源于法治新闻工作者强烈的社会责任感和高度的敬业精神,是长期的工作环境浸润和实践考验的结果。

2. 了解基础法学知识及常识

新闻是一门"杂学",专业化的记者队伍要求具有广博的知识储备。法治新闻是新闻学与法学有机结合的产物,在实务操作层面,既需要新闻学的知识与理论作为支撑,也受到法学原理、规律的制约。一方面,就新闻采访所涉及的知识而言,法治新闻工作者不仅要熟练掌握采、写、拍、编、评的能力,而且必须具备一定的法学知识储备,了解法律法规。即便是在其他题材的新闻报道中,如军事题材或者经济题材的报道,法治新闻报道也应当侧重于经济、军事领域中有关法治的新闻事实。掌握一定的法律知识,能够帮助记者在众多的采访角度中把握法治视点,培养法治新闻敏感性。另一方面,法治新闻的受访者除事件当事人外,也有极大一部分是来自法学领域的权威人士或政府部门的工作人员。掌握更多的专业知识是记者与受访者进行良性互动的基础,亦是记者职业素养的体现。

曾经有两位国内记者对诺贝尔奖获得者杨振宁进行采访,但由于前期准备不足,一连谈及几个涉及杨振宁研究领域的基本问题,两位记者都没有任何反应,这令杨振宁对谈话失去了兴趣,起身离开。在新闻采访实践中,这样的失败案例屡见不鲜。缺乏专业知识的记者无法提出有深度、有意义的采访问题,易让受访的行业专家对新闻工作者的专业性产生质疑,影响新闻采访的进度与深度,对记者背后的媒体公信力也有损害。

除了知识的"专",知识面的"博"也是法治新闻工作者的基本素养之一。

---

① 详见凌非:《中国媒体记者调查(上)》,光明日报出版社 2004 年版,第 192—194 页。

"没有一个专家型的记者是只具有一门学科知识的人。"①一方面,法治涉及各行、各业、各级政府机关及其他法律机构,除了通行的法律原理和知识外,还有具体的部门法或者地方性法规,不了解某一特定领域的人很难完成一次有深度、有价值的法治新闻的采访;另一方面,法治新闻也可能涉及财经、民生、科技等最新的概念,需要记者平时多加关注。

3. 与专家及政府机关保持良好关系

尽管我们在理论上要求新闻工作者培养广博的知识面,但新闻采访、写作和报道涉及的题材覆盖面太广,要求记者成为每个领域的专家未免太过苛刻。因此,记者要充分利用工作机会,接触不同领域的社会群体,积累人脉,在自身专业知识不足以支撑新闻报道或是有采访需求时,寻求权威人士的帮助。

对于法治新闻工作者而言,尤其要注意法学各领域的专家的人脉积累,并且要提前做好功课,梳理其具体研究领域。法学领域权威专家对法治问题的解读更深入、更专业、更有说服力;就一些社会热点话题对法学知名学者进行采访,本身也可以形成一篇有见地、有价值的法治新闻报道;并且,处理一些原定采访对象爽约的急稿时,记者的人脉将发挥重要作用,这是诸多新闻工作者在实践中作出的共识性经验总结。

此外,作为法治新闻工作者,要与立法和司法机关,即各级人大、法院、检察院、公安、司法行政等部门建立和保持良好的关系。受新闻题材影响,记者也可能会与安全、监察、审计、民政、工商、税务、海关、新闻出版等行政部门和各级党委、政府及宣传部、政法委等党务部门有高频的接触②,因此要熟悉这些部门的基本性质、机构组成、部门职能和工作程序,避免日后在采访的对接上遭遇"走错门""找错人"的尴尬。

4. 关注国家法治建设最新动向

2020年8月,在创刊40周年之际,中央政法委机关报《法制日报》正式更名为《法治日报》。作为中央主要新闻单位中唯一的法治类媒体,报名的更改体现出中央精神的准确把握,即要从静态的"法制"发展成为动态的"法治",

---

① 刘斌:《法制新闻采访与写作》,中国政法大学出版社2006年版,第288页。
② 姚广宜、王佳航:《法制新闻实证研究:对媒体法制新闻报道的监测与分析》,北京大学出版社2014年版,第34页。

大力宣传社会主义法治的特色和优势。①

2014年,党的十八届四中全会通过了《中共中央关于全面推进依法治国若干重大问题的决定》,对全面推进依法治国作出重大部署,强调把法治作为治国理政的基本方式。2017年,党的十九大报告明确提出,全面依法治国是中国特色社会主义的本质要求和重要保障,坚定不移走中国特色社会主义法治道路。2018年,十三届全国人大一次会议表决通过《宪法修正案》,将《宪法》序言第七自然段中"健全社会主义法制"修改为"健全社会主义法治"。十三届全国人大代表、中国法学会党组成员、副会长张苏军认为,从"法制"到"法治"是从静态到动态的过程,从一个有制度到实施制度的过程,从一个有规范到发挥规范、落实规范的过程。②

法治新闻要呈现的内容不仅是案件评析和法律普及,它还涵盖立法、执法、司法、守法、普法等各方面,覆盖全社会的各领域;贯穿科学立法、严格执法、公正司法、全民守法的全过程和各环节;聚焦依法治理,推动国家治理体系和治理能力现代化。从"法制"到"法治",体现了一个成熟大党的战略眼光和胆识,以及科学的、创新的治国理政理念。国家法治建设的重要成就,是当前法治新闻报道的重要题材。③

作为法治新闻工作者,应当把握好治国理念的深刻内涵,及时了解学习最新国家法治建设的方针政策,围绕法治社会建设挖掘选题,统筹采访,使法治精神内化于新闻记者的价值观念,外显于新闻报道的字里行间。

(二)具体采访计划拟定

采访计划是对具体采访活动的安排。一份切实可行的采访计划是整个采访过程的全面规划,包括了解采访背景、明确采访目的、选择采访对象、制定具体采访方式并确认采访问题。

1. 明确采访目的

任何一项社会活动都有其意图。新闻采访的意图目标,是采访的方向划定和对采访中要实现的目标之预设。积极健康的采访目的需要满足以下

---

① 徐伟:《经中央政法委员会同意〈法制日报〉今起更名为〈法治日报〉》,载《法治日报》2020年8月1日。
② 金成波:《解读宪法修正案之八:从"法制"到"法治"是党依法治国理念和方式新飞跃》,载《中国纪检监察报》2018年3月26日。
③ 《法治日报》编辑部:《追随法治前行 书写法治未来》,载《法治日报》2020年8月1日。

几点：

首先，采访活动的目标应该符合社会主流价值观，积极向上，契合公共利益。特别是在法治新闻采访中，最终所确定的目标一定要符合党在法治社会建设中提及的路线、方针、政策。

其次，采访活动的目标要合乎受众的兴趣，要在严肃的法治新闻中挖掘读者感兴趣又较为积极健康的一面。比如，在危及生命安全的重大刑事案件报道中，可以关注目前哪些保护性的规定仍然存在缺位，要如何保障普通群众的生命财产安全，避免恶性侵害事件再次发生。

最后，采访的目标意图应该与媒体的定位和价值观契合。如《法治日报》作为中央政法委机关报，应该及时传达中央精神，立场鲜明地宣传社会主义法治的特色和优势，做好国家法治建设思想的传声筒。

这里需要指出，确立新闻意图不是"策划新闻"，不是"主题先行"。在记者采访过程中，发现采访意图与实际情况存在出入时，唯一的解决办法是尊重客观事实，调整原有的采访计划。

2. 了解采访背景

新闻背景指的是与新闻事实相关的其他材料，按照维度可以划分为与新闻事实相关的纵向历史背景、横向事实背景，以及针对新闻中涉及的术语进行说明和解释的知识背景。采访背景资料的正确使用，可以帮助记者更好地厘清新闻事实的独特性，找到采访的最佳切入点，将采访话题进行意义上的延伸。随着网络技术的快速发展和社会信息的公开化进程，绝大部分背景资料可以在采访前获取。

（1）纵向历史背景

纵向历史背景包括这一事件或者同一类事件的背后既往的回溯。对与拟报道新闻题材关联的既往新闻事实或者数据应该提前加以搜集，以便在采访过程中穿插使用。

法治新闻常在讨论某一社会事件时，溯及既往的相关案例或者信息数据。如《民主与法制时报》报道最高人民检察院与教育部、公安部联合下发《关于建立教职员工准入查询性侵违法犯罪信息制度的意见》的新闻稿件提及，"性侵未成年人犯罪持续上升，2017年至2019年，检察机关起诉强奸、强制猥亵、猥亵儿童等性侵未成年人犯罪分别为10603人、13445人、19338人，分别占当年起诉侵害未成年人犯罪总人数的22.3%、26.5%、30.7%，后两年同比分别上升 26.8%、43.8%"①。过往的案件数据和犯罪情况枚举,增加了新闻的客观性,让读者借助背景材料,直观地认识到《关于建立教职员工准入查询性侵违法犯罪信息制度的意见》下发的必要性和重要性。

法治新闻还经常涉及一些政策或者法规的解读,记者在采访或者调查之前,务必要对过往的政策法规进行简单梳理,在新旧的对比之中,展现中国法治建设的线性推进。

（2）横向事实背景

横向背景强调与新闻事实的旁衬关系,是从空间角度出发与新闻事实有关联的材料。如在解读某一城市或地区出台的政策规章等文件时,可以用地理位置上接近或者经济发展水平较为类似的其他城市及地区作为横向的对比。2017年,媒体在报道无锡一名83岁的家教钢琴教师猥亵并强奸2名9岁幼女的案件,并讨论对性侵未成年人的严重犯罪人员之处罚进行了公开信息、从业禁止等尝试时,也提到江苏淮阴、浙江慈溪、上海闵行曾尝试过类似做法。② 对周边事实的了解和补充说明,能够深化报道的内涵与意义。

（3）说明性知识背景

知识背景是指新闻事实中涉及的具体领域的专业知识或专有名词。记者对公众不熟悉的知识和名词必须全面、正确理解和把握,并能够采用通俗易懂的表达传递给受众。法治新闻报道中经常出现对某一类犯罪行为的认定或者专有名词,如"不当得利""紧急避险",记者不仅要了解专有名词的概念性阐释,还要能对新闻事实中是否存在相关行为进行简单的判断,在采访中提炼出有法治思考的问题。并且,根据新闻发生的地点,记者也应该了解不同地区的政策法规以及地方党政领导的相关要求,这是新闻发生的政策环境,涉及新闻产生的必然性和可能性。③

3. 选择访谈对象

新闻采访对象既可能是新闻事件的当事人,也可能是由记者主动选择的权威人士。鉴于前者不是记者发挥主观能动性可以选择的采访对象,因此以下主要讨论后一种情况下的访谈对象选择。

---

① 薛应军:《三部门联合发布意见建立教职员工准入查询性侵违法犯罪信息制度》,载《民主与法制时报》2020年9月22日。
② 赵凯迪:《公开"性侵未成年人犯罪人员"信息引争议》,载《新京报》2017年12月5日。
③ 《新闻采访与写作》编写组编:《新闻采访与写作》,高等教育出版社2019年版,第148页。

合适的访谈对象是新闻采访成功的一个重要因素。访谈对象一般出现在两类新闻稿件中：一类是以访谈作为主要内容的稿件，一篇有深度的访谈类文章离不开新闻工作者的知识沉淀和人脉积累，以及对访谈对象研究领域的充分了解。访谈类新闻的阅读情况不佳，既可能是由于访谈对象的表述太过空泛、对关键问题浅尝辄止、缺乏思想高度，也可能是由于谈论内容过于专业和学术，不够通俗易懂。另一类则是以社会热点事件为主的稿件，权威专家在文章最后受访，对事件中的某一话题进行个人观点陈述。可以预见，记者描述完复杂的新闻事实之后，再附上一段晦涩难懂的长篇说理，受众的阅读体验会有多糟糕。

法治新闻的话语表达强调严肃性、严谨性，因此在访谈对象的选择上更应慎重。一个好的访谈对象能够将普通的选题娓娓道来，深入浅出、引人入胜，为法治新闻稿件增光添彩。

因此，在选择法治新闻的访谈对象之前一定要做好功课。首先，这一访谈对象的选择必须符合文章的定位和媒体的价值观。尤其是要对访谈对象本人的政治倾向、道德品质和社会评价进行大致了解，避免因为选用了不恰当的采访对象而导致采访"翻车"。

其次，对选题有一定把握之后，要选择研究领域与文章涉及话题契合的专家学者，"术业有专攻"，记者要对其研究成果基本做到谙熟于心。并且，记者在正式进行采访前，需要与专家提前沟通，就能否对访谈内容在不改变内涵的前提下进行删改、能否使用录音设备、是否可以进行影像采集等问题达成一致，避免后期在采访事实和报道撰写中与受访对象产生分歧。

最后，要选择适合采访的对象，受访者应表达能力较强、观点阐释由浅入深；如果采访需要以影视形式呈现，那么对采访对象的外形条件也有一定要求。

4. 确定采访安排

法治新闻在具体采访流程的规划上与其他新闻采访类似，包括但不限于确定采访地点、确定采访时间、确定记者形象、确定采访次数、明确采访方式、确定采访顺序、设计主要问题以及完成其他准备工作（如场地确认、器材准备、心理准备等）。对此，诸多目前市面上已经有的新闻采访教材均有涉猎，这里受篇幅限制，不作赘述。

二、法治新闻采访的要求

(一) 体现新闻敏感

新闻敏感"即法制新闻工作者在平时或者采访中能够及时敏锐地发现、鉴别或预见具有新闻价值的事实"①。新闻敏感是长期知识学习和经验积累下偶然的灵感迸发,是"记者对事实的新闻价值的敏锐的发现力和准确的判断力"②。作为法治新闻工作者,在日常的生活和采访中要有一双敏锐的"新闻眼"、一双"新闻耳"、一只"新闻鼻",提高法治新闻的敏感性。

澎湃新闻调查新闻部记者卫佳铭是最早公开发表"张玉环案"报道的媒体人。从2018年介入案件调查到张玉环平反,这两年多的时间里,卫佳铭始终关注这一案件复审的进展情况,"一共发了19篇稿件,是所有媒体的记者就这一话题发稿最多的",她的新闻灵感来源于朋友在社交平台上转发的相关信息。职业的敏感度让卫佳铭抓住这条新闻线索,不断追溯、调查,于是才有了这篇新闻报道——《江西高院复查张玉环案:被控杀害两男童获死缓,已羁押25年》。报道将"张玉环案"存在的诸多疑点一一道来,引发不小社会反响。③

新闻线索往往就在我们身边,但是需要记者从异常的情况中捕捉到新闻线索,并且能够锲而不舍地沿着新闻线索持续追踪下去。在法治新闻采访的过程中,新闻工作者也要培养这样的意识,不仅关注到事件的表征,而且能及时抓取到采访过程里的不同寻常之处。20世纪90年代,山东日照曾发生一起社会事件:一位名叫王连全的人为救三位落水者而牺牲。三位落水者一开始承认王连全舍己为人救了自己,不久又改变口径,对王连全救人一事矢口否认。《光明日报》记者马晓毅敏锐地注意到被救人的异常举动,在对王父的采访中,又注意到身边市政府工作人员的不自然表现。在进一步挖掘和调查后,政府的遮丑行为随着落水者身份的明确被揭开,时隔两年,见义勇为的英雄王连全才重新获得清白。④

---

① 刘斌:《法制新闻采访与写作》,中国政法大学出版社2006年版,第38页。
② 丁柏铨、胡翼青:《新闻采访与写作》,江苏教育出版社2001年版,第16页。
③ 卫佳铭:《西高院复查张玉环案:被控杀害两男童获死缓,已羁押25年》,详见"澎湃新闻"2018年6月21日。
④ 马晓毅:《日照海上救助殉难案》,详见"光明日报网上报史馆",原新闻载《光明日报》1998年11月13日至11月15日。

（二）挖掘新闻的价值

刘斌提出，法治新闻工作者在采访中要把握好四个价值意识，即新闻价值、法律价值、宣传价值和道德价值，四个意识之间相互关联、层层递进。援引刘斌教授的阐释，在浩如烟海的信息群中选择和识别"新闻信息"是新闻价值选择；面对"新闻信息"，分辨和采集具有法制特色的"法制新闻信息"，是法律价值选择；在"法制新闻信息"中，怎么筛选和采写对国家政治最有利的"法制新闻报道"，是宣传价值选择；面对"法制新闻报道"，怎么筛选和传播品味高雅的"法制报道佳作"，是道德价值选择。① 在刘斌构建的法制新闻报道的四个价值维度里，新闻价值位于底层，向上依次是法律价值、宣传价值，塔尖则是道德价值。

法治新闻采访相比于其他新闻采访有着更高的要求，需要新闻采编人员在新闻采访过程中，进一步考量如何体现法律价值，挖掘新闻事实或者受访人物法治视点下的讨论意义；发挥宣传价值，讨论事件本身之外还要对法治建设有宣传功能，弘扬国家法治建设精神；彰显道德价值，在遵守公序良俗的前提下还应该具有一定道德要求，彰显社会公德或个人私德。

法治新闻采访要将以上四种价值选择进行综合考量，结合自己所工作的媒体性质、栏目风格等因素，在法治新闻的采访中有侧重、有选择地就相关话题深入挖掘和讨论。

（三）树立法律意识

1. 揭露违法≠体验违法

2019年7月27日，四川广播电视台SCTV4频道播出了暗访报道《女儿"工作"的那条街：记者加入调查涉黄按摩店》。在长达10分钟的报道中，"记者"假借消费者身份进入按摩店，对其存在色情服务的问题进行了曝光。然而，令广大观众瞠目结舌的是，在暗访画面中，"记者"的下体部位突然直接暴露在电视屏幕上，并且没有进行马赛克处理。事后，四川广播电视台出面致歉，但否认了出镜男子是该频道的记者，只承认是线人。

魏永征在博客中也提到一篇题为《名记者为女毒枭堕落》的新闻。新闻写了"南方某晚报颇有名气的记者"，在婚后发现妻子在从事贩毒勾当，但记者没有第一时间报警，反而突发奇想，要利用这个关系"深入"贩毒的"虎穴"

---

① 刘斌、李矗：《法制新闻的理论与实践》，中国政法大学出版社2005年版，第71页。

去作一次"体验式采访"。在妻子的安排下,他两次往返中缅边境,"亲历"了贩毒的全过程,其中一次就带回毒品两公斤。虽然他事先想好毒品是要送交公安机关的,但别人早已把"货"提走了。他终于意识到自己已成为一个事实上的贩毒者。经过一段时间的痛苦抉择,这位名记还是选择走进了公安局。

站在人性本善的立场上,我们不否认上述两个案件中采访者的动机和出发点是好的,可问题在于,揭露违法犯罪的事实不等于给了记者一张可以"体验"违法犯罪的"免死金牌"。大多数罪名的犯罪构成并不取决于行为人的动机和目的。如涉及毒品的犯罪,我国《刑法》有严格的规定,列有走私、贩卖、运输以至非法持有等多项罪名,只要你明知是毒品,逃避边关检查带进国(境)内,就是走私;从甲地运送到乙地,就是运输;甚至只是把毒品放在身上、藏在家里,达到一定数量也会构成非法持有毒品罪。法治新闻采访中尤其要注意,记者绝对不能以采访为由,打法律的"擦边球",试探法律的红线。①

2. 慎重进行隐性采访

丁柏铨编著的《新闻采访与写作》与刘斌编著的《法制新闻采访与写作》都将隐性采访作为单独的章节加以讨论。可见,隐性采访在新闻采访工作中存在诸多讨论的价值和意义。

隐性采访,也称隐蔽性采访,俗称"暗访",是一种记者隐匿身份、隐藏采访目的,接近采访对象的新闻采访活动。② 与显性采访相对应,隐性采访有三个不可缺少的特征,即隐瞒记者身份、采访对象不知情、秘密获取信息。显然,隐性采访是一种非常规的采访方式,从理论上来说应当用于采访对象弄虚作假、难以接近或者以暴力抵抗正当采访的情况,是一种"不得已而为之"的采访。

隐性采访具有一定合理性,其优点不言自明。例如,隐性采访有利于避开采访中的障碍,获得更加真实的信息,规避了采访对象不配合的问题;避免了批评报道里的人情新闻;采访获得的素材更容易写出有现场感和冲击感的新闻报道等。对于批评式或者揭露式的法治新闻报道来说,隐性采访不失为一个重要的信息收集手段。隐性采访的出发点是获取真相,是新闻工作者为了支持合法正当权益,对不便于进行显性采访的典型群体和行为进行秘密采

---

① 魏永征:《"体验式采访"踩响法律雷区》,载《检察日报》2001年3月28日。
② 《新闻采访与写作》编写组编:《新闻采访与写作》,高等教育出版社2019年版,第131页。

集和检验的舆论监督活动。① 隐性采访在具体的实践上也有不少成果。近年来,不少记者借助隐性采访的方式,卧底各大知名餐饮品牌,曝光了诸多餐饮门店的卫生状况问题。如 2017 年 8 月,《法制晚报》记者卧底北京"海底捞"劲松店、太阳宫店,曝光其后厨卫生状况堪忧;2021 年 8 月,《新京报》记者曝光网红餐饮品牌"胖哥俩蟹肉煲"使用大量过期食材欺骗消费者等。

另一方面,专业法治新闻工作者不得不考虑和研究隐性采访可能带来的法律及职业伦理问题。"法无禁止即可为",记者采用隐性采访的方法本身并不违反法律规定,隐性采访带来的法律问题讨论主要围绕两个方面:其一是隐性采访收集到的素材真实性有待考察,可能引发新闻报道失实,继而为记者或媒体带来诉讼;其二是被采访者民事权利的保护,特别是隐私权与社会公众知情权和舆论监督的保护之间的矛盾。对于第一个问题,如果是体验式的隐性采访,记者借助录音录像设备获取素材,在举证上较为容易,但如果仅作文字记录或者没有留下任何记录,可能会使记者在侵权诉讼中面临着举证艰难的问题。对于第二个问题,在批评报道实践中,媒体既要明确涉及公共利益的个人隐私应让位于公众的知情权,又需要平衡二者的关系,精确把控二者的边界。2014 年 7 月,上海电视台曝光福喜食品有限公司大量采用过期变质肉类原料的不法行为,上海电视台在暗访福喜公司时就法律风险进行了评估,并提出了自己的判断标准:一是看是否涉及公众利益;二是考量暗访是不是唯一手段;三是记者不能诱导受访对象说出一些有倾向性的话;四是个人和监督对象之间不存在利益往来。②

同时,隐性采访可能触及国家机密、商业秘密、未成年人和妇女权益等法律问题,需要记者学法、懂法、守法,切忌为了报道效果损害社会公共利益,或者诱导被采访者犯错或违法。此外,隐性采访作为显性采访难以实施的替代性手段,应当谨慎使用,避免被滥用。由于这里的"难以实施"依赖于新闻记者的"自由心证",所以也是对新闻工作者专业素养的考量。

从伦理角度考量,隐性采访中,记者为了取证,对实际上的受访对象采用了欺骗的取证手段,给记者职业形象和媒体的权威性带来了一定损害。记者的采访权利不是"Power",只是一种"Right",不以强制力保证实施,但在隐性

---

① 李晨钟:《隐性采访是舆论监督的必要手段》,载《中国记者》1997 年第 11 期。
② 王晶红、王侠:《2014 年十大传媒伦理问题研究报告》,载《新闻记者》2015 年第 2 期。

采访中,受访对象完全处于被蒙蔽的状态,记者在未经受访对象同意的情况下进行了信息采集,于道义上来说居于劣势。"记者作为权利主体,当其进行采访时,其与采访对象之间是平等的民事主体关系。民事关系的基本原则包括平等、自愿、公平、诚实信用等,任何一方都不能强迫另一方接受自己的要求。记者在卧底采访时,首先违背了诚实信用原则;其次,因为记者的不诚实信用行为,使被访者在非自愿的情况下成了记者的采访对象。可见,卧底采访在司法伦理上都站不住脚,更不用说在新闻职业伦理层面上了。"[1]

三、法治新闻采访的方法技巧

(一)注意发问的技巧

新闻记者在发问前务必明确,采访过程中的提问是为了获得与受访群众有关联性的新闻信息,而非阐发作者自己的观点,因此要围绕受访者的经历和知识抛出问题,令采访对象有充分的表达空间和表达意愿。并且,记者的提问不仅要考虑到采访对象的体会,也要预判受众的感受,即挖掘能引起读者阅读兴趣的问题,提出有价值、有意义、有故事的问题。

1. 逻辑清晰、表达准确

采访的问题之间要有逻辑上的联系,可以是并列关系,也可以是递进关系,避免由于问题跳跃性太大,打断受访者的思路,影响他对新闻事实的回忆和叙述。比如,前一个问题是问采访对象的童年经历,下一个问题就可以就童年时期的某一个时间节点或者重要的事件进行提问,一步步引导采访对象进入回忆状态,从而为新闻采访提供更多细节。

清晰的逻辑需要直白、准确、精炼的语言表达,记者在发问时不要啰嗦,引述性话语不要太长,避免引发歧义,提出的问题要能让采访对象迅速理解,并且能够快速提供相关信息事实。提问的时候务必注意,不要把一些专业的词语直接抛出,如果是较为专业的概念,尽可能用通俗的、适用于口语的表达方式对核心的关键词作出解释。

同时,在采访过程中,如果发现受访对象对某一与主题有关联的问题非常有表达欲,可以暂时离开提问大纲,适当地再往下深入发问,也许就会获得一些独家新闻访谈素材。当然,记者在采访过程中要把握节奏,不能被采访

---

[1] 范玉吉:《记者"卧底"的法律与伦理反思》,载《检察风云》2015年第13期。

对象牵着鼻子走。有时候受访对象想要表达的问题和采访话题相去甚远,一旦话题跑偏,记者要能及时把谈论的核心引回采访中。

2. 提问要抓住变化节点

想提出一个好问题,要抓住人物或者事件重要转折节点进行发问。正所谓"文似看山不喜平",文学性读物靠情节的一波三折吸引读者,新闻采访也是如此,变化背后往往具有一定的故事性,具有可以挖掘的空间。

涉及人物的调查采访可以关注其人生阶段的转折点,从人生拐点发问,挖掘受访人物作出重大人生决定背后的故事。如宣传报道优秀的法治建设工作者的典型案例,可以试图从受访者的人生经历入手,了解其是如何走上法治工作的道路,在法治工作中是不是也有一些不为人所知的经历。通过采访获取生活的细节、心态的转变、关键的决定因素等线索,有助于丰富采访对象的形象,将人物"立住"。作家余华在讲述自己如何选择走上文学创作的道路时就从自己放弃牙医工作开始,谈到被文化馆的轻松工作氛围吸引,最后走上了文学之路。如果记者能在新闻采访中扣住余华职业规划改变的节点,这样的人物采访就足够引人入胜。

涉及事件发展的调查也要扣住反转或者质变的关键时间节点,如前文提到的《光明日报》记者重新采访"日照海上救助殉难案"就是关注到了事件的转折点——三位落水者从承认为王连全所救,到突然之间反水,一致否认王连全的见义勇为行为的存在。如果编辑和记者没有发现事件背后的疑虑,就错过了撰写一篇优秀的新闻报道的契机,事件的真相也会永远被掩盖。

3. 问指向性而非引导性的问题

如何理解指向性?我们认为,记者提出的问题应当能让受访对象作出明确的回应,问题设置不笼统、不抽象。在采访初就抛出过于开放的问题,不仅会让受访对象一时间不知道该如何回应,也会降低受访对象参与采访的热情。好的记者应当从较封闭、较具象的问题入手,便于受访对象给出一个明确的、具体的回答。但是也要注意,提问时不能让受访对象仅仅给出是与否、对与错这种过于简短的没有什么信息量的回应。在适当的时候,记者可以引导受访对象在限定的话题范围内再给出一点发散性的回复。比如,就普法活动的形式创新有什么建议进行采访时,如果问"您觉得当前的普法活动举办得好不好",受访对象可能只会给出评价性的好或者不好;如果问"您对普法活动的形式创新有什么建议",可能短时间得不到受访对象的回复;在这种情况下,可以问"您参与过的普法活动都有哪些形式,您觉得如果采用短视频制作发布或者制作普法栏目剧,会不会较之前有更好的宣传效果",则既能得到一些建设性的意见,也可以掌握当下普法活动采用的固有形式和群众的参与态度。

当然,指向性不能与倾向性画上等号。尽管记者在提问前会对采访方向和目标作一个预设,但是预设和事实出现偏差时,要尊重客观事实,不能在采访中引导受访对象说出自己需要的答案。比如,某新闻记者采访某比赛中的铜牌获得者,在记者的预设里,这个运动员应当是遗憾、难过、心情低落、对现有的成绩不满意,但事实上,这个运动员对目前的情况非常满意,认为已经发挥了全部实力。记者在提问时不断强调"你有没有感到遗憾""大家都预计你能获得一枚金牌,对此你有什么感想""现在只获得铜牌,你一定很遗憾吧"等,从而导致采访以失败告终。

(二)积极寻觅事件里的悟性事实

所谓悟性事实,指的是那些既生动形象又包含意义和价值,易使受众产生感悟的事实。在新闻报道中,采用悟性事实既可以吸引受众眼球,又能达到显示传播意义、实现价值导向的目的。① 例如,《南国都市报》2010年4月28日刊登了一则题为《要想见局长,先过密码门》的新闻。新闻报道中提到,前来三亚市综合执法局找局长的市民们被"一道带密码的玻璃门挡住去路",与接待人员数次交涉无果后,市民选择改走楼梯,结果发现"在楼梯出口同样安装了一道铁门"。"铁门"在这则新闻报道中就是悟性事实,一道实体、可感的门,从空间上隔开领导和群众,也挡住了群众反映问题之路。玻璃门是看得见的,看不见的是其背后基层政府的官僚主义风气。

中央广播电视台 2019 年主持人大赛新闻组 9 进 6 的比赛中,选手邹韵以"天下'粮'心"为题,采访了袁隆平援非杂交水稻团队。何为"粮"心?邹韵说:"十几年的光阴,这些水稻不仅立在了稻田里,也立在了人们心里。"从不理解、不接受到欢迎和感激,中国的杂交水稻被非洲的当地居民慢慢认可。何为"天下'粮'心"?当袁隆平院士被问及"为什么要在非洲发展杂交水稻"时,袁老回复:"For the welfare of the people all over the world is one of my lifelong wishes.(造福世界人民,是我的此生愿望之一。)""天下'粮'心"是袁

---

① 《新闻采访与写作》编写组编:《新闻采访与写作》,高等教育出版社 2019 年版,第 98 页。

老的高洁志向的描写和毕生愿望的高度概括,就是将中国的杂交水稻推向全世界,解决全世界温饱问题,造福世界人民。

悟性事实是具象的物质实体而非抽象的概念。同时,悟性事实还应是带有理性色彩的感性事实,能引发受众的共鸣,理解其中意义。[①] 大量新闻作品证明,充分把握这种"可感"兼"可悟"的事实,可以获得良好的传播效果。用"门"表达官僚干部对待群众的心态,用"天下'粮'心"表达袁老的整体发展观念,这种"可感"又"可悟"的事实材料既是新闻报道中的亮点,又是发现新闻环节中的难点。落脚到法治新闻采访,如果能够以悟性事实为切入口实施采访,制定采访计划和大纲,既可以避免大段老生常谈式说理带来的阅读感受上的枯燥繁琐,提高可读性,也能将新闻的核心观点更生动、鲜明地呈现在读者面前,有助于读者更深刻地感受新闻背后的内涵,实现新闻报道的可读性和深刻性之统一。

(三) 灵活采用多种提问方法和采访手段

提问的方法是多种多样的,在采访中,记者通常都会根据问题的敏感程度、采访环境设置、受访对象的个人情况等来选择提问方式。一场采访显然不局限于只用一种提问方式,通常是多种提问方法综合使用,记者的个人风格和提问习惯也各不相同。新闻采访的提问方法按照提出角度,可以分成直击要害的正问法和迂回婉转的侧问法

1. 正问法

正问法,即开门见山地提出问题,是一种比较简单、直接的提问方式,能够帮助记者在最短的时间内获取有效信息。意大利著名记者法拉奇在采访邓小平同志关于中国是否会形成资本主义等敏感问题的时候,就选择直接发问。这是一位经验丰富的记者的个人风格。当记者对事件比较了解、与采访对象比较熟悉、采访时间有限或有丰富的实践经验及较强的个人表达能力时,适合选择正问法。

(1) 连续提问

不少有经验的记者在采访中常常采用正问法,借助连续的正面发问,给受访者带来一定心理压力和紧迫感,倒逼事件的真相或者受访者的真实想法。很多新闻记者在以揭黑或者追责为主题的新闻采访里,对一些企业管理

[①] 《新闻采访与写作》编写组编:《新闻采访与写作》,高等教育出版社2019年版,第98页。

者、政府机关部门连续、强硬地提出尖锐问题。切中要害不仅对揭露真相能够起到效果,而且打直球的提问方式是记者面对比较强势的采访群体时消除紧张感的常用手段,既能得到受访对象的重视,也可以体现出记者不愿虚与委蛇的坚定态度,对记者以及媒体的公信力提升有帮助。

(2)持续追问

追问法也是调查性报道的常用正面提问方法,指的是记者可以从受访对象的语言表达中抓住漏洞,从对方的回答中继续发问。如果受访对象对某一个问题撒了谎,在记者的不断追问、持续深挖下就有很大可能会"暴露"自己。

追问法需要记者本人对语言表达足够敏感,反应迅速,能够从采访对象的言语中摸到逻辑上的漏洞。当然,正问法造成的强大心理压力也可能引发受访者的反感或抵触,导致采访失败,特别是以普通群众为受访对象的采访,要谨慎采用连续、直接的提问方式。记者在采访过程中要关注受访对象的心理状态,酌情选用不同的提问方法。

2. 侧问法

侧问法,又称迂回法,在记者不便从正面提出问题时,可以从侧面入手,以迂回的方式逐渐靠近自己的采访话题,先提出一些表面上和采访内容无关的问题,一步步引发受访者讲出真实的情况。侧问法适用于对采访有一定疑虑、表达能力较为薄弱的采访对象,避免因为直截了当的提问而引发采访者的反感。特别是对社会弱势群体的采访,温和、节奏感较慢的侧面提问可以最大程度地拉近受访者与记者的距离,循循善诱地引导受访对象回忆事实和细节。

(1)避免尴尬

侧问法可以避免直接提问造成的尴尬,如规避一些伤害受访对象自尊心的问题。例如,采访某小区老年人被电信诈骗的经历,若开门见山直接发问"您是否经历过电信诈骗",就算有过这种经历的人也可能会因为面子问题而不作真实回应,所以可以先从对电信诈骗的认识、有没有听说类似的事情等开始发问。侧问法的另一个作用是记者在采访认知水平有限的对象时,可以把一些专业性的表达转化成与受访者关系比较贴近的生活案例,一步步达到获取所需信息的目的。

侧问法不适用于时间紧张或者受访对象较为强势、专业的采访。并且,在这种提问方式下,记者要注意提问的核心必须围绕话题,以核心问题为最终目标,一步一步切入主题。

(2) 提升共情

在新闻采访中,记者可以通过共情的表达来拉近与采访对象的距离。特别是在涉及社会底层人群的采访中,可以多用共情的方式,尽快融入群体,让受访对象消除对记者的防备心理。社会底层人群往往在社会资源的享有上处于劣势地位,记者在他们看来是享受更多社会资源和更高社会地位的角色,所以在采访中最好可以表露出人文关怀和平等对待的心态。如果记者要对农民工的生活状态进行采访,在条件允许的情况下,最好可以与他们同吃同住,做同样的工作,在最短的时间里让受访对象看到记者的真诚。

共情法也体现在采访场景的选择上,记者可以选择与事件相关或者受访对象熟悉的环境。曾经有记者采访自杀乡村少年的亲属时,就将采访地点定在了少年家屋后的树林里,因为这里是孩子经常玩耍的地方。在采访过程中,家属几次触动,主动向记者诉说了很多孩子的生活经历。

共情适用于以人物个人经历为主要内容的访谈,共情法的使用可以帮助记者获取事件的细节和大量受访对象的情感体会。但是,共情法也存在争议,如记者的感情投入会不会影响报道的客观性、共情法的不当使用有给采访对象造成二次伤害的风险等。

第二节 法治消息写作

消息(News)作为一种最常见的新闻文体,是近代社会的产物。据《牛津辞典》的解释,1423 年,苏格兰国王詹姆斯一世在敕文中首次使用"News"一词,意思是"新闻报道"。15 世纪的德国,"News"一词慢慢由俗语"报道"演化而来,它的意义是"在时间上绝对新颖的事物"。[①] 消息的基本特征是事实简洁、时效性强、用事实说话。法治消息既具有消息的一般特征,也因建设社会主义法治国家的现实需要而有着自身的属性。

一、法治消息的类型

郭光华在其所著的《新闻写作》一书中,总结了国内较为流行的三种新闻

---

① 荣进等编:《中外新闻采写借鉴集成》,浙江教育出版社 1990 年版,第 16 页。

分类方式：一是按照报道分工的范围划分，可分为经济新闻、科技新闻、军事新闻、体育新闻等；二是按篇幅长短划分，可分为一句话新闻、简讯、短消息、长消息等；三是按内容划分，可分为人物新闻、社会新闻、经验新闻等。

西方新闻界以是否具有事件性为标准，将消息划分为事件性新闻、非事件性新闻，抓住了实质性的区别。[①] 早在1990年，荣进等人在《中外新闻采写借鉴集成》一书中，已引进了事件新闻、非事件新闻的说法。接着，甘惜分在其主编的1993年出版的《新闻学大辞典》中，收录了事件性新闻、非事件性新闻词条。刘明华在《新闻写作教程》一书中，将事件性消息、非事件性消息各列为了一章，共约5万字。

我们拟采用事件性消息、非事件性消息的二分法，不仅仅是因为上述几位学者已有所论，更是因为这种划分方法比较适合描述、探讨法治新闻写作的规律。首先，依法治国、建设社会主义法治国家已成为我国的基本方略，如何能动性地采写法治新闻，是践行并实现这一方略不可忽视的一环。事件性新闻所关注的是事物的最新变动，凸显的是事件；非事件性新闻所报道的是社会问题、社会现象，或者某些可供参考的信息、方法。[②] 前者通常有明确的行为主体，时效性强，信息表层化，指导性略差一些，契合法治类动态消息；后者时效性略差，没有明确的时间和空间界限，指导性强，侧重探讨"为什么"的问题，揭示事物的内在联系，有助于采制法治类独家新闻，拓展法治新闻的报道面。其次，传统的三类划分方式，无论是按照报道分工的范围划分、按照内容划分，还是按篇幅长短划分，都是外延式的、偏表面化的，缺乏文体的内在规定性的考量，在写作上缺乏足够的启发。

（一）事件性消息

事件性新闻是指以某个独立的新闻事件为核心而展开的新闻报道，它强调新闻的时效性，其新闻价值与生命力同及时密切相关，要求迅速地反映新闻事件的发生、发展。事件性新闻包括大量的动态消息和现场特写性新闻等，它要求记者具有高度的新闻敏感，闻风而动，尽快准确地把握事物的个性特征和本质，迅速简明地加以报道，必要时可用连续报道。[③]

事件性消息是最正宗的消息，聚焦显在的社会变动，对接人们的基本信

---

① 具体论述参见郭光华：《新闻写作》，中国传媒大学出版社2020年版，第73页。
② 刘明华等：《新闻写作教程》，中国人民大学出版社2002年版，第242页。
③ 甘惜分主编：《新闻学大辞典》，河南人民出版社1993年版，第161页。

息需求。从呈现新闻事实的写作技巧与方法上看,事件性消息讲究主观感情的谦抑,以陈述笔法为主,客观报道,简笔勾勒,开门见山,短小精悍,生动活泼,较少有人物动作、对话、心理等细节描写。同时需要指出的是,包括消息在内的新闻作品,本质上是一种社会影响极强的公共产品,事件性消息讲究客观,并不意味着没有倾向性,在一些事件性消息里,同样有着"用事实说话"手法的巧妙运用。比如,新闻素材(最典型的莫过于新闻背景)的选此弃彼;又比如,借权威人士之口"说话",记者不议论,但可以借权威人士对某一事实的评价,迂回地表明自己的观点。当权威人士不易寻找而又需要表明观点时,记者往往假托"消息灵通人士""观察家""权威人士"之名说话,实际上这些人不一定存在。

从连续性、阶段性看,事件性消息可以分为一事一报、一事综合报、一事多报三类。一事一报中的"事",是新近发生的单独事实的报道。宽泛意义上,世界上万事万物都有联系,绝对孤立的事件是不存在的,但一些事件在短时间内各项要素事实已清晰呈现,形成相对的静态、稳态,报道一次即能发挥新闻的价值,事毕报道止,勿需分段或连续报道。在法治消息写作中,法治会议类、立法类动态资讯等都属于这一类型。如《法治日报》2022年1月1日第3版刊载的报道《最高法、司法部印发新规:确立死刑复核案件被告人申请法律援助工作机制》,导语为"最高人民法院、司法部印发《关于为死刑复核案件被告人依法提供法律援助的规定(试行)》,自2022年1月1日起施行",第二段、第三段报道了这一法律文件的核心内容。

一事综合报主要指的是事件性综合消息,主要反映一个重大事件的多方面情况,以及由此引起的多方面连锁反应。《江淮晨报》2011年11月23日的报道《李阳家暴事件引发社会各界关注》,就是一则事件性综合消息。

一事多报可以分为两种类型:一是分段报道,二是连续报道。从时间上看,分段报道中事件的时间跨度,长于一事一报,短于连续报道。"分段报道往往是事情来得非常突然,而事实又非常重要。如果消息迟发了,其新闻价值就会大受影响。在这种情况下,媒体往往会就所掌握的部分情况先发出快讯或简讯,然后再就新闻事件的背景、起因、发展情况、影响范围及各界的反应等其他情况作补充交代。"[1]1992年4月,巴勒斯坦解放组织领导人亚西

---

[1] 郭光华:《新闻写作》,中国传媒大学出版社2020年版,第142页。

尔·阿拉法特在北非上空遇险,路透社、法新社、美联社卷入新闻竞争,竞相分段报道。

急稿!路透社开罗电　据利比亚通讯社报道,一架巴勒斯坦解放组织领导人亚西尔·阿拉法特的飞机在利比亚沙漠上空失踪。(1992年4月8日7时半)

美联社急稿　利比亚电台报道说,星期二晚上雷达与载着巴勒斯坦领导人阿拉法特的飞机失去了联系,当时飞机正在利比亚上空飞行。(半小时后)

美联社电　载着阿拉法特的专机是从苏丹飞到利比亚上空的。(一分钟后)

美联社电　据可靠消息,飞机失踪是"恶劣天气造成的"。(20分钟后)

急稿!法新社喀土穆电　阿拉法特的飞机在距离利比亚城市萨拉以南70公里的地面上找到。(8小时后)

路透社4月8日15点50分电　据巴解官员刚刚对瑞士电台的谈话说,阿拉法特的飞机迫降了。(在法新社之后3分钟)

法新社巴黎电　巴解代表易卜拉辛·萨乌斯说,阿拉法特活着,并且很好,他的飞机已经在利比亚南部紧急着陆。(与上一条为同一时间)

路透社电　阿拉法特在撒哈拉沙漠被找到,他活着,巴解官员在突尼斯。(比法新社晚了5分钟)

连续报道是指一段时间内,对某一新闻事实的有关情况,或者以某一新闻事件的发生、发展、高潮、结局为线索的持续报道。但是,由于事件自身的进程充满不确定性,因此连续报道不一定能完整呈现事件的终局。当前传播环境下,此起彼伏的热点给连续报道提出了新的挑战,使公众无暇注意。记者或迎合公众趣味而放弃跟进,或因为缺乏前后勾连而无法呈现内容的连续性。这就要求记者一方面应专注于事件的进展以避免"烂尾",另一方面应在报道中注意前后内容的有机勾连和衔接。鉴于连续报道往往体现的是记者的深度思维,致力于呈现事件的终结形态,我们将之纳入深度报道的范畴,在本章第三节进一步阐述。

（二）非事件性消息

非事件性消息是指对一段时间或若干空间里发生的诸多事实、情况、事件的综合反映，揭示带有分析性、启发性的总体情况、倾向或经验等。非事件性消息的特点是以点证面，以面为主，反映事物发展变化中的阶段性、倾向性、经验性或典型性，典型报道、综合消息、经验消息、述评消息等属之。① 如果说一事一报、一事多报是事件性消息的基本特征，那么非事件性消息或者聚焦于多个事件，或者关注的并非事件，而是某一社会现象、某类工作经验、某种善意提醒、某个未来预测等。从新闻发现的角度说，事件性消息的线索多以显性的形式存在，时效性强，易寻好找，而非事件性消息的线索则多处于潜在的状态，时效性差，更多依赖于记者平时的积累和观察。从写作的角度说，非事件性消息要求记者在陈述事实的同时进行透彻分析，夹叙夹议，将材料与观点完美地结合起来。记者如果没有较强的分析、概括、归纳和综合的能力，也许能完成一篇事件性消息写作，但绝对写不出一篇合格的非事件性消息。真正的名记者，往往是在非事件性新闻方面有所成就。

非事件性消息可以分为综合性消息、述评新闻、经验性消息、服务性消息、预测性消息等。综合性消息是最典型的非事件性消息，它通常是在同一主题思想下，把不同新闻事实中性质相近或近似的部分组合在一起，概括成为某一时期某项工作的最新总体性情况，这样的消息就是综合性消息。综合性消息聚焦于面，如果仅仅依赖较为抽象的概况及一些统计数据，难免枯燥无味、缺乏可读性。新闻实践中，综合性消息多采用点面结合的方式，交代总体性情况的同时，辅以多个具体的事例。新华社1991年3月20日的电讯稿《"东北现象"引起各方关注》通过对黑、吉、辽三省近60个企业的调研，发现东北大中型国有企业在由计划经济向市场经济转轨的过程中出现效益下滑、工业生产步履维艰的事实，引起国内外重大反响。文中所举的大庆、鞍钢、二汽、吉林化学工业公司、沈阳电缆厂、哈尔滨锅炉厂等事例，有力地佐证了事实。这一消息至今仍为人津津乐道，凸显了综合性消息统揽全局、指导性强的本质特征。

述评新闻是带有评论的新闻报道，其根本特点是在报道事实的同时，辅以议论，分析评说，有强烈的现实针对性，其写作主要围绕"是什么""为什么""怎么办"展开。多数情况下，记者在三个要素写作上要差序用力，"有所为有

---

① 甘惜分主编：《新闻学大辞典》，河南人民出版社1993年版，第162页。

所不为"，公众已知的简略之，应知而未知的详之。具体到某篇报道，可以重点写"是什么"，也可以重点写"为什么"或者"怎么办"。《法治日报》2022年1月26日第4版刊载了记者赵丽、实习生杨轶男采写的一篇述评新闻《河北寻亲男孩轻生，网暴被指是重要诱因，"键盘侠们的狂欢"该结束了！》。河北寻亲男孩于2022年1月24日在三亚自杀身亡，其自杀和网络暴力存在一定的因果关联，这些情形公众已大致了解，因此记者将重心放在了网络暴力的治理困境以及现阶段治理措施的探讨上。

经验性消息多用于报道某个地方、某一单位的工作方法、经验、成果。如《法治日报》2022年1月23日第5版刊载的《多元履职黄冈检察拧出护未"一股绳"》报道了近年来湖北省黄冈市检察机关持续推进未成年人全面综合司法保护的情况，具有一定的借鉴意义。

改革开放以来，新闻媒体的受众意识越来越强，围绕公众的工作、生活的需要，服务性消息这一新闻品种重新焕发生机。写作服务性消息需要注意以下几个问题：一是内容要新鲜、适时；二是实用，可资参考；三是避免话出己口，多采访权威专家。

二、法治消息的结构

消息的结构是指消息各个板块或段落之间的关系范式。消息的结构林林总总，见诸国内外媒体的消息的结构多达20多种。特别适用于法治消息写作的结构，主要有倒金字塔结构、时间顺序结构、新华体、并列式结构、板块式结构等。

（一）倒金字塔结构

在西方，消息产生之初，其写作主要采用的是时间顺序结构。在我国，消息写作受古典小说和记叙文的影响，文体上不伦不类，分不清是文学作品还是新闻稿，是消息还是评论。[①] 现代意义上的消息写作，大约起源于美国内战时期，由于电报技术落后且费用昂贵，主编通常要求前线记者把报道精华和要点放在最前面几行，倒金字塔结构萌芽并逐步发展为现在消息的主要结构。

倒金字塔结构的基本特征是"头重脚轻"。标题通过最简洁的语言交代

---

① 荣进等编：《中外新闻采写借鉴集成》，浙江教育出版社1990年版，第610页。

核心新闻事实,接着用概括型导语描述核心新闻事实,然后新闻主体部分按照重要性递减原则,依次展示需要说明的具体的新闻要素。

正如新闻客观性虽屡遭挑战但仍被誉为"不死之神"一样,倒金字塔结构尽管屡遭非议,对于消息写作而言却仍是其他结构难以替代的,其好处是对于读者而言,能在有限的时间内迅速了解消息的核心事实,对于记者和编辑来说便于写作与编辑;另一方面,其缺点也比较明显,归纳起来主要有以下几点:

第一,由于越是重要的内容越是出现在前面,读者"尽兴"后往往失去阅读后面段落的兴趣。事实上,后面段落里的内容,往往也需要读者了解。

第二,记者理解的重要性和读者的阅读需求不易契合,由此会影响传播的有效性。"新闻界所运用的'倒金字塔'结构方法,实际上并没有明确包含'衡量新闻事实重要性大小'的科学判断依据。"[1]记者不太可能通过对读者的调查,只可能根据自己的理解来酌情确定事实的重要性。

对于那些段落较少、篇幅较短的消息来说,重要性的安排并不困难,只要依据一般的社会心理即可。如经常被视为典型倒金字塔结构的《阿尔巴尼亚部长会议主席谢胡自杀》:

> 新华社北京1981年12月19日电 据阿通社报道,阿尔巴尼亚部长会议主席穆罕默德·谢胡12月18日凌晨自杀身亡。
>
> 这一消息是阿尔巴尼亚党政领导在18日晚发布的一项公报公布的。这项公报说,谢胡是在"神经失常"时自杀的。
>
> 在这之前,阿通社在12月17日曾经发表谢胡16日在地拉那接见罗马尼亚政府贸易代表团的消息。
>
> 谢胡自1948年起担任阿尔巴尼亚劳动党中央政治局委员,1954年起担任阿尔巴尼亚部长会议主席,终年68岁。

以上四个段落的安排,首先介绍最核心的事实,自杀身亡;接着回应人们的疑问,什么情况下自杀的,为什么自杀;再接着公众会产生新的疑惑,自杀前数天他去了哪里做了什么事;最后是"据悉段",补充交代谢胡的履历和

---

[1] 胡志平:《新闻写作创新智慧》,新华出版社2003年版,第449页。

身份。

对于那些段落多、篇幅长的消息而言,随着内容向细部和微观展开,记者对事实重要性的评估,必然和读者未知而应知的需求产生矛盾。

第三,新闻跳笔的运用一方面使消息节奏明快、干净利索,另一方面凌乱琐碎易使读者厌倦。新闻跳笔作为一种独特的新闻写作笔法,要求记者跳脱出事件本身的时空场域,打破原来的先后次序和逻辑次序,在写作中实现段落与段落、句子与句子的较大跳跃。但是,运用新闻跳笔写好倒金字塔结构的事件消息,并不是一件容易的事情,需要很高的技巧。在跳跃的同时,必须注意事实之间的内在逻辑关系,否则将会写得支离破碎,"主要事件的先后顺序会讲不清楚。记者只报道已经发生的事情,但却不一定告诉读者它们是怎样发生以及是按什么顺序发生的"①。如刊载于华尔街日报的消息《波士顿案嫌犯被捕 搜捕规模空前》,全文49个段落,翻译成汉字共约2655字,每段平均54个字。这么多的段落,每个段落又很短,读下来,全文到底讲了些什么,不甚了了。解决这个问题,"严谨的记者会在交代了主要新闻事实之后,在稿件的某个地方,按时间顺序把事件发生的过程进行一个简单明了的回顾"②。实际亦如此,胡志平通过对200多篇消息佳作的分析,发现那些公认按照倒金字塔结构写作的新闻,实际有许多并没有违背时间顺序。③ 我们在写倒金字塔结构的消息时,应对这一点予以充分的注意。

第四,标题、导语、主体在内容上存在"三度反复"现象。与其他结构相比,倒金字塔结构对标题、导语、主体之间的关系,有着更为严格的要求。一般而言,导语除了兑现标题中的核心新闻事实外,还可能增加时间地点等要素。导语的下一个段落或下几个段落,是对导语内容的详细说明。接下来是与导语相关的直接背景。再接下来才是导语中未说明的事实要素,以及更多的相关背景。概而言之,倒金字塔结构中的标题、导语、主体或者主体的一部分,都是核心事实在不同层面的展开。复以前述《阿尔巴尼亚部长会议主席谢胡自杀》为例,导语"据阿通社报道,阿尔巴尼亚部长会议主席穆罕默德·谢胡12月18日凌晨自杀身亡"与标题相比,除了重复交代谢胡自杀外,仅仅是增加了时间。接下来的一段对谢胡是在什么情况下自杀的进行了详细说

---

① [美]杰克·卡彭:《美联社新闻写作指南》,刘其中译,新华出版社1988年版,第60页。
② [美]杰克·卡彭:《美联社新闻写作指南》,刘其中译,新华出版社1988年版,第60页。
③ 胡志平:《新闻写作创新智慧》,新华出版社2003年版,第447页。

明,接下来的两段终于不再提谢胡自杀了。在这么短的一条消息中,标题、导语、主体三次提及"谢胡自杀",而信息量并未增加多少。

（二）时间顺序结构

时间顺序结构是一种传统和自然的叙事方式,广泛存在于国内外各种叙事文体中,至今仍是人们讲故事与听故事的基本模式之一。消息写作中的时间顺序结构,又称编年体结构、纵向结构,主要按照事件发展的先后顺序展开陈述。在新闻实践中,时间顺序结构主要分为两类:第一类没有导语,开门见山,从第一段就开始陈述直到结束,可称之为纯时间顺序结构;第二类是先结果后过程的溯源结构,先说结论,然后从头讲述事件的来龙去脉。

1. 纯时间顺序结构

先看一则《北京晚报》的报道《两名大学生玩命》：

1月22日报道：1月22日下午7时,北大分校物理系18岁学生吴某某,与三名女同学到学校附近的铁道边散步。

吴对女同学说,国外曾有人趴在路轨中间,火车过后安然无恙。这时,一列火车正巧从西直门方向驶来,吴和一女同学欲亲身一试,他们迎着火车趴在两轨中间。

火车司机发现后,立即采取紧急制动措施,车头和一节车厢从他们上面驶过后停了下来,女同学从车下爬了出来,侥幸留下了性命。

吴某却没有出来,他的颅脑受到严重损伤,已经丧生。

黄晓钟认为,这种结构要注意的问题是"机械地叙述事件过程造成报道呆板平淡"。[①]"文似看山不喜平",纯时间顺序结构的消息,传播点在于过程而非结果,如果事件趣味性不强,很容易流于平淡,读者无法从中得到启发。也有学者持不同看法,认为这种写法保持了故事的完整性,情节步步推进,事件的高潮在后面出现,有亲切、自然的特点,如果事件本身生动有趣,读来兴趣盎然,引人入胜,有一种渐入佳境的感觉。[②]

如何理解学者们对纯时间顺序结构的不同看法呢？一方面,采用纯时间

[①] 黄晓钟：《新闻写作思考与训练》,四川大学出版社2002年版,第224页。
[②] 具体论述参见荣进等编：《中外新闻采写借鉴集成》,浙江教育出版社1990年版,第392—393页。

顺序结构的消息有其显著的优点,即不枝不蔓、娓娓道来的故事化讲述风格,契合了人们听故事、讲故事的一般心理;叙事主线清晰,内容更接近事实,潜在的误导性较少。因此,虽然较少运用,但作为一种重要的叙事结构,纯时间顺序结构仍然是有价值的,趣味性强的事件,可以尝试采用纯时间顺序结构行文,如刊载于1988年10月17日《人民日报》的《于长文诈骗财物落入法网》,以及刊载于1982年5月28日《新民晚报》的《"金匠"偷金记》等。另一方面,随着互联网传播、融合媒体传播的迅猛发展,以及社会节奏的加快,这种机械地叙述事件过程,慢条斯理地讲述故事的风格,读上去不免枯燥乏味。如今,主流媒体上已很难见到这类法治消息。为克服这一结构的不足,可以在行文中穿插新闻背景和细节特写,增强可读性;如果事件较为复杂,可以将事件的发展分成几个阶段,每个阶段以插题(又称小标题)统帅,由此使事件过程板块化、清晰化。

2. 先结果后过程的溯源结构

除没有导语,纯粹按照时间顺序行文外,还有一种带有导语的先结果后过程的溯源结构。这一结构中的导语简括事件性质及结果,接下来的段落交代事件的前后发展过程。这一结构在法治消息写作中较为常见,如《法制日报》2013年10月10日的电讯稿《云南连查5起万克毒品案》:

> 本报昆明10月10日电(记者刘百军 通讯员林瑞) 记者今日从云南公安边防总队获悉,云南公安边防总队以公路查缉、专案经营为重点,全力推动"肃毒害、创平安"禁毒百日攻坚会战的深入开展,接连查获5起万克毒品案件,共有12名犯罪嫌疑人落网,查获毒品90.55千克,其中海洛因20.42千克、冰毒70.13千克。
>
> 9月22日,西双版纳公安边防支队官兵在勐海县西定乡公开查缉时,从1辆无牌摩托车上查获冰毒12.166千克;9月25日,普洱公安边防支队侦查队官兵根据掌握的线索,在景洪市商业区破获1起毒品案,查获冰毒31.06千克。经过深挖,该支队官兵成功抓获3名涉嫌运送贩卖毒品的犯罪嫌疑人;同日,瑞丽边防检查站官兵在瑞丽市区的某出租房内查获海洛因20.42千克,抓获4名犯罪嫌疑人。经初步审讯,4名犯罪嫌疑人对受雇于他人运送毒品的犯罪事实供认不讳;10月3日,临沧公安边防支队在边境小道截获1辆摩托车,当场从摩托车内查获冰毒

15.07千克,抓获犯罪嫌疑人1名。办案边防官兵乘胜追击,抓获负责"接货"的另两名犯罪嫌疑人;当日下午,打洛边防检查站官兵根据群众举报的线索,也成功破获1起贩卖毒品案,抓获犯罪嫌疑人2名,查获冰毒11.834千克。

(三) 新华体

新华体诞生于革命战争年代,因新华通讯社的长期文体实践而得名。新华体的结构,突出地表现为导语、主体、结尾的三段论模式。首先是导语,新华体的导语多是概述式导语,即通过对消息"五W"提炼,为读者提供全文内容的梗概,并在此基础上评价总体事实,揭示主题。其次是主体,主要采用时间顺序,有时穿插新闻背景。最后是结尾,通常呈现事件的现状、意义、发展趋势。有些情况下,在导语和主体之间,还会存在一个过渡的"支持性段落",上承导语,下启主体。

学者刘建明对新华体给予了较高评价,认为它"消息简洁,文字精练,篇幅短小;善于用事实解释事实,很少空发议论;层次清晰,尽量做到一个事实一段,消息中段落过渡自然;稳健中见权威,该快则快,该慢则慢,注重通稿的信誉;善于抓大问题,关键性问题,重大事件的报道多有令人耳目一新的角度,主题开掘深刻"[①]。虽然如此,改革开放初期,新闻界普遍认为新华体宣传味道浓,过于程式化,呆板无趣,亲和力、吸引力和感染力不强,可读性不大,改革新华体的呼声很高。新华体是许多新闻院校毕业生在校学习的一种重要消息写作方法,也是目前重大时政新闻、会议新闻常用的一种写作结构。令人费解的是,目前可见的主流新闻写作教材中,几无它的踪迹,这不是一种实事求是的态度。一律采用新华体写作,非新华体不可,就会得缺乏多种"维生素"的病,但我国的新闻报道遵循"正面宣传为主"的方针,强调舆论导向,因此完全回避这一结构体式并不现实。

在依法治国的时代背景下,新华体比较适用于法治新闻领域,尤其是审判新闻。比如,《上海法治报》2018年10月23日的报道《为索要中介费强闯民宅 一房产中介因非法侵入住宅罪获刑》,导语是"因客户存在'跳单'行为,越过中介公司与房东直接签订租房合同,房产中介竟前往客户租住处,破

---

① 刘建明:《宣传舆论学大辞典》,经济日报出版社1992年版,第247页。

坏门锁强行闯入客户家中,索要中介费。日前,经青浦区人民检察院提起公诉,青浦区人民法院以非法侵入住宅罪判处被告人邵某拘役三个月,缓刑六个月"。接下来的 10 个短段落叙述了这一事件的来龙去脉,最后的一个段落是"承办检察官指出,犯罪嫌疑人邵某违背被害人意愿,强行闯入公民住宅的行为已构成非法侵入住宅罪。李某在和邵某一同进入王女士住宅期间,未协助破坏房门和抢夺手机,情节显著轻微,故未对其作出处罚"。

《上海法治报》的这则报道,导语简括案情及判决结果,接着按照时间顺序交代案情,最后是基于法理交代判决的依据,告诫莫犯罪、犯罪必受惩。三者分别对应形式逻辑三段论中的结论、小前提、大前提。有些情况下,审判新闻的结尾还会加上"法网恢恢,疏而不漏"等议论性语句,对审判进行升华。这样的表达虽然主观,但契合了公众朴素的"法感情",某种意义上也彰显了司法的权威和法律的尊严。

（四）板块组合结构

板块组合结构是一种按照主题要素,将新闻内容按类别划分为不同的板块,完成新闻报道的结构方式。"在这种情况下,你可以把复杂的新闻事实按照其内在的逻辑关系分解成若干个部分,在一个报道主题之下,为报道分门别类地划分几个分主题,一个部分一个部分地进行说明与展示,用这些各自相对独立的报道单元,合成对新闻事件的完整描述,完成对新闻主体的解释。"[①]

《重庆时报》2004 年 12 月 29 日的报道《重庆黄金镇政府举债修建办公楼外形酷似天安门》的核心提示（导语）为:"自从重庆忠县黄金镇办公楼群今年落成后,当地群众对该建筑群的议论就一直没有停止过……这栋耗资 400 余万元的仿古建筑气势不凡,门前的台阶有 6 层 111 阶。当地群众称,'天安门'前直通忠(县)梁(平)公路的台阶两旁有对称的 6 幢房子,形成王字排列,颇具威严之势,而'天安门'主楼成了'主'字的一'点'。有村民反映,征了建办公楼的土地后,村民的补偿款至今还没拿到。"导语之后,分为了五个主题,即事件:黄金镇政府大楼耗资超过四百万;调查:举债修起仿"天安门"式办公楼;背后:有钱建楼无钱修路;纵深:村民称未拿到征地补偿费;现场直击:黄金镇"天安门"建筑气势恢宏。

又如《天府早报》2004 年 12 月 28 日的报道《四川华阳千人冷眼旁观少女

[①] 高钢:《新闻写作精要》,首都经济贸易大学出版社 2005 年版,第 148 页。

被惨杀》,主体分为三个板块,即千人旁观:无辜少女被刺死;网吧老板:没听说这回事;惨剧缘由:凶手患有精神病。

这类消息写作结构的优点在于,将新闻内容按类别划分为不同的板块后,各板块之间不需要衔接和过渡,记者拟写好准确生动、简明扼要的插题(小标题)后,专注于板块内容的写作即可。难点在于,如果是法治消息,要关注板块的划分及其内容安排是否契合法治消息的严肃性,是否违背司法程序,是对法治精神的彰显还是消解,记者是否有相应的法治新闻策划意识和能力。

(五) 模板结构

模板结构,即事先设计一种模式,然后像填空一样往模式里塞材料,使新闻产品非常快速地生产出来,同时被快速地传播出去。这一结构对写作的要求不高,收集到相关材料后就可以塞到模式里,然后像搭积木一样组稿成文,但需要具备较强的新闻策划意识和统筹能力。模板结构有两个关键要素:一是并列项,二是通用于每个并列项的模板。

《法治日报》2022年1月26日的消息《最高检印发服务保障黄河流域生态保护和高质量发展的意见并发布典型案例》,使用的就是模板结构,除了介绍意见的主要内容外,还介绍了三起典型案例,其对应的插题(小标题)分别是"维护黄河'金三角'腹地水源安全""公益诉讼促黄河河道违建拆除""民事抗诉维护国家和公共利益",这三个插题即三个并列项。每个插题里的内容都包括相同的模板,一是典型案例的案情,二是检查履职情况,三是典型意义。

写好模板结构需要注意两个问题:一是并列项要适宜,不能死板硬凑,3—5个为宜,过多则会引起审美和阅读疲劳。二是模板设计要合理,模板结构的精髓是分工合作、夹叙夹议、快速组稿、各个并列项内容之间不需要过渡和衔接。记者除了需要搜集相关资料及敢于议论发声外,还要借他人的言论"说话",这方面常见的模板要素有专家观点、记者感怀等。

三、法治消息的导语与标题

导语和标题都是消息的组成要素。顺序上,标题在前,导语在后,但在写作中,先有导语,后有标题。记者往往先写导语及后面的消息主体,然后再拟写标题。有时候,记者写好正文直接交给编辑,由"做嫁衣"的编辑在导语和新闻主体的基础上拟写标题。

（一）消息的导语

导语对应的英文单词是"Lead"，即消息的开头。一般认为，导语起源于19世纪60年代的美国。当时南北战争爆发，许多记者去战地采访，为防止因传输消息的电报线路突然中断而妨碍发稿，前线记者只好把最重要最新鲜的"4W"排在开头几行，以吸引读者。

新闻界大致有一个共识，即导语是消息写作中最重要也是最难的部分。无论这句话是否言过其实，都道出了导语在消息中的重要性。尤其是五要素俱全的第一代导语，在消息的第一段即清楚地交代人物、时间、地点、事件、原因，读者不用阅读全文就能了解新闻事件的大概样貌。"二战"后，一些新闻工作者不满于第一代导语的冗长、枯燥，写作中只侧重交代一两个或两三个要素，这就是只有部分要素的第二代导语。20世纪80年代，导语写作出现散文化、自由化的趋势，延缓型导语、间接导语、软导语、复合导语、双导语等不同类型的导语与硬导语一样，不时见诸报端。随着近年来媒体的互联网化、融合化，以及新闻产品的线上呈现，新闻信息愈加易碎化、片段化，自由化、散文化的导语似乎和网络传播的氛围不搭，读上去每每有"矫情"和"违和"之感，硬导语、直接导语再度"受宠"。此外，网络编辑拟写的"导读"或"阅读提示"，某种意义上分担了一部分导语的功能。导语的最新变化，应引起学界与业界的重视。

导语的分类方法不一而足，仅《中外新闻采写借鉴集成》一书就列了39种。经常出现在消息中的导语，主要有以下四种：

一是概述式导语。概述式导语是消息写作中最为常用的导语类型，它通过逐项对内容进行概括归纳，简明扼要地交代新闻事件的核心事实。如《法治日报》2022年1月25日的报道《用心用情解决群众"急难愁盼"湖南政法队伍教育整顿成效显著》中的导语：

全国政法队伍教育整顿开展以来，湖南783个政法单位、11万余名政法干警，始终坚持高标准、高起点、严要求统筹推进，走新走心、走深走实，动真碰硬、精准出招，查处一批违法违纪问题，解决一批执法司法领域顽瘴痼疾，用心用情解决一大批群众急难愁盼问题，取得政法队伍政治忠诚进一步筑牢、政治生态进一步优化、纪律作风进一步好转、素质能力进一步增强、执法司法公信力进一步提升的良好成效,全省政法队伍展现出新面貌,政法工作彰显新成效,人民群众获得感、幸福感、安全感有了新提升。

这个导语虽然臃肿,需要进一步精简,但看得出包括三个显著的核心事实:一是查处一批违法违纪问题,二是解决一批执法司法领域顽瘴痼疾,三是用心用情解决一大批群众急难愁盼问题。导语接下来的段落,围绕这三个方面依次展开叙述,包括导语在内的整个正文类似于总分结构。

概述式导语属于多元素导语,适用于内容复杂、过程曲折的消息,适用面最广。从写作过程上看,记者先是总览新闻素材,头脑里大致了解新闻事件梗概,然后将之写成概述式导语,接着写出导语后面的新闻素材。由于在写作要求上,导语和标题都需要凸显新闻事件的核心事实,因此难以避免"三度反复"现象的出现。交代导语后面的内容时,又常常不得不提及导语里的部分内容,这样一来,有些情况下就不仅仅是"三度反复",而是"数度反复"了。

二是直陈式导语。直陈式导语不用概括和提炼,直接将最有价值的事实叙述出来。如《法治日报》1月26日的报道《青海民和警方斩断一吸贩毒链条》中的导语:

本报讯 记者徐鹏 通讯员颜金梅 近日,青海省海东市民和回族土族自治县公安局禁毒大队深挖线索,从一起普通的贩卖毒品案件循线追踪,斩断了一条吸贩毒链条,19名吸贩毒人员落网。

直陈式导语多为单元素导语,只集中表现一个事实要点,适用于篇幅短、新闻事实相对单一的消息。从写作过程上看,记者看到新闻素材后,不需要过多的思考,导语内容呼之而出,接着写出导语后面的新闻素材。

三是描写型导语。这类导语抓住典型事项,运用白描手法,真实生动地再现新闻场景。由于现场感强,宛如画面般传神,常能给人以身临其境之感。如新华社一条关于陕西发现秦代兵马俑的新闻:

大约2200年前,在通向秦朝都城咸阳的驿道上,一队队面容憔悴、衣衫褴褛的劳工,在身穿铁甲、手持长矛的兵卒押解下,艰难而缓慢地行进着,他们是征用来为秦朝开国皇帝修建陵墓的。

描写型导语中,白描文字占比较大,状如过渡,略有入题过缓之嫌,这限制了它的使用范围。

四是评述型导语。评述型导语的主要特点是将叙事与议论紧密结合在一起,夹叙夹议地对新闻事实进行简要评论。如《人民日报》2021年11月1日第10版的报道《上海精益求精当好东道主——服务再升级　全力迎进博》中的导语:

上海中心大厦,物业人员正在检修3.5万个照明设备,确保灯光效果成功呈现。175个主题景点鲜花盛开,静待八方来客。

毫不松懈抓好疫情防控,精益求精做好服务保障,上海全力以赴当好东道主,确保第四届中国国际进口博览会成功、出彩。

这是一个由两个自然段组成的导语,第一个自然段主要采用的是叙述的手法,第二个自然段主要是简要的评论。

写好评述型导语,议论是关键。议论得好不好,除了提高政治站位,确保"政治正确"外,还要恰如其分,不夸张伪饰,更要避免无病呻吟。

（二）消息标题及其写作

消息的标题,即消息的题目,用于揭示消息的内容,引人关注。如果说好的导语是消息写作成功的一半,那么好的标题亦至关重要。在传统媒体时代,标题是由记者或编辑拟写的,而在网络传播时代,虽然有着新闻采写资质的媒体依然主导着消息标题的拟写,但根据相关法律法规,网络编辑在转载新闻时,尽管不能改变正文的内容,却可以改写原来的标题。

1. 消息标题的分类

从内容性质上看,消息的标题可以分为主题和辅题。主题又称为正题,用于点明消息中的最主要的事实或观点,因此可实可虚。如果是实题,则具体说明新闻事实中的要素;如果是虚题,则呈现和新闻事实相关的原因、性质、价值观念、思想原则、社会氛围等。辅题可分为引题和副题,前者又称肩题、眉题,后者又称子题。通常情况下,主题概括与说明主要事实和思想内容;引题揭示消息的思想意义或交待背景、说明原因、烘托气氛;副题提示报道的事实结果,或作内容提要。

从形式上看,消息标题主要分为一行题、双行题(两行题)、多行题(以三行题为主)。由于消息主要是传播新闻事实的,因此如果标题只有一行,那么它必须是实题,如《西宁检察机关打出"组合拳"助力农民工讨薪》。

如果是两行题,或者两行都是实题,或者一实一虚,不可能都是虚题。两行题的组合主要由以下几种:

① 23年为群众避免和挽回经济损失50亿元(主题,实题)
   云南法律援助体系建设日趋完善(副题,虚题)
② 快递外卖电动车不挂号牌?(主题,实题)
   本月24日起开展执法处罚!(副题,实题)
③ 把"群言群语"变为"法言法语"(主题,虚题)
   清远市人大常委会推进全过程人民民主立法实践(副题,实题)
④ 公安机关追捕"漏网之鱼"专项行动取得新战果(引题,虚题)
   两名涉黑犯罪在逃人员被遣返回国(主题,实题)
⑤ "鲶鱼"今登陆粤东(主题,实题)
   广州塔或闭塔避风(主题,实题)

如果是三行题,通常情况下是两实一虚,两虚一实的较少。目前,三行题主要有以下几种类型:

⑥ 平垸行洪退田还湖带来历史性大转折(引题,虚题)
   洞庭湖长大五分之一(主题,实题)
   三年增加蓄洪能力27亿立方米,蓄水面积扩大554平方公里(副题,实题)
⑦ 昨晚郑州发生一起恶性交通事故(引题,虚题)
   白色皇冠拖着被撞伤者狂逃(主题,实题)
   众出租车怀着满腔义愤猛追(主题,实题)
⑧ 26.94米:六十年前三镇尽成泽国(引题,实题)
   看今日——(引题,虚题)
   武汉百里长堤巍然锁长江(主题,实题)

超过三行题的多行题,不仅存在双主题、双副题、双引题等情形,个别情况下还会出现三引题、三主题、三副题,如:

⑨ 化肥,化肥,你在哪里?(主题,虚题)
　农民:空等几天无半两(副题,实题)
　贩子:运了一车又一车(副题,实题)
　干部:送人一包又一包(副题,实题)

2. 消息标题的写作要求

首先,基本要求是"题文一致"。"题文一致"即标题表达的内容必须确切,不能与正文的内容产生矛盾,引发歧义。不能机械地理解消息标题与正文的"一致",标题并不全是对正文内容的简单摘取和表层意义的呈现,还可能包括对正文内容的概括与提炼,甚至升华。这是因为,消息和其他体裁一样,除了提供事实外,还承载着引导舆论、凝聚共识的社会功能,但消息正文写作原则上要求客观中立,少议论甚至不议论,所以作为消息的"眼睛",标题除了传播核心新闻事实、吸引读者外,还必须能动地发挥其价值引领作用,揭示主旨。单行标题若是实题,往往无法同时满足多重目标的实现,因此越是有价值的新闻,越要拟写两行题,个别情况下甚至是三行题,以实现多重目标。如《钞票"铺"不了路　匕首吓不倒人(主题)百余群众追捕三歹徒(副题)》,副题说的是百余群众追捕三歹徒这件事,主题是对挺身而出与违法犯罪行为作斗争行为的一种赞美。

其次,标题的内容应简明扼要,一目了然,切不可晦涩难懂,使人望而却步。另外,为达简明扼要之旨,需要充分注意标题中标点符号的用法。一般来说,标题里尽量不用标点符号,如两个及以上的句子并列,中间空一格或两格即可。但在有些情况下,必须考虑使用标点符号。两个以上的词、词句、句子作标题,可根据情况加顿号、逗号;比较长的引题、副题,句子中间加逗号,不用句号。标题出现感叹或疑问语气的,用感叹号、问号。其他可使用的标点符号还有引号、破折号、间隔号、省略号等。

最后,标题的表达手法应生动活泼,富有吸引力。消息语料主要由单音节与双音节的词为主,前者有平仄四声之异,后者有双声叠韵之别,因此某种意义上,消息的语句表达的过程即音节的组织统筹过程。为了避免抽象高冷、呆板枯燥,中文消息的标题写作,必须发挥汉语词汇的音乐性和节奏感。在意思表达自然平顺的情况下,尽量追求押韵、朗朗上口。既可以运用比喻、对偶、排比等多种修辞手法,还可以借用或仿拟唐诗宋词的名句、使用为人熟知的成语或典故等,使消息标题生动活泼起来。

3. 消息标题的拟写

如前所述,包括导语在内的消息正文的写作,主要是基于新闻事实的客观报道,因此消息标题的写作可以分为两个部分:一是实题的写作,二是虚题的写作。

实题的写作,可以从标题和导语乃至正文的关系寻找思路。一种思路是使实题中的新闻事实和导语(正文)中的主要新闻事实一致或基本一致,这一思路又可分为三种情况。一是篇幅较短、事实较为简单的消息,大部分情况下只需要将导语或正文中的核心事实摘取即可,如前述消息《阿尔巴尼亚部长会议主席谢胡自杀》。二是同类事实的简单合并,如《上海多项民心工程超额完成 迈入发展新阶段》(《解放日报》2022年1月11日消息),正文内容主要包括城乡居民居住环境改善、城乡空间品质持续提升、居民生活便利程度增加等三方面。三是过程的概括,如《美女邀他开网店 到头来钱被骗人不见》(《检察日报》2022年1月17日消息),正文是对这一事件的全过程描述。

第二种思路适用于篇幅稍长,事件稍复杂,内容相对丰富的消息,需要抓住导语或正文中若干新闻事实的本质特征,进行精心提炼或高度概括。如《法治日报》2022年1月10日消息《西宁检察机关打出"组合拳"助力农民工讨薪》,其导语为:"岁末年初,部分行业拖欠农民工工资、侵犯农民工合法权益问题易发多发。青海省西宁市检察机关主动出击、积极作为,牢牢把握服务大局、司法为民工作主线,充分发挥民事检察支持起诉职能,进一步加大助力农民工讨薪工作力度,切实维护农民工合法权益。"正文介绍了西宁检察机关采取的一系列举措,所有的新闻事实都是围绕"助力农民工讨薪"展开的,因此这一标题做到了"题文一致"。

第三种思路可称为主侧面概括法,即选择典型的、有代表性的、能反映事件本质的部分事实来概括总体事实,如《马寅初的新人口论是正确的》。马寅初因新人口论两次遭到全国性大批判,中央为马寅初平反,"马寅初的新人口论是正确的"无疑是最具有标志性的,承认了新人口论的正确,就等于为马寅初平反。

第四种思路是选择部分新闻事实,如《上海全面加强生态环境保护 11个污染防治攻坚专项行动出炉》(《上海法治报》2018年10月23日消息),正文主要包括两方面的内容:一是实施乡村振兴战略,加强农民职业培训,促进农民就业增收;二是部署实施11个污染防治攻坚专项行动,全面加强上海生态环境保护。两个内容几乎同等权重,消息标题选了其中较应景的一个。

虚题写作也很重要。美国学者赫伯特·甘斯在《确立新闻的决定因素》一书中提出"新闻背后的信息"这一说法,他说:"新闻报道不只要公布现实的事件,还要有价值标准,它的陈述均有倾向性。这样,就使人们有可能从新闻背后,看出一幅它所要显示的国家和社会的图画……我发现新闻背后还有表达的信息。"[1]"新闻背后的信息"指的是蕴含于新闻事实之中的情感、道理或意境。限于新闻专业主义的要求,记者通常不能通过自己之口议论,需要借新闻事实巧妙"说话"。消息标题中的虚题,就可以光明正大地点出"新闻背后的信息",直抒胸臆。需要注意的是,记者表达的观点和看法,需要建立在事实的基础上,不能无限拔高、无病呻吟,否则会给人"低红高黑"之感。

第三节　法治通讯写作

通讯是一种运用多种表现手法,比消息更详细、深入和形象地报道新闻事件和新闻人物的新闻体裁。与消息不同,通讯是一个本土化的体裁,西方与之相近的体裁是特稿(Features)。19世纪80年代,有线电报技术传入我国并应用于新闻实践,但是由于电报费用极其昂贵,记者珍惜发电讯稿的机会,每每对所发的消息字斟句酌,删去一切不必要的语句,同时把时效性不强、叙事详备、篇幅较长的报道邮寄到报馆,因此得名"通信"。随着电报技术的成熟、电报事业的发展,记者逐渐通过电报将报道传往报馆,"通信"成为了"通讯"。法治通讯是通讯的一个重要领域,在依法治国时代背景下,写好法治通讯具有紧迫性、必要性。

一、通讯的特征

通讯属于新闻的一种,它有着自身内在的规律和特点,整体上可以概括

---

[1] 郭光华:《新闻写作》,中国传媒大学出版社2020年版,第18页。

为新闻性、形象性、故事化。具体而言,通讯与消息相比,在以下几个方面表现出了不同的特征:

(一)形式上不同

标题:消息既有一行题、两行题,也有包括三行题在内的多行题;通讯只有一行题、两行题,几乎没有三行题。消息有双主题、双副题等,通讯没有。

外在标志:凡开头注明"本报讯"或电头的报道,一律是消息。"本报讯"是报社记者采写的稿件的标志,电头一般通过电报、电传、电话等方式发稿,表明生产新闻稿的单位、时间、地点。一般来说,通讯没有"本报讯"或电头。

导语:消息常常有导语,提纲挈领,概而言之;通讯通常没有导语,开头或叙述事实,或写景抒怀,或表达看法,往往不拘一格。

插题:通讯一般都有插题,消息原来没有插题,后来借鉴通讯的写法,引入了插题,但使用并不是特别广泛。

结尾:消息写作以叙事为主,主要是交代事实,叙毕则止,淡化结尾;通讯重在写人,好的结尾能深化通讯的主题,刻画人物形象,因此颇受记者重视。

(二)内容上不同

消息中的事实比较新鲜,通讯中的事实的主侧面已为公众知晓,只是不知道进一步的细节而已。消息里的事实多为总体上的、面上的事实,通讯主要再现的是具体事实、细节事实,更为详细完整,富有故事性。通讯必须有主题,消息不一定有。消息重在叙事,抛开事实的选取不论,其选取的事实具有一定的中立性、客观性。通讯就是讲故事,重在揭示故事中人物的精神世界,主题不可或缺。既然有主题,事实就要为主题服务,因此难以避免感情上的臧否褒贬,以及价值观上的爱憎喜恶。

(三)表达手法不同

消息以记事为主,为"事"学,强调新闻专业主义,与文学距离较远;通讯以写人为主,为"人"学,系新闻学和文学的交叉。消息以叙述为主,以描写为辅,几乎没有抒情和议论;通讯以叙述、描写为主,以抒情、议论为辅。抒情是指记者直接或间接地抒发内心的感情、感触,议论是对事或人的某个环节、某个侧面提出主张和看法。在抒情和议论时,记者还会使用比喻、排比、夸张等修辞手法,烘托气氛,凸显人物的独特面。由此,通讯除了"用事实说话",还用形象、细节、个性"说话"。

（四）社会功能不同

消息是简明地告诉读者一件事情,主要满足的是受众的信息需求;通讯就是讲故事,告诉读者事件的过程和细节,既满足受众的信息需求,又满足受众的情感需求,让公众意识到自己是共同体中的一员。我国媒体以正面宣传为主,强调舆论导向,从新闻管理上说,消息涉及的是该不该报的问题,通讯涉及的是如何报的问题(此前已经有相关消息了)。

二、通讯的结构

按照报道的内容,通讯可以分为人物通讯、事件通讯、风貌通讯、工作通讯。若按照表现形式来分,通讯包括记事通讯、小故事、集纳、人物专访、典型报道、记者手记、特写、花絮等。在长期的新闻实践中,记者们往往参照几个相对固定的模式去写通讯。另一方面,通讯的结构比较自由,形式多样,有较大的创新空间。通讯的结构主要有以下几种类型:

（一）主要围绕时间展开的结构

人,是具体时间与空间中的人;事,是在其时间维度和空间维度展开的。主要围绕时间展开的结构,在通讯写作中占有重要位置。根据时间顺序的不同,可进一步细分为完全时间顺序结构和不完全时间顺序结构两种。

1. 完全时间顺序结构

这种结构既可以用于事件通讯,也可以用于人物通讯、工作通讯等。

用于简单事件的通讯时,完全时间顺序结构可以记叙事件发展的全过程。这一结构不仅有利于记者快速写稿,也有利于读者迅速了解事情的来龙去脉,对事件有一个完整的了解和充分的认知。新华社 1948 年 4 月 17 日的稿件《桌上的表》(记者张明),采用的就是这种结构。第一段,部队进城、敌人逃走,战士进到一座楼房里,发现了一只表。第二段,战士们继续搜寻,没有发现武器弹药,就都出去了,楼房里东西原封未动。第三段,任务完成后,三连战士在楼房里休息,看到桌上的表,你一言我一语,表最后又被放回到桌子上。最后一段,部队离开楼房,桌上的表还在。

用于人物通讯时,完全时间顺序结构重在凸显人物的某个侧面的特点。如《杭州日报》1998 年的一篇稿件《小叶涛的一天》:

> 1998 年 4 月 29 日,星期三。对于特困生叶涛来说,是极其普通的一

天。……我们全天跟踪采访了叶涛一天的学习生活情况,以下是采访实录。

♯6:00

♯6:15

……

记者以采访实录的方式,记叙了1998年4月29日这一天特困生叶涛忙碌的生活。从早上6:00起床到晚上20:15,共10个时间点,叶涛既要学习,又要买菜烧饭打扫卫生,照顾离异失明的母亲。叶涛的不幸遭遇令人同情,叶涛的自强让人心生敬意,也激发了人们对弱势家庭独生子女境遇的思考。

用于头绪较乱的工作通讯时,完全时间顺序结构用时间串联起诸多事实材料,客观呈现,几无议论。如广西南丹矿难瞒报事件发生后,国务院派出调查组前往南丹调查。新华社记者选取8月1日至8月6日这6天时间,以"调查日记"的方式,呈现调查的进展情况,终使矿难瞒报事件大白于天下。

对比三者可以发现,前两个结构,记者选用的时间与事件中的时间是一致的;第三个结构中的时间,只是记者梳理线索的一个由头,与通讯中事件的时间没有必然联系。

2. 非完全时间顺序结构

记者既可以在完全时间顺序结构中详述事件、呈现人物状态,也可以不同程度上打破时间顺序,通过对时间的重组行文。新华社记者朱玉的名篇《任长霞生命中的最后36个小时》通过对时间匠心独具的重构,淋漓尽致地呈现了一个女公安局长勤勉工作、心系百姓的形象。

如果将任长霞生命中的最后36小时对折,会发现4月14日早晨7时,是36小时的中心。(第一段)

这时,任长霞准备起床了。(第二段)

接着,任长霞8时准时出发去郑州开会。回顾此前18个小时任长霞的忙碌状态,4月13日一大早起床,忙了整整一天,4月14日凌晨2时已过,方上床休息。

插叙过后,回到原来的线索上。4月14日9时赶到郑州开会……忙到晚上20：20，顾不上回郑州的家看家人，也不考虑第二天还要再来郑州开会，马不停蹄往登封赶。20分钟后遭遇车祸……抢救过程中，大夫打开任长霞腹腔，发现胃里一粒米都没有。牺牲的这天，任长霞没吃午饭与晚饭。

（二）时空结合结构

时间与空间两个维度中，时间是主导性因素，时间主导着变动，空间是辅助性因素。时间顺序结构往往淡化空间因素。这里没有沿用诸多教材里的空间结构，而是用时空结合结构。

时空结合结构可分为五种：一是异时异空结构，二是同时异空结构，三是同时同空结构，四是异时同空结构，五是时空穿插结构。

第一种是异时异空结构。对于同一个人或同一个团队而言，存在着异时异空的状态。出现在异时异空结构通讯中的，可以是一个人或一个团队，也可以是不同的人或不同的团队。大多数情况下，人物通讯采用的就是异时异空结构。如《金杯之光——中国女排夺魁的曲折道路》，记录了不同时间、不同地点中国女排的艰苦比赛过程，第一部分为"奇克拉约：痛苦的夜"，第二部分为"特鲁希略：倚天绝壁"，第三部分为"利马：欢乐的歌"。

第二种是同时异空结构。一个人或一个团队在同一个时间只能处于某一个空间里。出现在同时异空结构通讯中的，不可能是同一个人或同一个团队，只可能是不同的人或不同的团队。如某校报的通讯《上午10点钟，你在干什么》中，记者采访了五个有课的教室、三间学生宿舍、两个学校阅览室，了解了学生的不同学习状态和态度，以及背后的教学及管理问题。[①] 美国《芝加哥论坛报》记者威廉·马伦的特稿《五亿人正慢慢死去》是这样开头的：

> 每天，在印度东部一个叫辛吉玛利·帕奇尼帕的小村庄上空，以及非洲中部尼日尔一个叫考的小村庄上空，升起的都是同一个太阳。黎明的曙光首先降临到辛吉玛利村的难民营。就在这儿，六岁的萨库·巴门摇摇晃晃地站起来，一拐一拐地走出了无顶的小屋，开始了又一天饥肠辘辘的生活。六个小时后，曙光也来到考村撒哈拉游牧难民营。在这里，一个叫哈米达、年仅四岁的瘦长小女孩无精打采地从地上爬了起来，也开始了同样的一天。萨库和哈米达虽然相隔5500英里，但太阳给他

---

① 刘明华等：《新闻写作教程》，中国人民大学出版社2002年版，第387页。

们投下的阴影却是一样的。他们是可怕的幽灵的阴影,是活着的小骷髅的阴影,由于同样的自然和人为的力量,他们在地球上只能得到短促而不幸的生命。

第三种是同时同空结构。中新社三位记者2008年5月18日采写的记者手记《那一夜,我们没有采访》,讲述了5月12日中新社报道灾情组行至绵竹汉旺镇时遇到的情况。记者在手足无措的情况下努力参与救援,震后的混乱与人们的投入,形成鲜明对照,读后令人印象深刻。

第四种是异时同空结构。《纽约时报》1958年8月31日的特写《奥斯维辛没有新闻可写》,一方面描述奥斯维辛现在的情景:阳光明媚,孩子们在草地上玩耍;另一方面叙述十多年前发生在同一个地方的种族屠杀恐怖情景。这篇特写,曾使"当时的美国读者止不住内心颤抖,眼里布满了紧张和惊异,老人为之痛苦,夫人看了难受,人们愤恨之余则又陷入了深深的沉思……"①

第五种是时空穿插结构。这类结构尤其适用于头绪多、事件较为复杂的题材。在《为了六十一个阶级兄弟》中,从1960年2月2日晚上7点到2月3日深夜,为了抢救六十一个阶级兄弟,从卫生部、空军领导机关及指战员,到北京的特药商店、平陆县委会、邮电局、交通局及广大群众,都参与到了抢救阶级兄弟的过程之中。同中有异,异中有同,彰显"一方有难,八方支援"的感人情节。

(三)同一主题下多元素并列结构

一篇通讯只能有一个主题,但同一个主题下,可以包括多个要素、多个侧面、多个领域,将之并列,即为通讯的骨架。同一主题下多元素并列结构,具体可以分为以下类别:

1. 多个故事并列结构

记者围绕主题搜集具有典型意义的、有代表性的故事,把它们有机结合在一起,就构成了这种结构。《河南法制报》2021年11月10日的人物通讯《检察官李丹丹:一片丹心向阳开》,写了几个小故事。在第一部分"当事人说:她办理的案件有温度"中,记者写了李丹丹受理的两起案子,一起是涉嫌非法捕捞水产品案,另一起是拖欠员工案。李丹丹作出了不起诉的决定,把

---

① 胡志平:《新闻写作创新智慧》,新华出版社2003年版,第51页。

法律的温情通过案件传递给群众。在第二部分"同行们说：她办理的案件有力度"中，记者写了李丹丹参与提审、公诉的抢夺案、医托诈骗案，她的果断亮剑，维护了法律的尊严。在第三部分"她的女儿说：她办起事情有速度"中，女儿讲述了妈妈不仅工作出色，还倾心教育培养她的两个小故事。

需要注意的是，通讯中的故事必须真实可信，不能无限拔高，否则起不到宣传典型的作用。

2. 不同工作侧面并列结构

这一结构将所报道对象不同特性的几个方面进行组合，展现人或事的完整面貌。这种结构可用于各种体裁通讯的写作中。如《山西法制报》2021年5月25日的人物通讯《温暖岁月的"调节行家"》，记叙了全国模范人民调解员李庆英的事迹，第一部分写的是李庆英专攻"疑难杂症"、化解"社会顽疾"，第二部分写的是李庆英巧用各种调解方法。两个并列部分，一个是工作的领域，一个是工作的方法，二者存在有机的联系。

3. 不同性格侧面并列结构

过去的典型报道对人物的塑造，以高大全的形象为主。20世纪80年代以来，非黑即白、非好即坏的两极式新闻越来越少，非单一化的、立体化的人物形象越来越多地出现在新闻报道中。新华社记者朱玉近年来着力于典型人物通讯的创新写作，她笔下的人物往往洗尽铅华，看似清汤挂面，但荡去了油腻，于精神颇有营养。在《警察任长霞》中，朱玉设计了四个并列部分，如雷、如火、如水、如霞。如雷写的是作为女公安局长的任长霞雷厉风行的一面；如火描摹的是任长霞对待群众热情，为群众办事的亲民一面；如水说的是任长霞易动感情，爱哭鼻子的一面；如霞扣姓名中的"霞"字，感叹的是任长霞短暂而又灿烂的人生。

（四）递进结构

这一结构多用于工作通讯，特点是由浅入深，从现象到本质。源于此，甘惜分在其主编的《新闻学大辞典》中，将工作通讯归于深度报道的一种。载于2021年7月7日《法治日报》的《上海松江大学城校外培训乱象调查》（记者佘东明），开头是"华尔街日报体"：

> 站在上海松江大学城文汇路的一个十字路口，王林（化名）很是迷茫。她没有想到，自己花了近两万元报名参加雅思培训的机构竟然关门

"跑路"了,一直负责联系的助教把她的微信也删除了。怎么去维权?王林还没有想好。

王林是松江大学城一名大三学生,和她一样被这家机构"坑"了的学生并不少。他们组建了一个微信群,群里有42名学员被拖欠课时,涉及金额68万余元,人均欠款17620元。

近年来,校外培训机构乱象丛生,尤以面对中小学生的校外基础教育培训行业为甚,令受害学生和家长叫苦不迭。《法治日报》记者近期对上海松江大学城周边的校外培训机构进行了调查,发现针对高等教育和成人职业培训的机构也存在不少乱象,例如虚开"保过"空头支票、无证办学等。

第一部分是现象描述,"全额退款"如虚设,未能"保过"维权难;第二部分通过采访检察官,从法律的角度分析培训乱象的三种性质;第三部分通过采访专家,建议把所有机构纳入监管,而不是只监管那些已经取得资质的机构,从源头上根治乱象。

三、通讯的主题

主题指的是文章的具体内容所表达的基本思想。主题对于通讯写作至关重要,它是通讯的灵魂,没有主题,再多再好的素材也会因缺乏有机联系而成为一盘散沙。历史上的通讯名篇,都是在立意上取胜,然后围绕立意行文。

(一)对通讯主题的要求

通讯的主题必须要正确、新颖、深刻,唯此才能写出好的通讯。

1. 正确

事实有真假之分,真的假不了,假的真不了。事实真假是自在的状态,与社会制度等其他因素无关。作为观念状态的思想,有正确与错误之别,不同时空条件下有着不同的界定,因此具有相对性。不能把对事实的要求用在思想上,也不能把对思想的要求用在事实上。新闻工作事关舆论导向,任何新闻作品如果导向不当,都会产生不良的传播效果。

那么,通讯主题正确的判断标准是什么呢?

总体上说,凡是与社会发展方向相一致、符合公众利益、体现社会主义核心价值观的新闻主题,就是正确的主题。具体地说:

(1) 与党和国家的方针、政策相一致

我国的新闻媒体都是党和政府的"耳目喉舌",同时代表了人民的利益,新闻工作者要有政治家办报意识,提高政治站位,确保新闻作品符合党和国家的方针、政策。比如,我国的改革开放事业已经进行了 40 多年,取得了很大的成就,媒体上不能出现任何反对改革开放的新闻。

(2) 契合法治精神

依法治国是我国的基本国策,建设社会主义法治国家是我们的目标,法律面前人人平等,任何人的言行都要在法律的范围内进行。载于 2004 年 11 月 26 日《人民日报》的通讯《党的好干部　人民的贴心人——追记新时期领导干部的楷模、优秀少数民族干部牛玉儒》,读来令人感动,但也存在一些瑕疵。比如,当牛玉儒了解到青城公园收取一元钱的门票时,给建委的同志打电话要求免费开放,不久全市的公园都实现了免费。公园免费开放对群众是好事,但市委书记一句话就解决了,难免有读者会产生疑问,是否经历了相应的决策程序。记者如果有强烈的法治意识,就不应忽略这样的细节。

记者除了对基本的法治精神有深刻的了解外,还要与时俱进,对公众的"法感情"有正确的理解。比如,"杀人偿命"曾被视为理所当然的"法感情",但现在已经不符合时代的需要,不应作为新闻的主题。杀人是否偿命(判死刑),需要根据具体的案情和法律事实。张扣扣一案中,张扣扣对当年打死母亲的王正军不满,22 年后,刺死王正军等 3 人。事实上,当年是张扣扣的母亲先动的手,王正军被判有期徒刑 7 年于法有据。不少网友将张扣扣视为为母报仇的英雄,呼吁刀下留人,显然不妥。记者若写这样的报道,必须在这方面予以充分的注意。

(3) 契合公序良俗等道德观念

欠债还钱,天经地义。获得第 26 届中国新闻奖一等奖的通讯《马氏"兄弟"跨越二十年的诚信》,讲述了讲诚信还债的故事。20 年前,河南人马保东在新疆做生意时借了哈密人马奋勇 5.3 万元,当时无力还债,20 年后终于打听到马奋勇的下落。

2. 新颖

从审美和趣味性的角度讲,主题新颖更能吸引受众。记者在准备写通讯时,要充分发挥发散思维、逆向思维,从素材出发,沿着不同的方向和角度去比较,打破思维定势,提出各种设想,做到"人无我有,人有我新,人新我特"。

宏观上看，经过改革开放以来40多年的探索，新闻记者们已经跳脱出政治挂帅、脸谱化、高大全的通讯写作模式，所写的通讯，富有人情味和生活气息，既展示了典型人物先进模范的一面，又能正视人物身上的缺点。略有缺憾的是，在以贪污腐败分子为报道对象的人物通讯写作中，记者还没有走出非黑即白的两极化思维，甚至突出当事人的男女不正当关系。2003年9月，湖北枣阳市原市长尹冬桂因受贿被判5年有期徒刑。在尹冬桂被双规直至审判期间，当地一家报纸将尹冬桂称为"女张二江"，引公众关注其生活作风问题。尹冬桂委托家人提起名誉权诉讼，湖北省襄樊市襄城区法院判处该报赔偿尹冬桂精神抚慰金20万元。

中观上，全国那么多家媒体，一年生产的新闻作品近乎海量，很难要求记者不落俗套，出新出特。这种情况下，记者需要变换思维。一是跳出素材，改变新闻角度，如前述《奥斯维辛没有新闻可写》《那一夜，我们没有采访》。二是基于素材，改变体裁。通讯是一个大类体裁，具体又可以细分为小故事、记事通讯、人物通讯、特写等体裁。比如，如果没办法写成事件通讯，或许可以尝试改成特写，化腐朽为神奇。

微观上，就是在现有素材的基础上提炼主题。

3. 深刻

一般来说，任何形式的写作，对主题都有或高或低的要求。博士、硕士论文写作要求就高，主题所涉及的问题，既要有理论意义，也要有现实意义，主题应当有独创性。总体上说，新闻写作对主题的要求较高。具体而言，新闻体裁中，通讯对主题的要求比消息高。通讯主题的深刻性，体现在它能揭示客观事物的内在规律性。记者在写作通讯时，应该去伪存真，透过现象看本质。

（二）通讯主题的提炼

通讯主题的提炼，主要有两个基本思路：一是依据素材，提炼主题；二是预设主题，按图索骥，进行印证。

1. 依据素材提炼主题

（1）占有尽可能多的素材，是依据素材提炼主题的前提

通讯主题的提炼，犹如研究历史，"论从史出，史论结合"，需要占有尽可能多的素材，从中归纳出一般性的规律。新华社记者南振中关于一个县委书记的采访，记录了20多万字的素材；新华社记者郭超人为了写《驯水记》，积

累了30多万字的材料；著名作家魏巍为了写《谁是最可爱的人》，三次赴抗美援朝前线采访，在长达几个月的时间内搜集了20多个感人故事。某种意义上可以说，通讯要求的最重要功夫不是写作，而是采访。如果是进行特写写作或花絮写作，记者必须赶赴新闻现场，仔细观察环境和人物，找到生动的画面和动人的细节。

(2) 对素材进行反复琢磨和思考，是提炼主题的关键

从具体到一般的归纳法，是科学研究的基本方法之一，通讯主题的提炼亦不例外。要通过对素材的反复琢磨，不断深化对素材的认识，在此基础上提炼主题。

首先，从全局出发深化对素材的认识。1980年，上海橡胶研究所助理工程师韩琨除本职工作外，还利用周末（当时周末只有星期六半天、星期天一天）时间帮助上海奉贤县钱桥镇橡胶厂提高技术，开发新产品。韩琨救活了企业，却因接受该企业3300元酬金被以涉嫌受贿罪起诉。几经周折，上海政法部门及领导最终判定韩琨无罪。1982年12月23日，《光明日报》刊载事件通讯《救活工厂有功，接受报酬无罪》，介绍了"韩琨事件"的来龙去脉。"韩琨事件"无疑折射了计划经济体制的弊端，即对人才流动的禁锢以及对收入分配制度的严格限定。《光明日报》作为中央大报，将上海的做法介绍给全国，对解放思想、推动经济发展，无疑具有全局性意义。报道经广泛转载后，全国出现了一大批"星期天工程师"。

其次，结合历史眼光深化对素材的认识。新华社记者郭超人写《驯水记》，反复阅读了五千年来我国劳动人民与水搏斗的历史材料，最终得出结论，只有中华人民共和国取得了与水搏斗的胜利，历史上的水患变成了造福人民的水利。前美国总统克林顿1998年6月30日参观上海图书馆，就"21世纪中国的走向"这一话题与市民座谈，不料话锋一转，谈到美国不支持中国台湾地区独立，不支持"一中一台""两个中国"。在场的新华社记者迅速写出新闻名篇《克林顿总统公开重申对台湾"三不"原则》。记者如果对中美关系的历史缺乏深刻的理解，就不一定能写出这样的作品。

最后，在真实人性的基础上深化对素材的认识。1995年1月6日，王伟群撰写的特稿《北京最后的粪桶》以整版的篇幅刊登在《中国青年报·冰点》的创刊号上，社会反响热烈。文章报道了一个特殊的群体——北京返城知青掏粪工人，表现了他们的自尊与敬业精神。市场经济大潮尽吹的时代，人们

并没有丧失同情心和同理心,普通人的情感和普通人的命运,更能给人以启发和奋进的力量。只有对人性有深刻的了解,才会洗尽铅华、还原本真。

2. 预设主题,进行印证

多数历史研究者认为,"论从史出,史论结合"是历史研究的基本方法,"以论带史"不可取。那么,新闻主题的提炼,是否也只有依据素材提炼主题这一种思路呢?

"以典型例子来论证党的主张、方针、政策的合理性、必要性以及巨大的威力,从而使广大干部群众了解、理解,自觉地贯彻执行"[1],对"印证式"的这一报道方法,学者刘勇认为其潜藏的危害不容忽视,新时期这一范式已向"用事实说话"回归。[2] 我们认为,虽然"印证式"存在一定的缺陷,但这样的做法革命战争年代存在,现在也存在,具有一定的合理性。

首先,媒体作为党的喉舌,自然要把党的主张、方针、政策作为最重要的新闻主题来源。党的领导地位是历史上形成的,具有充分的合法性,选用典型例子和有代表性的素材来论证党的主张、方针、政策的合理性、必要性以及巨大的威力,从而使广大干部群众了解、理解,自觉地贯彻执行,逻辑上是成立的,实践上也是可行的。只是需要注意的是,这种印证要充分结合素材内容的特点,素材内容必须是能证明主题的。

其次,现阶段我国的发展道路是"创新的扩散",能动性地设置新闻主题推进社会发展,是必然的选择。现阶段我国是后发展中国家,必须吸收人类一切文明成果,建设有中国特色的社会主义。因此,需要改变观念,与时俱进。新闻媒体作为社会发展的助推器,能动性地设置议题成为一个必然选项。几千年的封建统治使我国现代法治观念较弱,而依法治国、建设社会主义法治国家是我国的基本方略,法治通讯主题的确定,也应围绕这一点进行,记者应通过法治通讯,传播能提升现代法治观念的主题。

再次,对一些抽象的社会建设目标,媒体不得不能动性地设置议题,强化相关报道。比如,"彭宇案"的次生化、碎片化的传播,使"老人倒地扶不扶"的命题凸显,人们对助人为乐的基本社会道德产生了疑问。基于此,负责任的新闻媒体应强化助人为乐题材的报道力度,增加相关主题的消息、通讯的写

---

[1] 林晖:《未完成的历史——中国新闻改革前沿》,复旦大学出版社2004年版,第230页。
[2] 具体论述参见刘勇:《中国报纸新闻文体嬗变》,中国人民大学出版社2016年版,第38页。

作,淡化乃至对冲人们对社会道德的负面评价。

最后,"预设主题,进行印证"的思路,尤其适合我国的法治宣传教育工作。自 1986 年至 2020 年,我国已完成了七个普法五年计划。2021 年 6 月 16 日,中共中央、国务院转发了《中央宣传部、司法部关于开展法治宣传教育的第八个五年规划(2021—2025 年)》,主要目标是,到 2025 年,公民法治素养和社会治理法治化水平显著提升,全民普法工作体系更加健全。无论是法治消息写作、法治通讯写作还是法治深度报道,都应把"八五"普法当作新闻主题的"富矿",从中挖掘内容。

(三)围绕主题进行通讯写作

确定主题后,就进入了写作的阶段。通讯写作可以分为预写作与正式写作两个阶段,二者都很重要。

1. 预写作

确定主题和动笔写作之间,有一个预写作阶段,主要包括的内容有:一是根据媒体性质来确定写作要求和风格。虽然同是党报,《人民日报》和某一家地级市党报的要求,肯定不太相同;虽然同是大报,《人民日报》和《南方周末》的定位和风格,也不尽相同。二是确定体裁和结构,预估篇幅。不同的体裁对结构的要求不同。比如,写人物通讯和写人物特写就不一样,前者通常系统地、完整地塑造人物,因此需要精心选择结构,而后者只需要选取人物的某一行为、某一行动的片断即可,结构较为简单。事件通讯和小故事亦如此。三是删繁就简,选择真实且典型的素材。典型是事物的集中表现形态,典型既体现一般,又有比一般突出的东西,因此最有感染力与说服力。南振中为刻画县委书记,积累了 20 多万字的素材,而郭超人为了写《驯水记》,也搜集了 30 多万字的素材,但最后成稿的通讯都只有 4000 字左右。魏巍在写《谁是最可爱的人》时,20 多个故事只留下来 3 个。

2. 正式写作

预写作为动笔写作提供了基本框架和思路,但仅仅有"设计图"不行,还需要通过写作将"设计图"变成"高楼大厦"。关于通讯写作,各个教材写的都比较详细,这里特别讲一讲容易忽略的几个问题。

(1)重视人物的刻画

通讯重在写人,人物通讯自不必说,即便是事件通讯不展示单个人物,刻画的也是人物群像。要把人写活,一是描述其心理,二是描述其动作和语言。

(2) 唤起读者的各种意象,在其大脑中产生综合印象

单一的感觉不一定可靠,但综合的感知可能是可靠的。要想增加通讯的感染力,就要通过各种意象,使读者身临其境。

(3) 重视新闻跳笔笔法的使用

在写作手法上,通讯写作与文学创作几无二致,如叙述、描写、议论、抒情等,又如排比、倒叙、插叙、伏笔、悬念、拟人、比喻等。同时,好的通讯写作还离不开独特的笔法——新闻跳笔的使用。

新闻跳笔的方法主要有以下几种:一是不一定按照事实发生的原始顺序,如需要打破时空限制,着力突出读者感兴趣的内容;二是利用短句子与短段落;三是将某些情节场面细节写成镜头感很强的段落,叙述中省略过程,突出事物的主要特征;四是加大句子之间的跨度,如变换叙述主体和叙述人称等。

第四节 法治深度报道

一、深度报道概述

(一) 深度报道的定义与起源

1. 深度报道的定义

深度报道起源于西方的新闻实践,在西方被称为"In-depth Reporting",这一报道体裁在宏大新闻报道、社会问题揭露等方面,具有较大优势。记者本人通过深入细致的探索,厘清事件的前后脉络,对事件的本质和影响作出解释,并预测其未来发展方向;在报道事件本身时,又考察其背后的一系列宏观社会背景,并给予受众以建设性的启迪。

出版于1993年的我国新闻学第一部知识工具书《新闻学大辞典》,对深度报道有着详尽的阐述[①]:

> 运用解释、分析、预测等方法,从历史渊源、因果关系、矛盾演变、影响作用、发展趋势等方面报道新闻的形式。深度报道不满足于向受众提供简单的新闻事实,而是使新闻要素作进一步的深化,要求一方面剖析

---

① 甘惜分主编:《新闻学大辞典》,河南人民出版社1993年版,第153页。

新闻事实的内部,另一方面展示新闻事实的宏观背景,从总体联系上把握其真实性。应把主要精力放在 Why(原因)和 How(怎么样)上,说明来龙去脉,阐明本质意义,估计事件影响,揭示发展趋势。作为一种报道形式,深度报道诞生于20世纪40年代。由西方学者把这种形式的特征概括为"以今日之事态,核对昨日的背景,从而说出明日的意义"。

这一理论对当时的中国新闻界来说,无疑是具有启发意义的。相较于客观报道的即时、新奇、夺人眼球等特征,深度报道在淡化了前者特性的同时,向着更深更远的方向延伸。正因如此,深度报道的采访与写作比一般报道更加吃力,受众阅读报道时需要调动或搜集更多的知识储备,这对传受双方都提出了新的挑战。即便如此,作为一种独具特色的报道方式,深度报道以其自身鲜明的特点,始终备受读者青睐。

深度报道近年来再次回归受众本位与内容本位,不少学者进行了创新性界定。杜骏飞、胡翼青在《深度报道原理》中指出,深度报道应该是以深刻和全面为传播旨趣的新闻报道,它从深度(深刻性)和广度(广延性)两方面指出了新闻文本以受众认知效用为主导的运作方向。他们还认为,深度报道不应当是一种"新闻文体",它的旨趣应当是一种思想方法,或是一种新闻理念。① 欧阳明在《深度报道写作原理》中提出,深度报道指的是新闻传媒在相对集中的时间和板块中,努力运用广视角、大容量、深层次、多手法的思想视域与报道方式对某新闻事件、新闻现象所进行的专门话题报道或问题研究报道。深度报道在新闻期刊中承担栋梁之任。②

2. 深度报道的起源

美国哈钦斯委员会认为,深度报道就是围绕社会发展的现实问题,把新闻事件呈现在一种可以表现其意义的脉络中。在西方新闻界,普遍认可的观点是,深度报道的产生是为了适应印刷媒介同电子媒介的竞争的要求。报刊无法在时效上同广播、电视竞争,便在深度、广度上独辟蹊径。③

深度报道的产生有其特定的时代背景。不可否认的是,促使深度报道这一体裁活跃在大众视野的,是受众的"使用与满足"。随着世界数字化进程加

---

① 杜骏飞、胡翼青:《深度报道原理》,新华出版社2001年版,第6页。
② 欧阳明:《深度报道写作原理》,武汉大学出版社2004年版,第5页。
③ 甘惜分主编:《新闻学大辞典》,河南人民出版社1993年版,第153页。

快,当前人们所掌握的信息量远超过去,在这样一种传播语境下,扭曲、复杂的事实不可避免地出现。如果说过去深度报道是在纸媒与电子媒介的矛盾中产生的,那么随着纸媒逐渐淡出我们的生活,这一矛盾表现为,电子媒介中短平快的新闻制作与复杂深奥的原因挖掘之间的矛盾。当前,深度报道成为我们把握事件发展脉搏,加强对现实生活感知能力的重要渠道,是生产生活中必不可少的信息需求。

(二)深度报道的特点

1. 立意的深刻性

深度报道以深刻见长。《纽约时报》原副总裁罗伯特·加斯特曾指出,过去,新闻报道总是强调表面事实,即发生了什么,实际上,种族骚乱、监狱暴动、谋杀案都有其社会背景,其原因都扎根于某一社会的风俗、传统和经济条件之中。对这一根源进行追溯,正是报纸的责任。①

2021年11月18日15时(美国中部时间),芝加哥大学中国留学生郑少雄在大学附近遭枪杀,这只是芝加哥发生的众多枪杀事件中的一个。芝加哥作为美国第三大城市,国际金融中心之一,枪杀事件为何层出不穷?对几起枪杀案件来龙去脉的报道,并不能解开这座城市危机四伏的顽疾。这也需要记者在报道事实时,不能在获取表面事实时就沾沾自喜。针对频发的恐怖袭击,记者更要找出"Why",要通过深入的走访观察与多源观点的整合,找出原因并提供行之有效的解决方案,这样的深度报道才是受众期望看到的。

一篇报道是否深刻,不仅要看记者在主观上对事件真相是否有着严肃的追求,更需要看记者是否有一套系统高效的理论素养。以枪击案为例,中美国情截然不同,一个国家不允许非法持有枪支,一个国家枪支泛滥成灾。社会背景的不同,生活环境的差异,这些都是调查型记者在前往一个地方进行深入挖掘时需要兼顾的。

2. 采访的艰巨性

突发事件报道的直接事实可以在短时间内完成,突发事件的事实情况可以在短时间内完成搜集,但历时较久,具有复杂内在联系的事件,其捕捉和分析都需要大量时间。要想揭示这些具有复杂关联的事实真相,离不开直逼现场的调查研究,以及严谨细致的背景调查。真实并非表面真实,表面真实

---

① 徐国源:《深度报道:理念与操作》,苏州大学出版社2004年版,第12页。

背后,往往是各方利益在博弈,这给探寻真相增加了困难。调查型记者需多元求证,以事实为根本,从而得出相对准确的价值判断。只有依靠久久为功的调查与分析,才能一层层地接近核心事实。验证事实不容易,逼近真相更不容易。调查型记者的调查者和监督员角色,在当下有了更多的用武之地。

深度报道在西方也时常被称为"揭丑报道",通常与企业的罪恶勾当、政府的内幕、社会上的阴暗面等联系在一起。这类报道风险较大,记者深入调查时,为了掩盖身份,常常使用暗访的手段,甚至为了获取重要事实,不得不以牺牲自己为代价,融入某一群体的生活方式。卧底贩毒组织的刑警染上毒瘾并入狱,卧底高考作弊的记者上了高考考场,这一行为也构成了作弊的事实。诚然,这种方式能较快获取非法组织的信任,呈现深刻的事实,但对记者本人的伤害也巨大。如何处理好这一矛盾,仍是当前的一大难题。

就连普通的司法案件报道,也要兼顾原告、被告、律师及目击者的陈词。一篇成功的深度报道往往耗时耗力,几经周折。一手资料的获取,对于记者本人客观公正地获取事实不可或缺,只有准确的事实才能对社会事件产生建设性的启迪。

3. 操作的整合性

深度报道不仅仅是新闻五要素的结合,它更是新闻事件、新闻背景及各种主观性因素整合的统一体。记者只有深入涉足到某一事件中,才能在最大程度上挖掘出事件的来龙去脉。其中,记者的个人背景、报道立场、文化程度等,都在一定程度上左右报道往哪儿去,往哪儿深入。

从媒介层面来看,媒介融合已成为新闻传播的主流,曾经代表着冷静、深度的纸媒已渐渐退出历史舞台。即便接触形式发生变化,深度报道的意义也不会随着纸媒的消退而淡化。以《南方日报》为例,这家媒体将"深度"作为其核心竞争力,并创新地推出了专题报道。夹叙夹议的形式,不仅将新闻事实和盘托出,还能通过深刻独到的观点表达来引导舆论。创办20余年,《南方日报》的发行量始终位于省委机关报首位,如今其深度报道仍有很大的影响力,其报道大多发表在微信公众平台上,凭借社交媒体的互动性与简便快捷的分享操作,再次占领了青年人的阅读空间。

从文体层面来看,深度报道大多夹叙夹议,图文并茂。深度报道对事件尖锐揭示的内容,往往超出公众的认知。对于此类社会阴暗面,需要即时发挥媒体引导舆论的功能,用事实说话,不轻易给事件定性,看似中立,实则褒贬自明。这样的报道才更能说服公众,为公众所接受。

从运作层面来看,深度报道因其题材的宏大性与事件的复杂性,突破了过去"一人一事""一人一报"的运作方式。好的深度报道往往是一个团队共同运作的结果,这也要求记者打破过去"各自为战"的思维方式,加强团队协作能力,朝着复合型人才的方向不断努力。同时,如何处理好重大报道中人力资源的整合问题,也对当前的媒体提出了更高的要求。

(三)深度报道的类型

有关深度报道的分类,不同学者有着不同的界定。徐国源在其《深度报道:理念与操作》一书中,将深度报道划分成独立文体和组合文体两大类。前者包含解释性报道、调查性报道、预测性报道,后者则细分成连续报道、系列报道、整合报道。杜骏飞、胡翼青的《深度报道原理》和刘海贵主编的《深度报道探胜》,也是同样的划分方法。其他学者还有精确性报道、特稿写作等分类。

重大刑事案件背后真相的挖掘,离不开记者的深入调查。由于法律文本的深奥性与不易读性,不解释文本内容或不解释审判量刑的原因,则难以凸显司法活动的意义。另外,由于司法断案有着严格的程序,相应的报道应当表现为不断跟进的形式,通过连续的单篇报道来揭示案件的基本样貌。

我们将法治深度报道划分成调查性报道、解释性报道、连续报道等三类。未将独立文体中的预测性报道纳入其中,是因为预测性报道所含有的猜测性意味,并不适用于刚性的法治报道。"预测"体现在哪方面?是司法审判的结果,还是关于犯罪率或满意度的趋势探测?恐怕都不尽如人意。司法判案有其自身的特点与性质。新闻报道重视自由,法庭审判讲究秩序;新闻评论常常有感而发,法官断案则注重理性分析;新闻报道追求轰动效应,司法则追求平息纷争。[①] 这些无可避免的矛盾对记者提出了客观报道的要求,同时,法庭审判也应当保持独立公正。记者不应参与到司法审判中,更不应以预测性的眼光为司法审判描绘出一条超前的道路。

整合报道只选取了连续报道。连续报道往往没有时间上的规律性,有了线索即跟进报道,在形式上更为自由。反观系列报道和整合报道,这两者往

---

① 赵中颉:《媒体报道与司法审判的博弈》,载《法治新闻传播》2007年第1期。

往离不开新闻策划。社会生活中的一般事件尚能找到规律,而法治事件则突破了社会的道德底线,其背后的真相更是无限复杂,难以在报道初期就置于整合报道的广阔框架下。

下面依次对调查性报道、解释性报道及连续报道进行界定。

1. 调查性报道

调查性报道,在西方的报道实践中,又被称为"揭丑报道",用来揭露社会的阴暗一面、政府黑幕、企业家的邪恶活动,以及黑社会的内部运作等。记者根据自身持之以恒的亲身积累,以及入木三分的观察与研究,对社会现象进行深入剖析与系统报道。调查性报道是深度报道的一种主要形式。

调查性报道强调了揭露社会阴暗面的职能。随着时代的发展,即便社会对企业的行为有了重重规制,对政府的行为多了更多要求,社会上垄断与腐败的案例也没有因此减少,反而是以一种更为隐秘的方式在运作。当下,调查型记者的角色和职能,仍在公众的社会生活中发挥着重要角色。

2. 解释性报道

解释性报道又称"新闻分析",是用充分的背景材料,侧重解释和说明新闻事件发生的原因与产生的结果的报道,是深度报道的一种,一般用于比较复杂的重大问题的报道。解释性报道要求运用事实,交代背景并作出解释,讲清这些事实在某一背景下的意义,并作出有根据的分析,包括记者的观察、引语、轶事等。

《新闻学大辞典》提出,解释性报道是提供新闻背景并对有关新闻事实进行解释或分析的报道。解释性报道着重回答五个"W"中的"WHY",告诉受众新闻事实的意义及前因后果,对复杂的事件进行整理和解释。采写这类报道时,要求记者运用大量的事实,完整、清晰地交待必要的背景材料,揭示新闻事实的原因、实质、影响及发展动向。

就一个新闻事件来说,时间、地点、人物等都是能被记者直接明确观察到的,这时候,记者只需保持客观性与局外人的立场就能获取新闻事实。然而,原因这个颇具主观性的因素,没有持续的调查走访与长期的观察,是很难直接得到的。原因总是躲藏在表面事实的背后,且错综复杂。对这一类新闻线索的获取,需要记者深入挖掘并解疑释惑。

3. 连续报道

连续报道即在一段时间内,对重大事件的组成部分作出多篇有内在关联的报道。连续报道形式灵活,既可以由单一消息组成,也可以由单一通讯组成,还有消息、通讯等多种体裁相互交织的形式。连续报道主题宏大,对于能在一次报道中就解决问题的,则不必进行连续报道。连续报道视野宽阔,在撰写时必须要有充分的资料作为支撑。此外,连续报道中的后续报道会提供新的讯息,除了揭示最新报道与此前报道的必要联系外,不应重复已报道过的内容。①

二、法治调查性报道

(一) 调查性报道起源

1. 国外源流

调查性报道源自西方,19世纪下半叶的扒粪运动可看作是调查性报道的早期体现。当时,美国商品经济发展迅猛,资本主义对外形成垄断,对内践踏工人的权益,为了赚钱甚至不惜损害公众利益,奉行金钱至上的经营理念,导致舆论的强烈不满与谴责。② 这一时期,揭露行业内丑闻的文章有2000多篇,产生了深远的社会效果。

20世纪调查性报道的巅峰之作,同时也成为美国政治的一块"遮羞布"的,就是《华盛顿邮报》对"水门事件"的报道。美国共和党尼克松竞选班子的首席安全问题顾问,潜伏进入民主党全国委员会办公室,在偷拍文件并安装窃听器时,当场被捕。《华盛顿邮报》对这一事件进行深度报道,最终促使尼克松的辞职,呈现出了媒体对抗政府的神话,为公众树立了新闻媒体能保证客观公正,能抗击政府的宏伟形象。这样重磅的政治丑闻,不论是其调查过程的复杂性,还是其结果的轰动性,都极大吸引了公众的目光。20世纪70年代,美国媒体界掀起调查性报道热,甚至新闻专业教育的迅速发展和膨胀,在业界都被认为是由"水门事件"报道直接推动形成的。③《华盛顿邮报》的老板板凯瑟琳在接受采访时称,许多政府人士明知这会使自己丢掉职业饭碗,仍愿冒着风险向记者泄密;若无多方合力,仅凭两位记者过人的胆识,也难以抗衡政府与其背后的诸多势力。

---

① 刘建明主编:《宣传舆论学大辞典》,经济日报出版社1993年版,第239页。
② 童兵等主编:《新闻传播学大辞典》,中国大百科全书出版社2014年版,第933页。
③ 王敏:《"水门神话"再审视——兼论20世纪七八十年代美国调查性报道的变革》,载《新闻界》2016年第4期。

2. 国内源流

在国内,晚清时期,外国人在华办报的兴起,客观上促进了我国新闻业的发展。《申报》是近代在华出版的存在时间最久、社会影响最深远的报纸,该报所刊登的"杨乃武与小白菜案",可看作是我国调查性报道早期的巅峰之作。"杨乃武与小白菜案"是清末四大奇案之一。同治年间,杨乃武与葛毕氏被怀疑通奸杀夫,此案惊动朝廷。《申报》最初将案件作为一般社会新闻报道,后因民间议论纷纷说这是一个冤案,主笔们开始重视对这一案件的报道和评论。为了得到杨乃武奏案的底稿,《申报》派了专人去余杭县杨乃武家中,向杨乃武的家人要了底稿,并全文在报上发表。在连续三年中,《申报》发表的新闻评论不下六十篇,形成了强大的舆论攻势,推动了该案的平反。此后,调查性报道正式成为不可或缺的重要报道类型。

(二)法治调查性报道的原则

1. 无罪推定原则

无罪推定原则(presumption of innocence),即未经审判证明有罪前,推定被控告者无罪。无罪推定能在一定程度上保护犯罪嫌疑人的合法权益,并在一定程度上避免案件错判,对于贯彻刑事司法公平正义及推动诉讼制度的发展与完善,都具有积极意义。对于检察方来说,这一原则也迫使检察部门在查找证据时更加负责,不能敷衍了事,冤枉普通公众。在搜集证据的过程中,真相逐渐揭露,以满足罪刑相当原则的要求。

新闻媒体作为公众与外界沟通的桥梁,所扮演的更多是"传话筒"的角色,新闻媒体不能代替法院作出判决。在法院审理之前,不应当对案件作出定性。然而,不少法治新闻中,都存在着有罪推定的倾向,如"xx 官员今天落马,等待他的将会是法律的严惩"(逮捕并不等同于有罪,在这一过程中,还需要充分的证据支持,经过法院审理才能定罪,媒体过早抛出"严惩"的话语,显然代替法律宣判了有罪),或者"贪赃枉法的 xx 明天出庭受审"(还没开始审判,就给人家扣上了贪赃枉法的帽子)。种种例子,都要求媒体记者不断提升自身法治素养,避免因触犯公平审判原则,导致自己还需承当相应的法律责任。[①]

2. 程序法定原则

程序法定原则以程序合法性为核心,必须在法律的明确授权下,方能开

[①] 王文军:《法治新闻报道指南》,北京大学出版社 2015 年版,第 16 页。

展刑事诉讼,之后才能涉足公民的基本权利。程序法定原则主要包括强制追诉原则与起诉法定原则两种样态。

(1) 强制追诉(侦查法定)原则

强制追诉原则,也称侦查法定原则。一旦获悉有犯罪发生的嫌疑,公安机关应当及时调查,查清责任人。在能够查清主体责任的情况下,可以请求人民法院追究其责任。这也对警察提出了更高的要求,要找到这个人并公诉。在诸如此类案件中,公安机关不应再像过往那般"和稀泥",而是必须要强制侦查,即出于搜集或是保全证据、查获犯罪嫌疑人等目的,对相关人员进行侦查,如强制到案(拘留、逮捕)、搜查、扣押、监听、强制提取体液样品等。案件发生后,如果发现线索,警察必须要侦查;公安机关将材料移交上去后,检察机关必须要强制公诉。这也是记者在对相关事件进行报道时,发挥新闻媒体舆论监督作用的底气。媒体的报道必须要有法律依据。如案件不侦查、不公诉,就说明里面另有隐情和猫腻,终究会使结果难以服众,降低司法与媒体的公信力。

(2) 起诉法定原则

在刑事起诉中,起诉活动必须遵循两项原则,即起诉法定主义与起诉便宜主义。当有充分证据支撑,且满足起诉条件时,公安机关必须起诉。以人民检察院为例,当其认为嫌疑人的犯罪事实清晰明了,证据真实充分时,应当提起公诉并依法追究刑事责任,此即起诉法定主义。

与此相对应,起诉便宜主义又称为起诉合理主义或起诉裁量主义。对于有足够的犯罪嫌疑,并满足起诉要求的案件,检察官可以考虑是否起诉。在此原则下,公诉方可以在不违背法律精神的情况下,出于刑事惩戒的目的,权衡各方利益,并选择作出控诉以继续或停止刑事程序。《刑事诉讼法》规定,对于犯罪情节轻微,依照法律不需要判处刑罚或者免除刑罚的,人民检察院可以作出不起诉决定。

(三) 调查性报道的注意事项

1. 避免媒介审判

无论是刑事案件还是民事案件,其审判都由人民法院独立进行。人民法院依照法律规定对案件进行审判,不受行政机关、社会团体和个人的干涉。然而,在实践中,这类媒介审判却时有发生。

学者魏永征认为,媒介审判是指新闻媒介超越司法程序,抢先对涉案人员作出定性、定罪、定刑以及胜诉或败诉等结论,它是对法院的审判权和犯罪嫌疑人的公民权利的双重侵犯。① 在此基础上,新闻学界认为,媒介审判发生时,媒体的角色必定会产生越位或错位,这一现象与炒作脱不了干系,继而形成的民间舆论,会在一定程度上影响司法公正审判。

对此,中国政法大学传播法研究中心执行主任徐迅提出,评论一般应当在判决后进行。不仅如此,在司法案件的报道中,为了还原事件原貌,记者应秉持客观报道的原则,谨慎对待事实。以《南方周末》的《刺死辱母者》为例,该篇报道一定程度上模糊了事实。例如,开篇就介绍,多名现场人员证实,民警到来并进入接待室后说"要账可以,但是不能动手打人",随即离开;而判决书中的说法是,民警来到接待室后,带领辅警到院内寻找报警人,并给值班民警打电话通报警情。此外,报道中说"杜志浩脱下裤子,用极端手段污辱苏银霞",而判决书中的说法是"杜某2(杜志浩)将裤子褪至大腿处裸露下体,朝坐在沙发上的苏某等人左右转动身体,在马某、李某3劝阻下,杜某2穿好裤子"。比起规范的新闻报道,客观公开的文书应当更有公信力。以文书的内容对比《南方周末》的报道,确有大量事实被有意无意地淡化。由此,在新闻媒体的煽动与曲解下,被告人于欢被打造成了弱者与受害人的形象,从而引起受众的恻隐之心,推动舆论声讨的架势不断扩大。

2. 不做事件一方的代言人

新闻采访是新闻传播这一社会性活动的起始环节。要想报道确切的事实,传播者及传播机构就必须围绕表面真相进行深入的调查采访并仔细核对。新闻报道的要义是传达全面的真相,独到的调查与采访为披露真相提供了坚实基础。

案件报道需要尊重涉案各方的话语权,平衡新闻来源,对案件的调查采访不应仅仅围绕案件的一方展开。在当前的法治新闻深度报道中,记者往往先入为主,基于人道主义关怀对受害者进行深度调查,而不给加害者以发声渠道,这同样不利于事件全貌的呈现。复以《刺死辱母者》为例,报道大都是从于欢及家属的视角来展开的,缺少了对催债一方的采访,明显有失偏颇。这样一种片面的采访报道,虽然在很大程度上迎合了受众同情受害者的心理,但究其根本,难以公正客观地报道新闻。

---

① 魏永征:《媒介审判何时休》,载《中国记者》2001年第5期。

在具体操作中,对涉事双方,记者不应当回避其中一方的观点,而是要对双方观点都进行论述,并以充分的材料作为支撑,进行解释。记者需始终贯彻中立客观的立场,不倾向其中一方。但是,这并非记者本人发表观点,而是对记者提出了更高的要求,即在阐述自身观点时,需与事件真相作出严格区分。

三、法治解释性报道

(一) 解释性报道起源

1. 国外源流

解释性报道是西方传统客观报道发展到20世纪初所演变出的新形式。在20世纪发生的资本主义经济危机中,解释性报道应运而生。解释性报道不仅提供事实,还通过一系列背景材料,分析事件的原因、经过、影响等。在写作方式上,解释性报道成就了"华尔街日报体"的广泛运用。这种写法以小见大,且较为生动,适用于对一类社会事件而非单一事件的写作。在写作技巧上,解释性报道往往是以一个具体的事件为切入口,再介绍其新闻主体与背景,后者往往是一篇报道的重头戏,结尾巧妙升华并呼吁开头。解释性报道以小见大,十分生动,且富有解释力,符合读者从认识个别到认识整体的认知过程。

2. 国内源流

在我国,20世纪80年代就已有媒体使用解释性报道这一文体。一方面,这适应了读者阅读的需要。随着信息体量的空前增多,社会信息量的空前爆发与个人有限的处理能力之间产生了尖锐的矛盾,导致"信息过载"。受众对高质量信息的需求,要求媒体在报道信息时,不仅要呈现事实,更要对事实进行合理且必要的解释,从而帮助受众获取有效信息,形成对现实世界的判断。

另一方面,我国媒体作为党和人民的喉舌,承担着联系党和人民的桥梁作用。我国媒体与生俱来就有着宣传党的主张,贯彻党的思想的功能。我国幅员辽阔,通过新闻媒体的传播来贯彻统一主张、凝聚社会共识,对于推进社会政治文化建设,具有重大的意义。

(二) 法治解释性报道的注意事项

1. 重大事件常温常新

2020年11月17日,中国人民大学出版社在微信公众号平台发布《视频丨正义不必向不正义低头——陈兴良解读"于欢故意伤害案"》,此时距"于欢案"二审宣判已过去了4年,但该判决对于今天的量刑仍有重要的指导意义。陈兴良教授的解读,将该案对防卫过当的认定,置于刑法理论的视野下,具有很强的启发。

2. 彰显人文关怀

对于普通公众来说,法治不应当仅仅是生硬的解释与枯燥的条文,否则在树立起法律权威的同时,也容易导致普通公众对其敬而远之,难以达到良好的普法宣传效果。新闻报道中,贯彻法治思想固然不可少,但也需兼顾表达的形式。

中央电视台《今日说法》2020年12月13日播出《夭折的直播》,聚焦被前夫纵火致死的四川姑娘拉姆。记者镜头下的拉姆生前的乐观坚强,死后父亲的难捱之悲(为她点长明灯),深深地触动了公众。中国政法大学教授曲新久在接受采访时说:"在家暴个案发生的小环境当中,尤其是像山村,人们对家暴还是有比较强的容忍,使得执法的力度、周围抑制家暴的力度,和法律希望达到的强度还是有距离的。整个社会氛围环境很重要,要形成一种对家暴行为的舆论谴责。"

我国《反家暴法》对民事赔偿责任与刑事责任的规定较为清晰,并通过人身安全保护令制度,为家庭成员,特别是妇女儿童的权益,织就了一张保护网,但是家暴这一行为,哪怕报警,也常常被当作家务事而被道德化看待,得不到有效处置。一再发生的此类事件也给公安和普通公众敲响警钟,家暴并非家务事,看待家庭暴力这一问题时,我们迫切需要转变已有观念,采取行之有效的措施,将法律作为武器,切实保护遭受家暴人群的生命与财产安全。

3. 加强普法宣传,提升以案释法效果

对于广大受众而言,法律知识并非他们日常生活中的必需品,人们只有在有相关需求时,才会主动去寻求法律援助。虽然近些年来普法工作略有成效,普通公众也能意识到法律与自身生活息息相关,但面对繁杂的法律分支,如物权、合同、人格权、婚姻家庭、继承、侵权责任等,普通人在学习法律的道路上还是会望而却步。新闻媒体在报道信息时,法治新闻也自然位列其中。这类新闻在吸引受众兴趣的同时,加入对相关法律条文的解释,使其通俗易懂,也能增强普法的效果。

例如,每年3月15日,铺天盖地的消费者权益保护信息,会让受众在浏览新闻时进行思考:我之前购物经历是否与这个报道有些相似?在今后遇到同样情形时,我是否也能将法律作为保护自己的利器?我是否应该把这个案件分享给我的家人,避免他们上当受骗?当法治事件与普通公众的关联增大时,公众才会对此产生需求,在主动接收中扩大法治宣传的效果。

再来看另外一个案例:2021年3月1日,高空抛物罪作为独立罪名得以写入《刑法》。这天,江苏常州溧阳市人民法院审理一起案件,被告人徐某犯高空抛物罪,被判处有期徒刑6个月,处罚金2000元。在这起案件中,虽然徐某的行为未伤及他人,也未造成重大财产损失,但其行为已然构成高空抛物罪。以往高空抛物没有入刑,就会让一栋楼的可能抛物的人集体给受伤的人赔钱,这样就导致十家里有九家会被冤枉。修改后的条文不仅仅是法律层面的变动,也升华了对法的理解,使法治更好地结合社会生活的变化与公众生活的需要,更有利于促进社会主义法治国家建设。

四、法治连续报道

(一)连续报道的起源

1. 国外源流

20世纪30年代,国外已出现连续报道。因连续报道时间长,容易产生广泛、深刻的社会反响。连续报道聚焦处于变化发展中的事件,它的发表通常没有固定的规律,往往是有了最新进展就予以报道。

2. 国内源流

在我国,抗日战争和解放战争时期,新华社关于人民解放军横渡长江,解放南京的连续报道,对保证信息渠道畅通及稳定军心民心起了重大作用。当下,连续报道更是屡见不鲜。

连续报道通常追逐某一事件的发展变化过程,层层递进加以报道和挖掘。2021年5月9日18时许,成都四十九中一学生坠亡。2021年5月11日3时许,成都市成华区官微发布通报,但家属和网友并不买账。随着舆论声势日益浩大,2021年5月13日,《人民日报》、澎湃新闻等多家媒体推出详细报道,通过走访学校、教育局、家属,结合监控与目击者证词,还原事件全过程,彻底粉碎了此前大肆流传的阴谋论与诋毁声音,挽救了当事方的声誉。

(二)连续报道的特点

1. 报道的延续性

世界作为一个整体,新闻事件的发生往往有其内在逻辑。因报纸讲求时效,很多是每日出版,导致在报道过程中,片面性和差异难以避免,但后续报道会修正前面的错误。全部事实的揭露与新闻有机运作的过程紧密相连。这说明在报道宏大新闻事实时,新闻真实的揭露需要一个过程,在司法案件的审判中尤为如此。从逮捕到审理,通常要花费几个月甚至数年时间。新闻报道的时效性和法律的程序性,天然存在着矛盾。法治新闻的报道应呈现连续的形式,记者需将定罪与上诉的每个环节都即时呈现在受众面前,才有利于满足受众的需求,提升法治的权威。

2021年11月6日晚,南昌一司机涉嫌醉驾,并称"叫yu wei(音)"过来,这一事实很快就被媒体报道。在该新闻报道中,虽未弄清醉驾女子口中的人物身份,但事件的严重性及其可能隐含的内幕,仍具有极大的新闻价值。若因为其内容不全而不予以报道,反而会让公众猜测其中有猫腻。2021年11月9日,警方发布通报称,该女子并不认识叫"yu wei"的人,现场说出是希望能减轻处罚。至此,舆论才渐渐平息。在该事件中,虽然没有揭露出所谓的黑幕,但媒体以其负责任的态度,对事件进行连续报道,同样让公众信服。

2. 结局的不确定性

前面已经深入论述过,在报道较大的新闻事件时,新闻真实表现为一个过程。因此,在宏大主题的报道中,连续报道比单一报道更具优势。连续报道不止注重事件的结果,还要关注事件发展的动态过程。连续报道的每一篇文章可能都不尽完整,它吸引读者的地方更多在于事件悬而未决所引发的悬念。后续报道在填补前面报道悬念的同时,又埋下了新的伏笔。好的连续报道应当会使读者欲罢不能。真相的披露并非一蹴而就,接近真相也需预留出调查采访的时间。连续报道的形式,在一定程度上解决了受众的即时性信息需求和新闻采访需要长期时效间的矛盾。

连续报道是对某一新闻事件进行的及时、持续的分阶段报道。就连续报道的组成部分而言,其大多是一些零碎的,随着新情况的发生报道的新闻。每篇新闻作为独立的个体时,通常不能被称为深度报道,但通过连续报道将其内容进行整合,新闻间的内在逻辑被铺开,一系列报道的深度与广度都被打开,从而实现简单报道向深度报道的转变。

3. 真实的复合性

新闻真实要求新闻报道中的每一个具体事实必须合乎客观实际。随着信息处理速度与发布速度的空前加快,公众对信息的需求也更多地体现在"新"与"快"上。为了适应受众需求,时效性在一定程度上成为媒体争相追捧的首位因素。对时效性的过于执着,也往往导致记者在未充分调查的前提下就披露报道,这也是反转新闻频发、碎片化解读屡见不鲜的重要成因。连续报道中已经预设了信息是不充分、不完整的,它吸引受众的地方在于,将事实调查过程展现,使公众在观看这一进程时,仿佛置身于监督者的位置,倒逼记者以深入的调查与认真求索的态度来满足受众的期待。由此,与单篇报道不同,连续报道中的新闻真实存在于从头至尾的连续报道中,它是不同时间段多篇报道的复合。

揭露负面报道,跟进司法进程,都需旷日持久的深度调查,也正因如此,在越大的黑幕与越复杂的事件面前,揭露真相更多地表现出阶段性与过程性,受众的信息接触习惯也因此得到改变。连续性的新闻推送,能在最大程度上帮助受众形成相对客观的价值判断,从而产生理性思考。

(三)连续报道的不足

1. 媒体的非专业化损害连续报道的效果

在连续报道中,后出现的线索并不一定是对之前线索的延续和补充,反而甚至会推翻前面的论断。重庆公交车坠江之后,《新京报》等媒体报道系女司机逆行所致,且证实报道错误后并不是勘误和道歉,而是悄然删除此前的失实报道。幸运的是,众多媒体共同参与,最终使重庆公交车坠江事件的真相大白于天下。

连续报道还存在被垄断的危险。早在杨丽娟事件中,有媒体被曝光为报道独家新闻而企图垄断采访权。被一两家媒体垄断的连续报道,将会遭遇更大的新闻失实风险。以"鲍毓明性侵案"为例,2020年4月,一名女孩自称"被上市公司高管性侵四年",此事件立即发酵成为舆论的中心。仅4月份,澎湃新闻就在微信公众号平台连续发布了20余篇有关该事件的报道,以及有关性侵的评论与科普。在澎湃新闻的报道中,除了对官方情况的跟进报道外,更多的是站在女方律师的角度为其发声。与此相映成趣的是,大致同一时期,财新网基于鲍毓明立场进行了相关的报道。两家立场迥异的媒体所进行的报道,成为人们议论的焦点。2020年9月17日,最高人民检察院通报调查结果,称现有证据不能证实鲍某的行为构成性侵犯罪。两家媒体的报道都有严重失实的成分,这真是一种悲哀。

2. 受众期待过高考验记者的报道能力

从受众的接触心理上看,如果连续报道的开篇较为出色,那么受众就会想要阅读后续报道;如果开篇令受众颇感无趣,则其后的报道也难以吸引读者。同时,在跟进的过程中,若报道一次比一次精彩,一次比一次深入,受众的预期心理需求就会被极大满足,反之则会造成受众的失落。这需要记者有高超的写作技巧。

3. 事实存在"烂尾"和不全面的较大风险

一是"烂尾"。连续报道大多针对的是同一题材,要实现有头有尾、有始有终的连续报道,除了政治、法律层面的因素外,还受到其他因素的制约。一方面,新闻热点频出,媒体和记者往往见异思迁,放弃跟进,使原来报道的题材"烂尾";另一方面,事件自身存在中断、没有结局的风险。

二是不全面。虽然完成了连续报道,但若信息过于碎片化、局部化,则读者不能从整体上全面了解事件经过。一方面,在每一次的后续报道中,应对前面的事件发展进行回顾(如果是消息,回顾通常放在导语后的第二段);另一方面,在结束连续报道后,应对整个事件的发展脉络进行综述。

第三章

法治新闻策划及案例分析

第一节 法治新闻策划的意义与理论基础

所谓新闻策划,应当是对整个新闻传播活动的谋划,其本身在当下的媒介技术环境中,越来越成为重要的新闻活动。新闻策划对新闻机构的能动性要求更高,重要的新闻事件需要突出的报道与精细的规划。新闻策划不是制造新闻,也不是"策划新闻",而是以新闻事实为基础的一系列新闻传播活动。因此,法治新闻策划应属于新闻策划的一个分类,只是侧重点不同。法治新闻策划意在传播法治精神,为法治社会的建设提供媒介环境。

一、法治新闻策划的意涵
（一）从新闻策划到法治新闻策划

新闻策划要体现新闻主题的意义、价值,以及对社会民众起到一定的影响与宣导作用。新闻策划首先讲求的是新闻性,策划报道的主题要具有充分的新闻价值;其次是重要性,当我们讲新闻策划的时候,一般总意味着报道主题是有一定分量的。一般很简单的新闻报道,不是没有策划的因素,而是因为不值得"大动干戈",所以不叫策划。创新性也不可缺少,这是新闻策划的灵魂之所在。对于新闻策划来说,没有创新就谈不上策划。何谓创新呢？就是跟人家不一样。在追求热点、爆点的当下,当众多媒体纷纷把目光投向名人、名地的时候,聚焦于社会运行发展中的"实"问题,把更多的目光投向普通人、平常事,就显得格外难能可贵。当然,新闻策划的内容要具备新闻性,并在具体的策划中体现新闻策划的整体性,贯穿到"方案—实施—传播"的整个过程之中。因此,从资源整合调用上,新闻策划也必然是整体协同作战的。

当前的时代,是一个经济与技术变革转型迅速的时代,法治问题在多个领域层出不穷,更容易成为社会公众所关注的重点、热点、焦点。法治新闻是新闻报道的一个重要组成部分,是新闻记者进行新闻采写的重要类型。法治新闻策划是一种需要新闻记者秉持法治精神、谨守法治准则,进而调动主观能动性,发掘新闻线索进行策划的新闻活动。对于从事新闻策划的记者,首先要把握的是对"法治"概念的深刻理解。我国宪法层面对"法制"与"法治"的表述大体可以将1999年作为一个分界点。1999年《宪法修正案》在第5条增设了"中华人民共和国实行依法治国,建设社会主义法治国家",同时,整个法律话语体系开始重视使用"法治"的概念。[1] 2018年修订《宪法》时,将序言部分中"健全社会主义法制"改为"健全社会主义法治","法治"概念在《宪法》中的表述权重进一步加大。

"依法治国,建设社会主义法治国家"的治国方略使法治新闻的报道任务加重,社会发展和人民群众法治意识的提高也对法治新闻的质量提出了更高的要求。在这种新形势下,变被动为主动,加强法治新闻策划,已经显得十分重要。只有加强法治新闻报道的策划,引导社会对法治的认知,提高读者的法律意识,才能站在时代的潮头,完成建设社会主义法治国家的伟大事业,从而完成法治中国建设赋予新闻工作者的光荣使命。

(二)法治新闻策划的意义

1. 从法制新闻策划向法治新闻策划的转变

从法制新闻向法治新闻的转变,体现了时代对法治精神的全面推广,更体现了新时代社会对法治新闻报道的需求,为法治新闻策划提出了紧迫的学界与业界的思考和探索。这种转变是与我国政治、经济、社会的发展和法律制度建设的进程息息相关的。从中华人民共和国成立起到改革开放初期,党和国家的主要领导人在表述时都侧重于使用"法制"的概念,并且这种概念是"法律"和"制度"相结合而混用的。如邓小平同志在1978年12月13日主持会议时,就曾指出"为保障人民民主,必须加强法制",同时强调"公民在法律和制度面前人人平等"。[2]

---

[1] 邱水平:《重析"法制"与"法治" 构建中国的"制度法学"》,载《北京大学学报(哲学社会科学版)》2019年第3期。

[2] 邱水平:《重析"法制"与"法治" 构建中国的"制度法学"》,载《北京大学学报(哲学社会科学版)》2019年第3期。

20世纪80年代,随着西方法律思想被引入国内,关于"法制"与"法治"的使用在法理学界引起了广泛的探讨。人们从翻译的角度出发,认为"法制"对应"rule by law",强调法律的工具制度属性,并延伸至"以法治国"的角度;"法治"则对应"rule of law",强调法律的精神内涵层面,延伸至"依法治国"的角度。此后,随着中国法律制度体系的逐步完善,以及党和国家对治理模式现代化的追求,"法制"概念逐渐被"法治"概念取代。

在新闻传播领域,我们在很长的一段时间里沿用"法治新闻"这个概念。法治新闻主要是"新近发生的、重要的、有价值的,有关立法、司法、执法、守法和各行各业、社会生活各方面与'法'有关的新闻报道"[1]。法治新闻的概念很多也很杂,直至现在还迟迟没有相关的科学界定。2002年12月30日,《中国青年报》以《2002年法治新闻全景回放 盘点曾发生的法治事件》为题,对当年的重大涉法新闻事件进行了盘点,初次使用了"法治新闻"这个概念。[2] 此后,法治理念也日益成为新闻传播领域从业人员和专家学者的一大追求。

现代新闻传播领域理应把握住由"法制"向"法治"转变的发展趋势,法治新闻的报道并非仅仅是作为宣传国家法律制度的工具,而是要深挖法律制度背后所折射出的法治思想和法治理念,国家法律动态、政策变更、民事新闻、犯罪新闻等都应该成为法治新闻的报道对象。

2. 法治新闻策划的现实意义

总体而言,法治新闻策划有两方面的现实意义:一方面是新闻固有的传播意义,这里主要指大众传播的功能层面,如报道新闻、提供知识、引导舆论等方面的意义;另一方面则是指法治层面的意义,法治层面的新闻除了具有新闻传播的基本功能外,还需要具有法治新闻特有的深层次的意义。

(1) 保障社会法治体系的运行

社会法治体系包括法律制定和法律实施两大关键环节,这两大环节的建立、维护和运行需要有广泛的民意基础,需要有广大公民的积极参与。法治新闻策划在这一过程中就承担着沟通民众的任务,在法律制定中充分反映民意,充当立法部门与民间沟通的桥梁,从而使法律的制定既具有法律本身的严谨性、权威性,又兼顾了现实情况。在法律实施的环节,更需要法治新闻的

---

[1] 赵中颉:《法治新闻理论与实务》,四川人民出版社2002年版,第9—10页。
[2] 党德强:《涉法新闻报道要用准"法制"与"法治"》,载《青年记者》2019年第29期。

参与。通过报道现实法治事件，不仅普及法律知识，更使公民对司法行政过程行使了广泛的监督权。公众在阅读、收听、观看、转发、评论的过程中，充分参与社会法治事件，推动社会法治体系的完善。

（2）传播法治理念，构建社会法律意识

法治新闻通过对社会法治事件的加工和二次呈现，将不适合传播的法治材料转化为易于理解的法治新闻作品。一方面，通过传媒力量，将这些新闻产品覆盖到最广泛的受众；另一方面，法治新闻作品的产生也是一种把关的过程，通过对素材的选取和加工，体现了法治新闻作品背后所要传达的法治理念和法治精神。同时，我国传媒集团作为"社会公器"，理应承担起传播法治理念，构建社会法律意识的媒介责任。

二、法治新闻策划的理论支撑

法治新闻策划本身也是一种传播活动，是一项应作为法律调整准绳的传播活动。在法治新闻策划活动中，要强调权利与义务的关系，关注传播与法律之间的互动。法治建设是中国社会发展的必然选择，"法律至上"与"良法之治"是法治新闻策划的根本。法治新闻策划应区别于一般随机的新闻策划活动，其承担着法治中国建设的传播任务，因此学理的讨论不能缺席。本书所探讨的法治新闻策划理论，是基于传播学理论中可用以解释法治新闻传播活动的那些理论而建构起来的。

（一）法治新闻策划的新闻媒体理论视角

1. 法治新闻策划的整体性与麦奎尔的社会整合视角

法治新闻策划的一个重要特点就是整体性，即作为一种系列的传播活动，法治新闻策划的选题与传播活动是多种内容的整合。作为大众传播学理论的集大成者，麦奎尔认为，大众传播活动是在公共范围内进行的，出于公共目的来处理公共事务。他认为，大众传播媒介通过选择和传递一定的信息，为社会提供一定的标准、模式和规范，建构一定的社会价值体系。基于覆盖面的广泛性和其自身所具有的极强的渗透力，新闻媒体具有了让广袤范围内零散的个体整合在一起的能力。新闻媒体通过输出一套共同的价值信念，将人们凝聚在一起，促进共同认同的形成。

2. 法治新闻策划要遵循媒介规范理论

媒介规范理论是指对大众传播媒介所具有的社会规范的观点、主张，包括极权主义、自由主义理论、社会责任论、民主参与理论和社会主义媒介规范论。在这里,笔者主要论述社会责任论和社会主义媒介规范论。20世纪中叶,由于新闻的自由主义理念在新闻传播实践中暴露出一系列的缺陷和不适,它逐渐被一种作为补充形式的新闻理论——社会责任论取代。社会责任论源于自由主义理念,是对自由主义理念的革新。1947年,美国新闻自由委员会发表《自由而负责的报刊》标志着社会责任论的出现。该理论认为,大众传播媒介具有很强的公共性,在享有一定的权利的同时,必须对社会和公众承担必要的责任。

社会主义媒介规范论是以苏联为代表的社会主义国家的新闻媒体制度。在社会主义国家,新闻媒体和媒介资源是属于全体人民的公有财产,必须为工人阶级服务。传播媒介必须按照马克思主义理论、社会主义意识形态和价值体系来宣传、教育广大人民。国家有权对新闻媒体进行监督。

3. 法治新闻策划的舆论引导意识与拟态环境及议程设置理论

拟态环境与议程设置作为传播学经典理论,与社会学建构理论存在着一定的传承关系,其在传播学框架内发展和延续了建构主义思想,对法律意识的建构与传播命题具有重要的理论支撑作用。

拟态环境是美国新闻人李普曼在其1922年的著作《舆论》中提出的。李普曼认为,拟态环境是媒介通过对象征性事物或信息的加工和重构,向公众提示的环境。通常人们并不能意识到这些加工与重构是在媒介内部进行的,因此人们常常把媒介提示的环境当作真实的客观环境。由于人们无法通过直接经验去感受日常生活中的方方面面,只能通过媒介构建的客观经验去感受世界,因而人们对客观环境的认识大多建立在媒介构建的拟态环境之中。拟态环境是人们对客观世界主观认知的媒介表达[①],该理论为法律意识的构建提供了直接的传播学理论支撑。社会新闻媒体通过传媒机制的运作,必然能在全社会范围内构建起符合社会主义要求的法律意识环境。

一般认为,议程设置的理论源于李普曼的观点。议程设置理论是指,总体上,大众传播媒介对某一议题报道的多寡会影响到受众对这一议题的心理重要程度;大众媒介在一段时间内频繁报道某一议题,受众会提升这一议题在头脑中的重要程度,反之亦然。对议程设置最有力的表述则源于《舆论》发

---

① 曹劲松:《论拟态环境的主体建构》,载《南京社会科学》2009年第2期。

表 40 年之后的 1963 年,科恩(Bernard C. Cohen)提出:"报界在提示公众该怎么想时并不成功,但却在提示人们想什么的时候获得了惊人的成功。"[1]在《舆论》发表 45 年之后,以上观点终于由麦库姆斯(Mocombs)和肖(Shaw)进行了实证性检验。这个理论有两个方面:第一方面是媒介向公众传递信息的过程;第二个方面是新闻媒介对受众接收到这些信息时,头脑中产生的议题和对象所起的作用。

(二) 公共媒介视角下的法治新闻策划

在我国,新闻媒体具有多重属性。新闻媒体既有上层建筑中的政治属性,又有其经济基础属性;既有意识形态属性,又有物质属性;既有作为新闻宣传部门的属性,又有作为产业经营部门的属性。最为重要的是,我国作为人民当家作主的社会主义国家,新闻媒体必然属于人民,为人民服务是我国传媒机构的根本使命。因此,在我国,大众媒介不同于一般的经济组织,是一种具有很强的公益和公共性质的事业。

同时,为人民服务还意味着,我国的大众媒介必然是党和国家与人民的耳目喉舌,必须遵循党性原则,运用其强大的意识形态影响力,成为维护国家稳定、维持社会政治与经济秩序的重要工具及手段。此外,大众媒介还需要满足人民对包括法律信息在内的各种信息的需求,这是实现民主政治的前提;必须满足人民的意愿和要求,这是对我国公共媒介制度的基本要求。我国公共媒介制度的公共性和公益性意味着,大众媒介成为党和国家的民主政治建设中重要的舆论阵地,是党和国家推进民主政治建设、实施依法治国战略的重要抓手。

同时,对于法治新闻策划,要更加注重案件的事实过程;在发起报道前,要特别注意此类案件报道的介入时间在定性、定罪结束后,各种证据都应已得到甄别,从而呈现给新闻媒体的素材更合法、更全面。在此前提下,就被报道人的权利而言,报道错误的几率要降低很多。同时,留给新闻媒体透过现象认识本质的机会更多,更有利于法律知识的普及、犯罪的警示与预防、公民的自我保护等。[2]

---

[1] Bernard C. Cohen, *The Press and foreign policy*, Princeton, NJ: Princeton University Press [Toronto: Saunders]. 1963. Pp. xii.
[2] 谭明:《侦查阶段刑事案件新闻报道的操作与限制——以徐某某涉枪案引发的系列媒体名誉侵权案为例》,载《中国记者》2018 年第 10 期。

三、法治新闻策划的建设性功能

（一）新闻策划推动知识化法律常识向观念化法律常识转换

学者杨嫚从起源上将常识分为"传统习俗和经验的普遍化"和"非日常知识的常识化"。她认为，"传统习俗和经验的普遍化"源于传统习俗和经验，这部分常识负责日常的人情往来和衣食住行的基本生存方面，主要是由家庭来完成教育；另一来源则是"非日常知识的常识化"。法律知识正属于后者。通过观察学习，主体在内部对信息进行加工整合，形成自有的逻辑体系和知识脉络。

新闻策划的媒体活动在传递具有示范意义的知识行为时，尤其是自身独有的优势时，可以借助符号化手段，将具有广泛性的知识同时传递给处于不同时空的人，大大提高了效率。法律知识、法言法语等通过大众媒介进入到人们的日常生活当中，同时也获得了形式上的正当性。新闻传播活动使得人们学会用法律思维来审视社会事件，并在这一过程中内化为主体的个人心理，甚至转化为主体的个人行为。

通过新闻策划的媒体报道，一部分法律知识被作为日常生活的根基，被主体在日常生活中运用到方方面面，并以法律行为为出发点和落脚点，潜移默化地转化为日常生活中的法律意识。法律常识则可以分为两种：一种是日常生活中具体法律条文的知识，我们可以称之为知识化法律常识；另一种是对法律整体以及法律运行规律的印象所形成的知识，我们可以称之为观念化法律常识。知识化法律常识，是主体认识法律知识最直接、最普遍、最广泛的一种方式，这种常识可以让主体对法律有一个最为直观和清晰的体验，能够指导主体的日常行为及规范主体的行为方式。然而，仅仅只有知识化法律常识是远远不够的，知识化法律常识表现为主体所具有的外部规则层面的知晓程度，甚至是一种压迫性权力。因此，现阶段的法律传播活动急需将知识化法律常识转化为观念化法律常识。

观念化法律常识表现为法律的价值。法治建设的意义之一就在于，法律价值得到人民的认可。法律价值是我们说服民众尊重、信任、遵从法律的根本所在。如果法律失去了价值，它的存在也就没有意义。法律价值的普及，不仅有利于法治社会的建设，还对法律价值观的构建具有重要意义。同时，法律价值的传播不仅有益于民众对法律的接受，也为法律的良性发展提供了契机。通过对法律价值的认可,更能激发民众关注法律、维护法律、改良法律的热情。①

(二) 新闻策划促进法律意识传播

人们对法律事件的认知主要是通过间接经验获得的。在人们与法律事件之间,传媒起到了一个桥梁作用。通过具有专业知识的人员,将法律知识剖析给普通大众,通过选取素材来构建起主体头脑中关于法律的拟态环境,并通过设置议程来加强或削弱社会法律事件在人们头脑中的影响,以达到宣传、教育、普及法律知识,以及构建法律意识的目的。同时,媒体通过对特定法治议题实行新闻策划,还发挥着促进法律意识传播的作用。大众媒介不同于一般的生产领域产出物质产品的实践,传媒主要是进行意识形态陈述,输出带有观念性的产品,因此与生俱来就带有意识形态的特征。媒介营造的世界经过精心包装,让人感觉是客观公正的,但这所谓的客观公正中也隐含了意识形态因素。

"主流媒体引起的思维方式建构了时代的意识形态。"②大众使用传媒手段来了解世界,最终媒介的接触会让民众对现实的法治环境产生近似的看法与观点。同时,媒介影响人们接触的内容,提供人们思考的现实材料,传媒提供的文化内容为媒介逻辑所塑造。

(三) 新闻策划为法律意识传播提供合法性保障

新闻媒体作为一个传播平台,为法的合法性提供可能。哈贝马斯从互动协商的视角论证了法律的合法性来源。哈贝马斯认为,法律的合理性问题在于:"一种偶然地产生的法律的适用,如何才能既具有内部自洽性又具有合理的外在论证,从而同时保证法律的确定性和法律的正确性呢?"③法律的规范性在哈贝马斯的理论当中被分解为两部分,即法律制定的合理性与法律实施的有效性。因此,这种规范性一方面有一般服从意义上的合法性,在必要时能够依靠国家强制力予以规范;另一方面则表现为规则本身的合法性,这种合法性会使得公众愿意尊重规则、认同规则并在实践中践行规则。

同时,哈贝马斯还在《交往行动理论》中论述到合理性的问题,他认为合理性问题不在于知识层面,而是涉及知识运用的层面。他指出,"合理性很少

---

① 卢刚:《新时期中国普法问题研究》,吉林大学 2014 年博士论文。
② 杨嫚:《法律意识的媒介建构及其局限:基于报纸的观察》,科学出版社 2016 年版,第 31 页。
③ See *Between Facts and Norms*, supra note [1], at 199.

涉及知识的内容,而主要涉及具有语言能力和行动能力的主体如何获得和运用知识"。① 也就是说,社会主体在社会交往中,为了使对方知晓、理解自己所陈述的内容以便达成共识,需要在这一过程中对自己的观点、思想进行申诉,好让对方接受自己的意见。这就是社会交往中的一个论证过程。

比利时法学家马克·范·胡克从传播的角度对法律起源进行了探析,他承袭了哈贝马斯的沟通行动理论,着重从社会沟通入手,对法律进行另一番重构。他曾指出:"法律并不仅仅关注人类的行为,并不仅仅关注个体的行为,而且还关注人类共有的互动方式、人际间的活动与人际交往。"②范·胡克明确提出一种试图将形式与实质统合起来的沟通合法化的理念,即沟通是法律合法化的渊源。他认为,现代法律秩序的形成必须使"规则的接受者"成为"规则的制定者",而要形成这样的转变,则需要大众广泛地参与到公共政治生活中去。③ 美国学者泰勒根据调查数据的分析,得出了美国人对法律权威服从性的一个显著特征:"越是认同法律具有正当性或合理性的人,越倾向于服从法律权威、遵守法律。"④公民只有广泛地参与到公共领域中的政治生活当中,才能更多地认同法律的合法性,才能遵从法律权威。

法律意识的形成从根本上来说,是个体与他人、与社会进行沟通、交往的一种学习过程,是在对话和参与中形成的理念和行为模式,它并不仅仅是简单、枯燥的法律知识的讲解和学习,而是需要一个系统的、综合的公共话语体系的支撑。媒体的新闻策划活动,是社会交往过程中的一个中介。一方面,传媒建构起理性对话的公共领域,并在这一领域当中型塑、论证着法律的合法性;另一方面,公众在这一领域当中获得关于法律的基本知识,并建构起积极的法律意识。

第二节　法治新闻策划的主题类型与案例分析

一个优秀的法治新闻策划应当根据新闻线索的核心内容,明确报道的主要目的,制定相应的策划执行步骤,整合资源来形成系统深入的新闻传播活

---

① [德]哈贝马斯:《交往行动理论(第1卷)》,洪佩郁等译,重庆出版社1994年版,第14页。
② Van Hoecke M., *Law as Communiction*, London: Bloomsbury Publishing, 2002.
③ 邓正来:《后形而上时代的"沟通主义法律观"——〈法律的沟通之维〉代译序》,载《社会科学》2007年第10期。
④ 陆益龙:《权威认同、纠纷及其解决机制的选择——法社会学视野下的中国经验》,载《江苏社会科学》2013年第6期。

动。法治新闻报道本身还承担着法治宣传的社会作用,发挥面向社会传播法治观念、政策解读、改革推动、群体交流、文化凝聚等功能。法治新闻策划应特别重视新闻性、政治性、法治性。在法治新闻案件的分类中,可以依据触犯法律类型分为刑事案件、民事案件、行政案件、经济案件等,也可依据伦理来划分为家庭伦理、社会伦理等案件,甚至可以按照社会影响、性质类型以及公众普遍认知来划分,如本书所详述的贪腐案等。笔者认为,应该依据具体的新闻策划意图以及案件的社会影响来置于具体的报道情境中予以分类。因此,在分类上有所不同会导致不同类型案件的新闻策划要有相应的注意义务,但依托法治新闻报道的语境,不同类型的法治新闻策划也有着共同的社会责任与法治宣传责任。

法治类案件易引起社会公众的广泛关注,在案件类型的划分上,尤其以刑事案件更为容易激起社会的热议。面对不同类型的案件,新闻策划应逐案而定,明确案件的类型以及报道的目标。法治新闻策划的选题要更为慎重,对法治案件的策划报道要坚持罪刑法定的原则,新闻主题的策划不应以吸引受众的关注为主导。

一、刑事案件的法治新闻策划报道

刑事案件的法治新闻策划首先在选题策划上就要有所把关、筛选,因为部分内容会出现对社会产生负面影响以及模仿作案等问题,而且此类案件往往细节内容详尽,一旦报道就会涉及全面报道的问题,因此会牵扯到记者更多的精力,如果不进行必要筛选,对刑事案件的全过程跟踪也势必影响到媒体资源的合理运用。相比而言,"过频""过碎"的一般性犯罪新闻报道,不仅营造了不好的社会治安氛围,而且还起不到良好的社会引导效果。所以,在刑事案件新闻报道中,新闻媒体应当在舆论监督的前提下,"有所为有所不为",摒弃"有案就报"的思想,对选取报道的刑事案件,进行必要甄别,轻罪案件、常见案件等适当予以舍弃,舆论关注度高、代表性强、教育意义与警示意义突出的案件应当成为首选,更要基于媒体责任的要求,侧重于思考性报道,而非猎奇型报道。[①]

---

① 谭明:《侦查阶段刑事案件新闻报道的操作与限制——以徐某某涉枪案引发的系列媒体名誉侵权案为例》,载《中国记者》2018年第10期。

（一）刑事案件选题关注社会热点案件的新闻价值

对于刑事类案件的新闻策划，要清晰地明确，新闻媒体报道未决刑事案件被公认是有必要的。因此，在策划与报道的过程中，关键是如何把握报道的尺度，而把握尺度的前提是如何对其中涉及的各种权利所体现的价值冲突进行平衡。① 与普通报道不同，法治新闻报道是新闻媒体本着"普及法律知识、促进法制建设、弘扬道德风尚、传播法治精神"的主旨，对涉及重大社会案件的法律新闻进行报道。新闻工作者应该具备敏锐的洞察力，寻找具有新闻价值的法治新闻进行报道，选题范围应该贴近新闻的主要内容，并且选择贴近老百姓生活和受到广泛关注的话题。

犯罪嫌疑人在未经法院判决有罪前，仍依法享有各项基本权利，包括人格、生存与发展的基本人权；其中，人格权包括隐私权、名誉权等，生存与发展的权利包括就业权、劳动权、受教育权等。② 这极易被媒体忽视，尤其容易有意或无意地认为，犯罪嫌疑人被公安机关、检察机关立案、刑事拘留甚至逮捕就等于基本确定有罪，忽视最终判决前对其无罪的推定，忽视对其基本权利的尊重与保护。加之相关法律制度的缺失，即便新闻媒体在报道前遵循无罪推定的原则，由于缺乏具体的把握尺度、标准，缺乏相关的配套机制，也难以有效保障当事人权利，以及平衡新闻报道的价值需要与保障当事人权利的冲突。

澎湃新闻的"一号专案"专栏主打发掘大、要、新、奇司法个案，以独立专业调查、敏锐细致观察，创建新的政法新闻报道范式。以澎湃新闻报道劳荣枝被逮捕引起社会广泛关注的事件为例，当劳荣枝落网之后，她当年的男友、杀害7人的凶手法子英，也成为另类热点人物。基于法子英对案件的影响，澎湃新闻面对社会公众对该案的关注，策划了对法子英的相关法治新闻报道。在该案件的策划报道中，醒目直白的标题为本篇报道定了主基调，《劫杀7人的悍匪法子英的亲属：不要再提这个人，他罪有应得》（下文分析内容，均引自该篇报道）的标题简洁地展示了本篇报道要阐述的主要内容，同时直接引用法子英亲属的话语更容易抓住读者眼球，使读者产生对事件原委的好

---

① 宋鹏举：《冲突与平衡：媒体报道未决刑事案件的限度》，载《刑法论丛》2020年第2期。
② 我国《宪法》规定国家尊重和保障人权，并规定了公民享有就业权、劳动权、受教育权等基本人权。我国各基本法律对规范规定予以进一步规定落实，如《民法典》中规定了公民的隐私权、名誉权等权利内容。

奇感。

（二）重视恶性刑事案件的法治精神宣导

上述报道首先利用时间线索，对法子英的成长历程以及犯罪经过进行回顾。随着新媒体发展，新闻媒体作为信息唯一发布平台的地位确实受到了动摇。回归刑事案件本身，侦查机关也独立于新闻媒体，通过自身信息平台，建立了信息发布平台。在诸多社会关注较强、舆论热度较高的刑事案件中，侦查机关介入的同时，其自身信息发布平台就已将案件发生的事实向社会公众通报。[①]

关于法子英的新闻报道策划中，由于跨越时间长，因此在案情的回顾中需要占用大量的说明，以使公众能详细地了解案情及其社会影响。在本案的报道中，记者对已伏法的法子英及其犯罪事实进行了细致的调查后，最终以报道方式呈现出来。报道提及，法子英于1964年出生，17岁时因抢劫、伤害他人被判处有期徒刑10年，在1990年左右释放出狱。1994年前后，法子英结识劳荣枝。1996年，法子英与他人打架，事后带着劳荣枝逃离九江。1996年7月至1999年7月，法子英伙同劳荣枝，以勒索财物为目的先后杀害7人。1999年，法子英被判处死刑。利用时间线向读者呈现"法子英案"的整个历程，观感上和逻辑上都十分清晰简洁，让读者迅速获得对案情以及作案者的大致了解。同时，对法子英的报道也体现了法治新闻报道的客观性，不掺杂记者本人的情绪，力求客观公正地从第三人角度展现案件的真相。

为了呈现该案的社会教化作用，该报道中也穿插着辩护律师俞晞、主诉"法子英案"的合肥市检察官解作荣对法子英个人的回忆及看法。俞晞回忆道："法子英给我的第一感受就是其貌不扬，个子比较矮小瘦弱。"检察官解作荣则描述法子英为"他的性格、个性、价值观从小就没有理顺，争强好胜，总想用拳头打天下"。一个是法子英本人的辩护律师，一个是主诉法子英杀人案的检察官，二人都与法子英本人有过接触，他们对法子英的看法有助于让读者更深入地了解法子英的个人特点，并且也会跟随他们的态度去引发自己对"法子英案"的思考，从而达到法治新闻报道对人们实现教化影响的目的。

---

① 谭明：《侦查阶段刑事案件新闻报道的操作与限制——以徐某某涉枪案引发的系列媒体名誉侵权案为例》，载《中国记者》2018年第10期。

报道最终落脚到法子英的家人对法子英事件的态度及反应,更让读者有切身体会。法子英的家人的话虽然十分简单朴实,但是却能引起大众对"法子英案"的共鸣。"怎么能做这样的事?怎么出现这样的人?败类呀。""这个不要跟我讲,不要跟我提……"这些话语展现了法子英的哥哥姐姐对他所作所为的痛心,当读者阅读到这些语句时,难免会产生与法子英家人类似的情绪。报道结尾处写道:"法自玲的名字里,以前跟他弟弟法子英一样,也带有一个'子'字,后来她把'子'改成了'自'。"这也展现了法子英家人对法子英所做之事的极度不认同,想要与其撇清关系。该报道在客观报道案件事实之余,也利用案件相关人员的采访去调动读者的情绪;在强调理性的同时,记者也在隐晦地利用感性手段去唤起大众对该案件的反思。

在涉及案件人员的隐私方面,报道中提到的法子英的家人名字均采用化名,如法沙、法自玲。这种现象在法治新闻报道中十分常见,因为在新闻报道过程中,有时媒体告知公众真相常常会与保护当事人隐私相冲突。某些新闻媒体为追求更详尽、更真实的事实而大力挖掘个人隐私,在这种情况下,当事人受尽隐私被曝光的折磨却无法为自己伸张正义,人格尊严失去了基本保障。于是,为了防止媒介侵权的发生,新闻媒体会采用化名以及只披露与案件相关的个人信息等方式去保护涉案人员的个人隐私,防止受到大众过分关注而影响其之后正常的生活。同时,对个人隐私的保护也能防止某些涉案同伙的打击报复,保护被害人的生命财产安全。这也是法治新闻报道注重新闻伦理价值的体现。

"劳荣枝案"是近两年引起广泛热议的社会事件,劳荣枝与法子英背负7条人命,背后涉及了法律、伦理、道德、人性等多方面的问题。澎湃新闻在劳荣枝被捕之后对案件积极地进行系列报道,并且进行选题拓展,对案件的相关人员进行采访,从不同维度向大众展现该案件的相关信息,使主题内容更加吸引观众眼球。澎湃新闻创新了法治新闻报道的思路,采用观众能够接受的方式进行新闻报道,从而达到了媒体预期的宣传效果,发挥了媒体在法治新闻宣传建设方面的作用,推动了社会主义核心价值观的建设,从正方向引导大众舆论,以案普法,宣扬了法治精神。

(三)"劳荣枝案"的新闻策划报道回顾

《中国新闻工作者职业道德准则》第6条强调,新闻工作者要切实维护社会稳定,做案件报道时不渲染凶杀、暴力、色情。网络平台有义务自觉扛起网络信息内容生态治理的主体责任,加大对刑事案件相关内容的审核力度,在做到保障网民社会监督权利的同时,对分享、教唆犯罪方法的内容要及时关闭、清除,守好底线,不触红线。对于媒体而言,刑事案件事实报道和刑事案件诉讼报道,更多的具有描述性特质,或多或少带有新闻猎奇的色彩。在当下媒体竞争环境下,专业新闻媒体对案件事实报道的必要性,就值得进一步思考。

澎湃新闻在江西九江采访法子英的家人发现,他的哥哥、姐姐们对"法子英"三个字比较敏感,有的称对法子英这个"败类"不了解,有的表示"不想提这个人"。1964年出生的法子英,初中文化程度,曾在九江的发电厂上班。17岁那年,他因抢劫、伤害他人被九江市浔阳区法院判处有期徒刑10年,后来获得减刑,在1990年左右释放出狱。

当年法子英在九江市浔阳区的家庭住址区域,后来被拆迁开发。出狱后,法子英与一名姓缪的女子结婚,两人生育了一个女儿。1994年前后,有妇之夫法子英认识了20岁的小学女教师劳荣枝,两人建立情人关系。"法子英给我第一感受就是其貌不扬,个子比较矮小瘦弱。"辩护律师俞晞后来与法子英沟通了解到,法子英当年与劳荣枝第一次见面后,就骑着摩托车送她回家。"这可能让劳荣枝很感动。"俞晞分析,劳荣枝少女时期或许有一种"英雄情结","知道法子英因抢劫入狱,还对他感到'仰慕',觉得他是'英雄'"。

1996年,法子英与他人打架,事发后带着劳荣枝逃离九江,此后走上血腥的犯罪之路。1999年7月23日,法子英在合肥持枪与警察对抗后被抓,劳荣枝潜逃。合肥市中级人民法院的刑事判决书显示,1996年7月至1999年7月,法子英伙同劳荣枝,以勒索财物为目的,在南昌、温州、合肥等地作案,先后杀害7人。1999年11月,合肥市中级人民法院以绑架罪、故意杀人罪、抢劫罪判处法子英死刑。1999年,35岁的法子英被执行死刑,他的同案犯兼情人劳荣枝则在20年后被警方抓获。

劳荣枝落网后,她与法子英被一些网友形容为"夺命情侣"。许多人认为,曾经教书育人的劳荣枝走上违法犯罪之路,某种程度上受到法子英的影响。已被法院认定杀害7人的法子英,为何如此冷血,蔑视法律和他人生命?"他的性格、个性、价值观从小就没有理顺,争强好胜,总想用拳头去打天下。"曾主诉"法子英案"的合肥市检察官解作荣告诉澎湃新闻,法子英的个性形成,应该跟他的成长环境、家长疏于教管等因素有关。

法子英1999年被抓时,他的父亲已去世。除了父母、妻子和女儿,他还有三个哥哥、三个姐姐。与劳荣枝一样,法子英也是兄弟姐妹中年龄最小的。

"我跟我弟弟(法子英)没有一点关系。"2019年12月3日,法子英的大哥、比他大14岁的法沙(化名)说,他从小就离家外出,与法子英"没在一个屋里吃过一顿饭","一直没有跟他往来,他以前的事我都不知道"。

对于法子英杀害7人被判死刑,法沙认为他是罪有应得:"怎么能做这样的事?怎么出现这样的人?败类呀。"

法子英的二姐法自玲(化名)已经年逾六旬,她常年做电器生意,一头短发,看起来精明能干。

"这个不要跟我讲,不要跟我提……"当听到"法子英"三个字时,法自玲突然站起来说,"这个与我不相干,我也不想听这些。"

法自玲的名字里,以前跟他弟弟法子英一样,也带有一个"子"字,后来她把"子"改成了"自"。

自2020年11月28日,厦门警方发布潜逃20年的女逃犯劳荣枝落网的消息之后,澎湃新闻便发布了一系列有关该案件的新闻报道,其中包括视频新闻《视频|女逃犯劳荣枝落网,20年前枪战现场曝光》、深度报道《走上杀戮之路:消失的劳荣枝与七人命案始末》、访谈报道《法子英案主诉检察官:他人格分裂,宣布死刑核准时跟我说再见》等。

二、涉未成年人犯罪法治新闻的策划报道——以"大连13岁男孩杀害10岁女孩案"为例

新闻媒体可以考虑角色转换,从传统的片面"宣传""通报""猎奇"向"普法""预防"角色转变,报道的侧重点更倾向于诉讼终了后的思考性报道。对于未成年人刑事案件,新闻报道尺度尤为敏感。近些年,低龄未成年人的恶性案件报道经常伴随网络的扩大传播,铺天盖地式地产生社会的热议,甚至引发更为严重的恶意曲解、诋毁谩骂、无端攻击等网络暴力。2020年10月20日,十三届全国人大常委会第十四次会议提审有关《未成年人保护法》与《预防未成年人犯罪法》的修订议案,拟下调最低刑事责任年龄,我国未成年人保护与司法制度建设将迈出新的一步。未成年人违法犯罪事件,尤其是恶性犯罪事件,一旦被披露在公众视野,势必会引起公众对少年犯的普遍愤恨,但不得不承认,未成年人不同于成年人,其身体、心智等各个方面尚未成熟,

因此针对未成年人违法犯罪案件的新闻策划,更应注意主题建构与舆论引导,倡导社会需要的不仅仅是批判,要为罪错少年留有改过的机会与空间。

2019年10月20日,大连公安在微博发布一条消息称"接到报警,沙河口区发生一起故意杀人案,受害人某某(女,10岁)被害身亡……在走访调查中发现蔡某某(男,2006年1月出生,13岁)具有重大作案嫌疑。到案后,蔡某某如实供述其杀害某某的事实"。消息一经公布,迅速引起众多网民、媒体的高度关注。犯罪嫌疑人如此低龄,冲破了人们的认知,并引起了对未成年人刑责年龄的激烈讨论。在未成年人犯罪案件报道中,有的报道凭想当然,用词不恰当,侵犯了未成年人合法权益。

(一)发挥法治新闻策划报道的建设性功能

法治新闻策划报道在于突出社会的重要性议题,不止涉及对社会价值的宣导及对政策的解读,也包含着对专业法律知识与常识之辨析。涉及复杂及超越社会常识的法律知识时,需要更为专业的法治新闻解析说明。因此,在关于未成年人犯罪的新闻报道中,未成年犯罪嫌疑人的年龄是新闻报道的一个重点。犯罪新闻的显著性与未成年人身份的特殊性,使得人们对未成年人犯罪的处罚方式和处罚程度十分重视,其中包含了人们对犯罪的痛恨和对未成年人的惋惜。

此处以"大连13岁男孩杀害10岁女孩案"为例,分析法治新闻策划报道中的框架,解析新闻媒体在报道案件的过程中是如何处理案件信息,以及如何发挥法治新闻的建设性功能的。在案件报道的各个过程中,案件的基本事实信息是必不可少的,并且会随着案件的发展即时更新,这不仅是新闻报道的主要内容,也有利于读者及时了解案情。基础事实框架可以分为两个维度:一是单个事件环节的5W框架,二是整个案件发展的时间框架。

首先是5W框架,即案件发生的时间、地点、嫌疑人、受害人、案件详情、案件初步结果。以澎湃新闻的报道为例,案件事实及审判结果为,2019年10月20日,13岁大连男孩蔡某某将在同小区内居住的10岁女孩小淇杀害,并抛尸灌木丛。因蔡某某未达到法定刑事责任年龄,警方依法不予追究刑事责任,对其进行3年收容教养。澎湃新闻视频报道,2020年5月9日上午,前述民事诉讼在沙河口区法院开庭。因涉及未成年人隐私,此案不公开审理,法院宣布择期宣判。当天被告蔡某某家属无一人出庭。经历两个多小时的庭审,法院宣布择期宣判。2020年8月10日14时30分,案件在大连市沙河口区人民法院207法庭复庭宣判。这段新闻报道主要包括案件基本情况和后续审理进程,其中的基本事实框架也很显而易见,充分体现了新闻策划的整体性与过程性。在单个事件环节的5W框架方面,报道将案件的时间、地点、犯罪嫌疑人与受害者的基本关系以及初步结果等情况进行了详细陈述。后续的进程同样包含了5W的基本信息框架。2019年10月20日的基本案件信息与2020年5月9日的案件审理进程,构成了新闻报道的整个案件发展的时间框架。案件审理的时间跨度就要求在报道过程中进行案件回溯,梳理从案发到现在的基本情况,这就构成了法治新闻报道中的案件时间框架。

基本的事实框架能够帮助新闻记者在案件发生后及时生成新闻报道,同样,结构性的新闻报道能够让信息简单明了且全面,有利于受众在阅读新闻报道时,迅速抓住新闻报道的主要内容以及案件的基本情况。然而,事实框架也会禁锢报道形式,使所有的法治新闻报道千篇一律。随着案件结案、时间的流逝等,受众对新闻报道和案件的记忆会逐渐模糊。

(二)法治新闻策划报道承担着普法与保护涉案未成年人的社会义务

1. 推进针对未成年人的相关法律知识之传播

与其他新闻报道不同,法治新闻在报道案件事实信息的同时,也负责向受众讲解案件法律依据。在进行关涉未成年人案件的新闻策划前,应明确法治新闻报道中的法律依据,以起到加强报道权威、宣传法律知识的双重作用。其中,法律知识宣传教育是法治新闻报道建设性的突出体现。特别是在规范媒体对未成年人群体报道方面,我国的法律规定具体而明确。1999年通过的《预防未成年人犯罪法》第45条规定,对未成年人犯罪案件,新闻报道、影视节目、公开出版物不得披露该未成年人的姓名、住所、照片及可能推断出该未成年人的资料。

《刑事诉讼法》修改后,专门增加了一个未成年人刑事案件诉讼程序章节,大大提高了我国未成年人司法保护的力度。在增加的内容中,与媒体的采访报道活动联系最为紧密的,是第274条规定,"审判的时候被告人不满十八周岁的案件,不公开审理。但是,经未成年被告人及其法定代理人同意,未成年被告人所在学校和未成年人保护组织可以派代表到场"。修改前的《刑事诉讼法》规定的"已满十六周岁不满十八周岁的未成年人犯罪案件一般不公开审理"已经改为"不满十八周岁一律不公开审理"。修订后增加的规定从源头上保证了未成年犯罪嫌疑人、被告人的个人及犯罪信息不被公开传播,有助于他们的改造与回归社会,但对于媒体而言则是严格限制。实践中,媒体对此类案件的报道空间被压缩。①尤其是未成年人的恶性刑事案件,更易引发全社会的紧密关注,引发更多情绪上、情感上的表达。面对如此显而易见的话题热点,新闻策划更需要掌握适度原则。

"大连13岁男孩杀害10岁女孩案"中,犯罪嫌疑人13岁的年龄激起了人们对未成年人刑责年龄的激烈讨论,如此年幼却犯下如此残忍的罪行,让人难以置信。

新京报快讯,据大连市公安局官方微博消息,2019年10月24日,大连公安发布通报,2019年10月19日,一名10岁女孩王某某被一名13岁男生蔡某某杀害。大连警方称,依据《刑法》第17条第2款之规定,加害人蔡某某未满14周岁,未达到法定刑事责任年龄,依法不予追究刑事责任。同时,公安机关依据《刑法》第17条第4款之规定,按照法定程序报经上级公安机关批准,于2019年10月24日依法对蔡某某收容教养。

法治新闻策划报道除了基础的法律知识传播,还会讨论当前法律制度与社会现实的适配性,以及法律的发展完善方向等。新华社就"大连13岁男孩杀害10岁女孩案",讨论了《刑法》规定的14岁以下不负刑责该不该修改,对当前未成年人犯罪的相关法律规定进行反思,新闻报道中采访了许多法律界的专业人士,对该问题进行更专业、深入的分析。就该案,众多网民在社交媒体平台纷纷留言表达自己的看法,人们对《刑法》关于未成年人犯罪的最低刑责年龄的讨论,不仅有利于推进案件的处理,也促进了人们对相关法律知识的了解。

涉案的未成年人到底应该负怎样的责任?家庭、学校该如何在日常教育中预防未成年人违法犯罪?法律规定14岁以下不负刑责该不该修改?在一些严重暴力犯罪案件中,涉事者因未达到法定年龄而免于承担刑事责任。根据我国《刑法》规定,未满14周岁的未成年人,无须承担任何刑事责任。有舆论认为,有的人明知自己不用承担刑事责任,表现得非常猖狂;有的人犯罪手段极端残忍,犯罪之后毫无悔意,法律如果不对这样的未成年人作出处罚,显然很不公平;也有人认为,应当适应现代社会发展下未成年人发育程度提前的现实,适当降低刑事责任年龄。

---

① 刘晓梅:《未成年人犯罪新闻报道的失范与法治化》,载《预防青少年犯罪研究》2013年第6期。

新华社等新闻媒体针对被社会广泛关注的未成年人刑事案件所引起的社会反响,策划了一系列新闻报道,有力地配合了相关法律、法案推行与实施。《刑法修正案(十一)草案》(以下简称"草案")提请十三届全国人大常委会第二十二次会议进行二次审议。草案拟在特定情形下,经特别程序,对法定最低刑事责任年龄作个别下调。草案规定,已满12周岁未满14周岁的人,犯故意杀人、故意伤害罪,致人死亡,情节恶劣的,经最高人民检察院核准,应当负刑事责任。同时,统筹考虑《刑法》修改和《预防未成年人犯罪法》修改的相关问题,将收容教养修改为专门矫治教育。

我国现行《刑法》规定的刑事责任年龄分为三档:第一档以16周岁为划分标准,已满16周岁的人犯罪,应当负刑事责任;第二档以14周岁为标准,已满14周岁不满16周岁的人,只有在故意杀人、故意伤害致人重伤或者死亡、强奸、抢劫、贩卖毒品、放火、爆炸、投毒的情况下,才应当负刑事责任;第三档是指不满14周岁的人,实施任何危害社会的行为,都不负刑事责任。《刑法》同时规定,因不满16周岁不予刑事处罚的,责令其家长或者监护人加以管教;在必要的时候,也可以由政府收容教养。

相关法律对未成年人犯罪的刑责年龄作出具体细分,面对不同案件、不同情况、不同年龄,相关部门对法律的实施更加精准高效。草案的提出体现了我们社会的法治建设在不断完善,法治新闻报道也发挥了建设性的作用,在推动法律细化方面扮演着不可或缺的角色。

2. 未成年人犯罪法治新闻策划更要体现新闻媒体的社会监督功能

法治新闻并不是对违法案件与法律文案的机械报道,而是作为整个社会法治体系的重要一环。法治新闻框架的分析,是对法治新闻报道的拆解再整合,是用一个更加透彻的视角去观察,有利于我们发现其中问题,完善报道结构。对未成年人刑事案件之媒体保护怎么样强调都不为过,但在具体操作中,可能需要参考国内外正反经验,既要切实保障未成年犯罪嫌疑人与被告人之合理隐私权,亦要充分考虑媒体报道与司法公正间的良性互动,还要周全被害人及其家属与社会公众对案件的善意关注,尽可能减少和避免因"眉毛胡子一把抓"而不分案情地一刀切。[①]

在对"大连13岁男孩杀害10岁女孩案"的报道中,许多媒体都策划了系

---

① 张鸿巍:《未成年人刑事案件媒体报道的尺度》,载《预防青少年犯罪研究》2014年第6期。

列报道和专题报道。这些整体策划的报道中，媒体大多按照案件发展的时间顺序来串联起整个报道策划。大致的脉络可梳理为，从案件刚刚发生的基本信息报道开始，对家属上诉与案件审理的报道、对未成年犯罪嫌疑人家长的报道、对案件双方协商结果的报道，以及对案件的评论等。其中的一些报道环节与上文提到的新闻框架有重合，这里值得注意的是法治新闻所发挥的舆论监督作用。在本案中，媒体新闻报道的主要监督对象是未成年犯罪嫌疑人家长。

2019年10月10日，《新京报》记者从大连市沙河口区法院了解到，10岁遇害女孩案的加害人蔡某某父母因未履行法院判决，被司法拘留15日。蔡某某父母名下的一套房屋进入拍卖程序，将于2019年11月2日公开拍卖。此前，遇害女孩淇淇（化名）的母亲贺女士提起民事诉讼。2019年8月10日，法院判决蔡某某父母赔偿原告128万余元。

13岁少年杀害10岁女童，他还是孩子，可他父母不是。连日来，发生在大连沙河口区的13岁少年杀害10岁女童的案件，引发广泛关注。本该是天真无邪的年龄，却残忍地7刀刺死10岁少女，让人心惊也让人心痛。考虑到案发地点和抛尸情节，事件更显惊悚。

消息一经放出，舆论哗然。关于对这名未成年凶手的惩戒处理，也引发了剧烈争论。这名"恶魔"一般的少年背后，有着怎样一对父母？他们在教育上，在该案件的发生上，该承担多大的责任？对这些问题的讨论，显然不该缺失。

法院公布判决之后，男孩家长并未履行义务，并且也未对受害者家属作出公开道歉，《新京报》对这一事实进行了跟进报道，并就男孩家长对孩子教育的缺失发表了评论。法治新闻在报道案件进展的过程中，牵动的舆论舆情会给相关部门和违法人员带来社会压力，迫使他们履行职责或者遵守法律判决。这是法治新闻报道所构建的舆论监督的无形框架。

未成年人刑事案件固然需要限制媒体报道，但其保护未成年人隐私及敦请未成年人改过自新的逻辑起点亦不容抹杀。然而，这种限制并不能脱离现实语境，而是应全面考虑具体案情，不宜一边倒。对故意杀人、故意伤害致人死亡及强奸等恶性案件，其不公开审理原则以及由此而来的限制报道，根据具体案情，或有进一步探讨的必要与空间。未来或可考虑适当扩充主审法官自由裁量权，试点媒体报道申请令状制，一案一论。在此过程中，尤应审慎酌处未成年人最佳利益与社会最佳利益间的冲突、博弈与磨合。①

三、反腐案件法治新闻策划所呈现的社会启示

法治新闻报道对新闻正负价值的判断所依赖的是"以事实为依据，以法律为准绳"，法治新闻策划的主题都是严肃的新闻话题，是一种庄重严肃的新闻题材。当前，反腐成为中央从严治党的重要举措，成为治国理政的基础条件，也成为百姓热切关注、反响巨大的社会现象。十八大以来，在中央加大反腐力度的情况下，我国网络反腐的秩序得到极大改观。具体而言，经过各级政府积极的探索与尝试，不仅一改网络反腐初期民间网络反腐的混乱和官方网络反腐的无力，而且基本上实现了从无序到有序、从民间主导到官方主导、从以地方"单兵作战"为主到中央集中统一领导的秩序化与体系化转变。②

鉴于网络已经成为反腐案件新闻报道的重要平台，对反腐案件的策划报道要严把政治性以及价值观的导向。新闻媒体对反腐案件的策划报道如果一味迎合社会大众的猎奇心理，将会产生挑动社会大众"仇官"情绪的负面影响。反腐报道"帮派化"是媒体在报道反腐案例中的惯用手段，媒体在相关事件的报道中，会深入挖掘落马官员和其他官员之间的联系，如媒体报道中的"四川帮""秘书帮""石油帮""政法线"等。虽然媒体的报道在反腐斗争中发挥了重要的作用，但是媒体在报道的过程中存在大量的主观色彩，甚至为了获得关注而歪曲事实，易造成新闻失实。③

（一）基于"张中生贪腐案"的法治新闻策划分析

张中生为国家工作人员，在职期间通过为他人在煤炭资源整合、项目审批等事项上提供帮助的方式，索取、非法收受他人财物，折合人民币共计10.4亿余元。在该案的18个受贿犯罪事实中，有2个受贿数额在2亿元以上。2014年5月29日，张中生因涉嫌严重违法违纪，被组织调查。2016年1月，张中生被山西省检察院依法逮捕。2018年3月28日，"张中生受贿、巨额财产来源不明案"在临汾中院一审宣判，张中生被判处死刑并处没收个人全部财产。2021年10月29日，张中生二审被判死缓。

---

① 张鸿巍：《未成年人刑事案件媒体报道的尺度》，载《预防青少年犯罪研究》2014年第6期。
② 董浩、骆正林：《我国网络反腐的治理调适与秩序重构》，载《重庆社会科学》2019年第3期。
③ 杜春春：《反腐新闻报道的误区及舆论引导策略》，载《发展导报》2018年11月9日。

1. 主体视角的反腐法治新闻策划分析

对贪腐案件的新闻策划,从策划主体的角度进行分析,体现了不同主体的法治新闻策划目标。从新闻策划主体视角来看,有两种方式,即媒体内部与外部结合,以及媒体内部上下结合。以"张中生案"的新闻报道来分析,就搜索得到的12条新闻报道来看,来源于央视网的新闻有5条,来源于新华网的新闻有3条,来源于《京华时报》的新闻有1条,来源于《中国青年报》的新闻有1条,来源于人民网的新闻有1条,来源于中央纪委监察部网站的新闻有1条。报道策划者主要是以国家级媒体为主,属于中央新闻媒体报道。系列报道的目标对象为涉嫌受贿罪、巨额财产不明罪的山西省吕梁市原副市长张中生被批捕之后的判决。

2. 反腐案件新闻策划报道的范围与重点

反腐新闻策划报道对推动政府形象塑造有所助益。反腐是国家的对内管理和整改,是政府力量提升的体现,有助于国民增强对政府的信任。但是,如果反腐新闻报道未经主题审议,极易成为直揭政府丑闻,一定程度上削弱公民对政府好感度的新闻话题。关于"张中生案"的报道,大多集中在其被批捕之后的案件审查结果,2014年张中生被组织调查的报道有2条,2016年张中生被批捕的报道有3条,2018年"张中生案"一审判决结果的报道有4条,2021年山西吕梁市原副市长张中生二审判死缓的报道有1条。由此可看出,在整个案件中,新闻媒体在报道时,多侧重于对案件结果的通报,对张中生本人以及贪污过程等具体内容的描述较少。以上的发现说明,针对贪腐案件的报道所注重的,是对犯罪分子贪腐行为的法律惩处以及社会风气的树立。

有关"张中生案"的报道,其报道结构为线性结构,即从2014年到2021年,按照时间的方式对此案件进行报道。在此期间,对审判结果的报道,进程如下:

① 2014年5月29日11:39 中央纪委监察部网站发布《原山西省吕梁市原副市长张中生接受组织调查》;

② 2014年5月29日14:42 人民网发布《山西吕梁原副市长张中生被调查 原市长已被罢免》;

③ 2014年11月2日10:18 新华网发布《新华视点:一座被"黑金"绊倒的英雄城市——来自山西吕梁的反腐报告》;

④ 2014年11月3日6:30　《中国青年报》发布《英雄城市被"黑金"绊倒》；

⑤ 2016年1月4日10:29　央视网发布《山西省检察院依法对张中生决定逮捕》；

⑥ 2016年1月4日11:16　新华网发布《山西省检察院依法对张中生决定逮捕》；

⑦ 2016年1月5日7:30　《京华时报》发布《吕梁市原副市长被批捕》；

⑧ 2018年3月28日10:36　新华网发布《张中生受贿、巨额财产来源不明案在临汾中院一审宣判　被告人被判处死刑　并处没收个人全部财产》；

⑨ 2018年3月28日13:37　央视网发布视频《受贿罪　巨额财产来源不明罪　吕梁原副市长张中生一审被判死刑》；

⑩ 2018年3月28日14:32　央视网发布视频《山西吕梁原副市长张中生获死刑　判决结果表明我国反腐败坚强决心》；

⑪ 2018年4月16日13:12　央视网发布《受贿超10亿！十八大后因贪腐被判死刑并立即执行第一案》；

⑫ 2021年10月29日17:12　央视新闻发布《受贿10.4亿余元　山西吕梁原副市长张中生二审被判死缓》。

关于反腐案件的新闻策划，要特别关注在还原事情真相的同时，尽可能还原该事件背后的原因和利益链条，帮助读者了解整件事情的来龙去脉，以体现报道的全面性，使受众能够进一步了解党和政府在反腐中作出的努力。

（二）贪腐案件法治新闻策划报道要落实细节并追求呈现形式的多样性

关于张中生涉嫌受贿罪、巨额财产来源不明罪的报道是连续式的报道，这种报道方式有助于读者更直观地从时间角度来看到事件发展的全貌。从搜索到的12条结果来看，央视网会转载新华网、人民网等多家媒体的报道来对该事件进行补充。也就是说，关于此案件的报道并不拘泥于某一个媒体的独家，而是多个媒体之间相互补充来呈现出一个完整的案件过程。

法治新闻策划对此类主题在报道表现形式上要注重清晰的立场表达，因此在关于"张中生案"的系列报道中，表现形式可以分为文字、图片、视频三种。其中,纯文字表达内容的报道有9条,通过视频的形式来传达内容的有2条,还有1条是以"文字+图片"的形式来进行相关报道。使用视频形式来报道的2条新闻都是来自CCTV所做的节目,更具有权威性;使用"文字+图片"的形式来进行报道的新闻是以"文字表达为主,照片为辅"的形式来制作的,图片的内容是张中生本人在法庭上听取审判结果。

在评论性文章中,要做到立场一致,观点结论一致。在"张中生案"中,消息、解释性报道和述评是系列报道的主要体裁。其中,评述类最少,只有1篇,即央视网于2018年4月16日发布的《受贿超10亿!十八大后因贪腐被判死刑并立即执行第一案》。针对此类事件的评述,就是要提醒各位党员干部遵守政治纪律,坚守理想信念,加强党性修养。

党的十八大以来,司法机关不断加大对腐败官员赃款赃物的追缴力度,定罪处罚与追赃并重,不允许犯罪分子从违法犯罪活动中获得任何利益。张中生的行为构成受贿罪、巨额财产来源不明罪。张中生受贿犯罪数额特别巨大,在18个受贿犯罪事实中,有2个受贿犯罪数额在人民币2亿元以上,还主动向他人索取贿赂共计人民币8868万余元。张中生目无法纪,极其贪婪,在党的十八大后仍不收敛、不收手,给国家和人民利益造成特别重大损失,罪行极其严重,应依法严惩。

贪腐现象屡禁不止,必然会引发一次又一次的公共危机,而媒体通过反腐报道来打通官方和民间两个舆论场。网络媒体与新媒体凭借着实时可移动化传播的优势,能在第一时间发布集文字、图片、声音、视频为一体的反腐报道。网络媒体与新媒体迅捷的反腐报道,配合着纸质媒体及电视媒体对反腐行为的深度解读,能在最大程度上减少谣言的传播,消除公众对政府的误解。贪污受贿现象不仅对我国的经济建设造成不可低估的影响,而且还会严重影响社会风气。对"张中生案"的报道,一方面是在给每位党员干部敲响警钟,让党员干部要严格遵守政治纪律,坚定理想信念,加强党性修养,时刻保持自省状态,始终保持头脑清醒,切勿一步错、步步错;另一方面也是通过信息公开的形式,向每一位公民表示我党反腐决心。十八大以来,以习近平同志为核心的党中央坚持有腐必惩、有贪必肃,高压的反腐态势,越来越强劲的"打虎拍蝇"节奏,让人深刻感受到以习近平同志为核心的党中央将反腐败斗争进行到底的坚强意志和坚定决心。

四、家庭伦理类恶性案件的法治新闻策划——以正义网《枕边行凶者图鉴》[①]为例

时代飞速变迁,传统的社会关系在时代的变革中出现了新的变化。在传统家庭关系不断受到新事物冲击的影响下,家庭伦理类恶性案件近年来也屡见不鲜。针对该类案件的法治新闻报道需要强化社会的核心价值,维护中华传统的家庭理念,让优秀的传统家庭观念得以弘扬。此处以"杭州女子失踪案"的新闻策划报道为例,进行分析研判。2020年7月,有关杭州市江干区某小区女住户来某利离奇失踪的信息在网上急剧升温,从地域性社会新闻逐渐演变成全网焦点,并上升为一场全民参与、全民围观、全民调查的舆情事件。网络上猜疑、反转不断,直至2020年7月25日,杭州警方召开新闻发布会,公布了此案的相关事实与细节,"杭州女子失踪案"告破。一时之间,各大主流媒体争相发布新闻通稿。纵观媒体对此案件的报道,内容稍显同质化,在追逐案件真相的同时,鲜有媒体深究背后隐情,亦缺少对同类案件的反思与警示。

2020年8月4日,正义网上发布的一篇题为《枕边行凶者图鉴》的文章,在回顾"杭州女子失踪案"的同时,重点关注婚恋纠葛、家庭矛盾等原因所引发的命案,为人们揭开了亲密关系背后的"隐秘的角落"。正义网是最高人民检察院主管,由检察日报社主办的法治类门户网站,立足检察,宣传法治,是国内较权威的法治类门户网站。该文章被澎湃新闻、搜狐网、中工网、各级人民检察院等转发,具有较大社会影响力。作为法治类新闻媒介,记者从"杭州女子失踪案"出发,进行问题性深度报道,以多个案件在空间或时间上的组合,使受众从多种角度、多个层面上了解此类案件的全貌和本质,字里行间体现了作者较强的新闻策划意图,故将此报道作为法治新闻策划的分析对象。此处从主题选择、案件披露、叙事逻辑、以案普法、人文关怀等方面来分析记者的策划理念。

(一)主题选择: 亲密关系与恶性刑事案件的连接

"关于一个事件、一个选题的报道,就像漂在海上的冰山,露出水面的只是一角,大部分沉于水下。"《枕边行凶者图鉴》通过独特的选题角度,为人们展现了水下的一角。

---

① 郑智、杨璐嘉:《枕边行凶者图鉴》,http://news.jcrb.com/jsxw/2020/202008/t20200804_2187601.html。

初看此新闻的标题《枕边行凶者图鉴》，与传统的法治新闻报道的标题大为不同，这就暗示着此新闻并不是对孤立的事件进行简单描述，而是将若干"枕边行凶者"串联起来，以之为切入点，进行深入挖掘，从现象看本质，从一系列个案中洞悉新闻背后的法治现状和社会问题等。

"杭州女子失踪案"是2020年7月的社会舆论热点，在案件真相渐渐浮出水面的同时，许多网友在网络上表达自己恐婚恐男，甚至跟风煽动两性对立。这种性别之间的二元对立，往往会模糊掉善与恶的分界，男女都会变成这场对立的既定受害者。因此，将网友从对两性的误区中抽离出来是非常重要的。此外，还有网民将此新闻泛娱乐化，"化粪池警告""绞肉机"等敏感词汇大大影响了社会风气。记者借此契机，积极设置议程，重点抓住百姓关注的重点和话题，将"杭州女子失踪案"作为一个引子，把杀害配偶归结为亲密关系之间的矛盾，提炼出"枕边行凶者"这一新闻点，在新闻事实的基础上，进一步将新闻主题限定于"亲密关系之间的恶性刑事案件"，旨在化解"枕边行凶者"这一社会的隐痛，传递积极正向的社会价值。

（二）案件披露：简化事实，串联全文

《枕边行凶者图鉴》提及五起案件，分别是"杭州女子失踪案""安岳杀妻案""上海杀妻案""棒棍杀妻案""商丘家暴案"，均为亲密关系之间的命案。作者在列举这些案件的时候，并没有对案件案情进行过分详细的描述，也没有披露犯罪分子和受害者的隐私，而是尽可能地模糊姓名、简化事实、保持语言客观，简明扼要地指出枕边人凶杀案的原因和过程。在对"上海杀妻案"的描述中，一句"就用双手掐她的脖子"，虽然公布了作案手法，但也仅仅是简单描述。在提及"棍棒杀妻案"时，提及"与妻子发生争执后，赵某锋持木棍将其打倒，木棍打断后仍不收手，他重新找来一根木棍继续在妻子头部击打数下，直到对方满脸是血，没了生息才关上房门离开"，记者摘录了中国裁判文书网公布的一审判决书，遵守报道的客观性。法治新闻对案件的披露是有限度的，过度报道案情细节可能会让报道成为犯罪分子作案的"教科书"，增加犯罪分子的反侦察能力；同时，凶杀案的底色是悲剧，减少细节描述也是为了尽可能减少对死者家属的二次伤害。因此，记者在法治新闻的报道中，恪守新闻伦理、守住犯罪报道的边界是至关重要的。

以上几个案件的共同点是，由于各种家庭矛盾，丈夫将妻子杀害，亲密关系的破裂演化成仇恨甚至杀意，引发了整个社会的唏嘘。记者并没有倾注大量笔墨在这几起案件的描述上,而是运用这几个案件的共同点,串联起了整篇报道。几起案件分布在报道的前、中、后段,为一个新闻主题而服务。"杭州女子杀妻案"与"安岳杀妻案"在报道的开篇,两个案件都发生在2020年7月,由此引出"亲密关系之间的命案"这一主题;"上海杀妻案"在报道中段,引出犯罪行为人的普遍心理特征;"棒棍杀妻案"和"商丘家暴案"则被作者安排在报道后段,引出家庭暴力是诱发亲密关系施暴犯罪的常见征兆。相同类型的案件作为线索,贯穿整篇报道,体现出作者对内容的用心编排,使得整篇报道更加真实、丰富,勾连起受众的媒介记忆。

(三)叙事逻辑:由浅入深,鞭辟入里

记者在整篇报道的谋篇布局中,依照清晰的逻辑进行阐释,由浅入深,鞭辟入里,从现象到内因到解决办法,体现了记者在策划该新闻主题内容时经过了缜密的思考,这种叙事的逻辑透露着建设性新闻的些许意味。法治新闻报道因为涉及特殊题材,所以要格外注意报道中的叙事手法和各环节在报道中的比例配置与逻辑问题。梳理此篇报道的脉络,记者从当前的犯罪形势入手,指出发生在亲密关系之间的命案呈快速上升趋势;接下来,记者分析了犯罪行为人的大致人格特点,进一步提出家庭暴力是诱发亲密关系施暴犯罪的常见犯罪征兆;针对这一严峻情形,记者阐释了法律和社会层面推动亲密关系健康发展的措施。读者在阅读此新闻时,能够对亲密关系之间的犯罪行为有一个整体的认知,而不仅仅是知晓杀妻案的案件经过和结果,浮于表面的案件呈现有可能会使社会更加恐惧,社会需要的是对案件背后人性的深入思考,以及如何防范此类恶性案件继续发生。

在报道的第一部分"因感情纠葛、家庭矛盾引发的命案呈快速上升趋势"中,记者选择利用最高检工作报告以及苏州市检察院提供的大量数据来佐证这一事实,如"魏国巍说,在人员关系上,1999年发生在陌生人之间的命案占比41.8%,2009年上升至54.8%,随后又呈极速下降的趋势"。具有说服力的数据不仅更加直观地传达了记者的意图,也让报道的可信度更强,更加真实有效。假设记者不通过数据表明这一事实,而是用文字简述这一结论,读者可能会一头雾水,质疑此结论的真实性,从而达不到数据带来的那种效果。

(四)以案普法:信源丰富,有法可依

法治新闻在策划的具体实施过程中,必须注意报道的深度和社会效果,这是由法治新闻与社会的紧密关系决定的。如果报道内容缺乏深度,仅仅满足于读者的好奇心,表面上看读者不少,但实际上无法达到宣传法治、推进建设法治国家的目的,也无法实现提高群众法治意识、维护社会稳定的效果,缺乏生命力和感染力。因此,在法治新闻中,加强新闻的深度与力度,以案释法、以案普法,是至关重要的。

此报道的信源较为丰富,记者借助专家学者之口,将亲密关系之间的命案中的几个核心点揭示出来,将报道从一个点向全局散发,引发读者的深入思考。记者共采访了四位公检法领域的权威专家,如苏州市检察院重罪检察部副主任魏国巍、中国政法大学犯罪心理学研究中心主任马皑、中国人民公安大学教授王大伟,以及北京市振邦律师事务所副主任、北京市东城区源众家庭与社区发展中心主任李莹。四位专家所涉领域不尽相同,从不同角度对这类案件进行分析梳理。例如,犯罪心理学家马皑指出了"亲密关系中出现问题的两个常见警兆:一是冲突不断升级;二是行为反常并且持续",并且提出了"亲密恐怖主义"等专业名词,为读者揭示了亲密关系中的两种预警;他还表示,在现实情境中,若出现类似情况,读者则要保持警惕,根据现实进行审视和判断,避免自己陷入枕边人的阴霾。

记者在报道中的普法意识十分强烈,在描述了"杭州女子失踪案"等一系列案件之后,记者提出"统筹社会各方力量对亲密关系和解以及受害人权益进行救济"。在阐明现象和原因之后,记者进一步提供建设性的对策与建议,彰显了新闻专业主义。文中罗列了如《反家庭暴力法》《关于依法办理家庭暴力犯罪案件的意见》《关于建立共同推动保护妇女、儿童权益工作合作机制的通知》《吉林省反家庭暴力条例》《广东省实施〈中华人民共和国反家庭暴力法〉办法(草案)》等中央及地方发布的法律、条例、办法等,这些法律为家庭暴力犯罪的被害人的人身权益提供了司法保护。

"《吉林省反家庭暴力条例》8月1日起施行,为家庭暴力受害人开辟'绿色通道',提供法律援助和伤情鉴定方面的支持。同时,司法机构还为家庭暴力受害人提供'到现场、到家庭、到病床,免除交通费用'的便利服务。"这在相当程度上体现了法治新闻的普法教育的功能,以及传播法治理念、提高民众法治意识的目标。正遭受家庭暴力虐待的读者有法可依,能够通过法律救助途径使自己摆脱困境,该新闻的社会价值也就凸显出来。《世界职业记者协会职业伦理规范》指出:"新闻记者的职责就是通过追求真实,提供关于事件和问题的全面公平的叙述,达到启蒙公众的目的。"法治新闻记者应当通过对现实生活中各种违法犯罪行为的报道,精心策划、以案普法,启蒙公众的法治思想,监督司法活动,营造一种知法、学法、守法、用法的法治氛围。

（五）人文关怀:"情"与"理"的价值回归

新闻的本质是人,它应该报道人,并且基于人性来报道,必须基于事实报道来关怀人。法治新闻同样如此,它不只是揭露现实生活中的违法犯罪行为和丑恶行径,还应该在更深的层面关照人的生存。人文关怀强调的是"情",法治新闻关注的是"理",两者并非水火不容,只有人文与法治恰当融合,才能成就优秀的新闻报道。

新闻策划的落脚点应该是人本主义。此报道中,记者的出发点是亲密关系之间的破裂,但落脚点却是促进亲密关系的和解及保障受害人权益,可见记者的报道倾向是积极向善的。"《反家庭暴力法》为受害人明确了三种救济途径:一是向加害人或者受害人所在单位、居民委员会、村民委员会、妇女联合会、法律援助组织等单位投诉、反映或者求助;二是向公安机关报案,公安机关会根据现场情况出具告诫书,情节严重时还会对施暴人采取拘留、罚款处罚;三是向人民法院起诉。"通过专家李莹之口,报道介绍了《反家庭暴力法》的三种救济手段,在一定程度上为受害人普及了相关的法律知识。法律是为人服务的,记者从揭示现象到提供建议,也体现了新闻是为人服务的本质。

"与此同时,全国各地都在积极行动,密切关注亲密关系施暴犯罪问题,在更多领域作探索尝试。"记者在为公众提供司法层面的建议时,还揭示了社会层面受害者可以寻求的救济途径。"应该统筹社会各方面的力量,建立司法机关、民政部门、教育部门、妇联、社区、法律援助机构、医疗机构等多方参与的综合性社会救助运作机制。"家庭暴力的受害者是家庭中的"弱势群体",上述文字可以为遭受家庭暴力的受害者带来社会的关切与正义的希望,法治新闻需要为受害者维护权利、鸣冤疾呼、伸张正义而不断努力。总之,记者在策划新闻时,需要重新定位法治新闻在公共传播时代的社会价值,将人文精神纳入其中,给人以向上向善的信念和力量,呼唤"情"与"理"的价值回归。

第三节 新媒体时代主流媒体的法治新闻策划

一、新媒体法治新闻策划更要明确主要目的

新媒体时代,网络上的新闻线索源源不断,涉法类新闻更是层出不穷,面

对新的网络形式,以主流媒体为代表的新闻媒体在进行法治新闻策划的过程中,需要更为精细的操作,发挥用以案说法来引导社会舆论的作用。2020年2月3日,习近平总书记在中央政治局常委会会议研究应对新型冠状病毒肺炎疫情工作时指出:"当前疫情防控形势严峻复杂,一些群众存在焦虑、恐惧心理,宣传舆论工作要加大力度,统筹网上网下、国内国际、大事小事,更好强信心、暖人心、聚民心,更好维护社会大局稳定。"①由此,习近平总书记为疫情期间的舆论宣传工作定下了总基调,指明了总方向。全国人大常委会党组在2020年2月25日召开专题学习会,明确提出下一步工作重点是健全疫情防控法律体系,保证法律制度有效实施;加强全社会法治意识的培养,推动依法防控各项工作;依法履行职责,为统筹推进疫情防控和经济社会发展作出积极贡献。②

依法防控、科学防控成为党和国家主要领导人对疫情防控提出的最大要求,这一要求也为战斗在新闻一线的工作者提供了指引。在疫情防控战中,新闻工作者广泛参与到疫情防控的报道中,解答群众困惑、稳定社会情绪,积极发挥新闻工作的作用,为疫情防控的最终胜利保驾护航。

(一)新媒体法治新闻策划报道的主体选择

当前,我国传媒事业已经形成规模,传统报刊公信力依旧、电视媒体维持较为强势的地位、社交媒体强势崛起、短视频平台一夜爆红。为了贴近研究主题,笔者选取了央视新闻"两微"端作为研究对象。中国中央电视台(以下简称"央视")作为中国的国家级电视台,在国内新闻报道领域具有独特的政治优势,往往拥有独家稿件来源,这使得一直以来,央视新闻栏目成为人们获取新闻信息的重要来源。尤其是疫情期间,全民开启"宅家"模式,电视媒体作为主流媒体,以其权威性、公信力和高渗透率,成为人们了解最新信息的重要窗口。在疫情初期,以《新闻联播》为代表的央视新闻节目领跑全国新闻节目收视率排行榜,并包揽新闻类节目收视率前十。

与此同时,央视凭借其在电视媒体领域的独特地位与资源,通过内容共享,积极参与到新媒体法治新闻的制作与播出当中。截至2020年12月15

---

① 习近平:《在中央政治局常委会会议研究应对新型冠状病毒肺炎疫情工作时的讲话》,载《求是》2020年第4期。
② 《奋战关键阶段 决胜收官之年——习近平总书记在统筹推进新冠肺炎疫情防控和经济社会发展工作部署会议上的重要讲话指引中央部门齐心行动》,http://www.xinhuanet.com/2020-02/26/c_1125630904.htm。

日,央视新闻中心官方微博——"央视新闻"的粉丝数已达1.14亿,日均阅读量超过100万次。同时,央视新闻中心官方微信——"央视新闻"的粉丝数预估超过百万,日均阅读量同样超过100万次。

央视新闻在疫情期间的报道,既有联系国家卫建委专家组组长钟南山,首次获悉病毒具有人传人现象的回应社会关切的报道,也有"不要歧视武汉人"的舆论引导类的报道。这些报道,在疫情期间成为民众获知权威信息,构建社会积极舆论的重要工具,并取得了极强的传播影响力,对传媒在构建和传播社会法律意识方面有积极的示范作用。因此,笔者将央视新闻"两微"端在疫情期间的报道作为样本予以分析。

笔者选取2019年12月27日至2020年6月27日的内容进行分析。之所以选择这段时间,是因为2020年6月7日,国务院新闻办发布了《抗击新冠疫情的中国行动》白皮书。白皮书显示,中国抗击疫情可以分为五个阶段,即第一阶段:迅即应对突发疫情(2019年12月27日至2020年1月19日);第二阶段:初步遏制疫情蔓延势头(2020年1月20日至2020年2月20日);第三阶段:本土新增病例数逐步下降至个位数(2020年2月21日至2020年3月17日);第四阶段:取得武汉保卫战、湖北保卫战决定性成果(2020年3月18日至2020年4月28日);第五阶段:全国疫情防控进入常态化(2020年4月29日至今)。① 因此,为涵盖中国抗击疫情的全部阶段,体现不同阶段主流媒体新闻报道的侧重点,笔者选取2019年12月27日至2020年6月27日这半年时间作为数据采集的时间段。

在微博"央视新闻"中,根据时间段,笔者选取于2019年12月27日至2020年6月27日这半年中的法治新闻报道。其中,考虑到样本容量和丰富性,对于一些模式化的报道内容,如肺炎感染人数、各地调高风险防控等级等动态消息类新闻,只搜集具有代表性的条目。在微信"央视新闻"中,根据时间段,笔者选取了2019年12月27日至2020年6月27日这半年中的法治新闻报道。其他附加规则与在微博中搜集报道的规则一致。

(二) 新媒体法治新闻策划系统分类

法治新闻策划需要系统性的思维,在法治新闻报道作品的呈现过程中,涉及多种内容的分析与准备,笔者将以下内容分类作为法治新闻策划的内容

---

① 中华人民共和国新闻办公室:《抗击新冠疫情的中国行动》,载《人民日报》2020年6月8日。

分类,即法治新闻报道题材、法治新闻消息来源、法治新闻报道体裁、法治新闻报道视角、法治新闻报道倾向、法治新闻报道框架。

表3-1 主流媒体法治新闻报道类目表

类目	定义	制定此类目的依据	研究问题
报道题材	新闻生产的原材料	学者丁柏铨认为,新闻报道题材与传播效果之间存在复杂的关系,并非正面题材就能或得正面效果①	主流媒体法治新闻报道题材的丰富程度,以及主流媒体如何处理不同题材的新闻报道
消息来源	新闻信息的提供者或提供组织	学者夏倩芳、张明新认为,信源被视为塑造新闻框架的重要变项,是形成意识形态的首要与关键步骤②	主流媒体对法治新闻消息来源的侧重
报道体裁	新闻工作者如何呈现新闻报道	学者王辰瑶认为,对报道体裁进行分类和命名的目的是要向记者提供一个有关新闻文体的类目上的指导,是关于"怎么写"而不是"写什么"③	主流媒体在突发公共卫生事件中如何进行报道体裁选取
报道视角	新闻报道以什么样的视角呈现	学者夏海君认为,新闻报道视角的选择与新闻真实性、意识形态建构有着紧密联系④	主流媒体对法治新闻事件的报道视角侧重
报道倾向	新闻机构对新闻事件的报道态度	学者杨嫚认为,不同的态度倾向体现了不同的价值取向⑤	主流媒体对法治新闻事件的态度倾向侧重
报道框架	新闻报道的核心思想	学者詹姆士·唐克德认为,新闻框架是新闻报道的核心思想或主要内容⑥	主流媒体对法治新闻事件的报道框架侧重

---

① 丁柏铨:《报道题材、报道方式与传播效果关系探析》,载《中国出版》2012年第2期。
② 夏倩芳、张明新:《新闻框架与固定成见:1979—2005年中国大陆主流报纸新闻中的党员形象与精英形象》,载《新闻与传播研究》2007年第2期。
③ 王辰瑶:《模糊而有意义——谈谈文字报道体裁的分类与命名》,载《新闻与传播研究》2015年第22期。
④ 夏海君:《新闻视角与新闻报道价值取向研究》,暨南大学2005年硕士论文。
⑤ 杨嫚:《法律意识的媒介建构研究:基于报纸的考察》,科学出版社2016年版,第79页。
⑥ 转引自张洪忠:《大众传播学的议程设置理论与框架理论关系探析》,载《西南民族大学学报》2001年第10期。

1. 法治新闻策划的报道题材分析

依据研究目的和需要,将法治新闻策划报道题材分为以下六种,即职务犯罪、社会治理、生活安全、商业涉法、法治动态、其他。有关法治新闻内容的分析,前人已经有了不少的研究。例如,学者薛朝凤曾将法治新闻的内容分为"制度新闻报道类"与"案件新闻报道类"。她认为,所谓的"制度新闻报道",指的是对法律制度变动的报道,如法律的立、改、废,以及法律机构中的人事变动等的报道;而"案件新闻报道"则聚焦于具体的法治案件,通常是人们在社会生活中产生的权利纠纷以及适用法律的报道。[①] 同时,她还在具体的研究中,将法治新闻进行了具体分类,分为法律制度适用、冤案纠错、职务犯罪、社会治理、人身权、伦理道德、财产权、媒介监督等九大类。学者胡新桥[②]则认为,国内在有关法治新闻的报道中,存在着"重刑名、轻法制"的倾向,表现为太过于追求犯罪类案件的报道。同时,他还认为,"法制类新闻"报道的核心应该落在"教育"上,通过对相关内容的宣传,达到教育民众、维护社会稳定的作用;而"案件类新闻"的核心则在于"威慑",通过对犯罪分子受到法律制裁的宣传,为社会中的不安定因素施加一种强大的震慑作用。在我国的法治新闻报道中,太过于追求这种威慑力是明显不恰当的,需要引起一定重视,并予以改正。

学者薛朝凤的九分类法与笔者的研究较为接近,因此笔者在借鉴她的分类法的基础之上,为了更贴合研究对象,将九大类整合成六大类,并且将每一大类进行细分。最终,笔者将法治新闻的报道内容分为职务犯罪、社会治理、生活安全、商业涉法、法治动态、其他等六大类。其中,职务犯罪细分为贪污腐败和渎职两个小类;社会治理细分为公共事务管理和公共安全两个小类;生活安全细分为凶杀暴力、性侵、知情、平反、道路等五个小类。

2. 法治新闻策划的消息来源

依据消息提供者或提供组织,将消息来源分为政府部门、专家学者、利益相关者、医护、普通市民。笔者在此处将消息来源分为政府部门、专家学者、利益相关人与普通市民。但是,由于研究的时间段框定在疫情期间,因此加上医护作为补充。政府部门作为消息来源,对新闻运作与社会发展都有无可

---

① 薛朝凤:《法治新闻话语叙事研究》,上海外国语大学 2011 年博士论文。
② 胡新桥:《报道权与司法权的冲突与化解》,武汉大学 2010 年博士论文。

比拟的作用。塔奇曼就曾指出,新闻生产的过程是评介政治组织再生产政治组织,评介新闻组织再生产新闻组织的过程。① 专家学者作为社会现象的阐释者和专业知识的掌握者,在社会交往中往往起着维护意识形态的作用,因此在新闻报道中掌握着一定的话语权。利益相关人作为消息的提供者,会对新闻记者的采写编活动产生一定的影响,进而影响报道倾向及事态的发展方向。普通市民作为消息源则是从第三人的角度,充分展示当下的个人意识。医护是直面疫情的人员,作为消息源,可以提供鲜活的案例,以及事态发展的最新信息。

3. 法治新闻策划的报道内容

依据新闻报道的呈现方式,将报道体裁分为消息、深度报道和评论。消息作为新闻报道中最常见的一种体裁,在体现新闻报道的时效性,提供事实性信息方面有着重要作用。深度报道作为一种报道方式,在新闻事实背后的动机挖掘中起着关键作用,往往回答了"为什么"甚至"怎么办"的问题。评论则展现了新闻机构对新闻事实的最终看法,在对社会舆论的引导中,往往起着"一锤定音"的效果。

依据新闻报道所呈现的视角,将报道视角分为社会视角和个人视角。个人视角是指在法治新闻报道中,以个人故事切入,从个人或微观角度展开论述,不涉及制度层面的考量。社会视角是从宏观角度审视问题,即使以个人角度切入,最终还是为社会层面的大议题服务。

依据新闻机构对新闻信息表现出的态度倾向,将报道倾向分为正面、平衡、负面。正面是指报道中对所报道的人和物采取认同的倾向;平衡是客观陈述新闻事件,无明显态度倾向;负面是指对报道中的人和事持批判的倾向。

依据新闻机构报道的核心思想,将报道框架分为惩恶扬善框架、法治进步框架、问题待解决框架、陈述事实框架。惩恶扬善框架主要包括法律得到维护、涉事人员受到问责、弘扬正面人物形象等;法治进步框架主要包括法律制度更加完善、行政效率提高、问题正在解决等;问题待解决框架包括行政待改善、不合理社会现象需纠正与整治等;陈述事实框架则是对法治新闻事实进行客观报道。

(三)以央视"两微"端为例的主流媒体法治新闻策划内容

笔者在研究时间段内,分别从微博"央视新闻"与微信"央视新闻"抽取法

---

① [美]塔奇曼著:《做新闻》,麻争旗、刘笑盈、徐扬译,华夏出版社 2008 年版。

治新闻报道,后经筛选,共获得有效报道共计1012条/篇。

从表3-2可以看出,疫情期间,央视的法治报道范围十分广泛,六大类型的报道都有涉及。这反映出央视在此次疫情中积极承担起社会责任,对涉及疫情的方方面面都有涉足,满足了公众对疫情中各方面法治信息的需求。其中,公共安全、公共事务管理和法治动态题材的法治新闻占比最大,分别达到35.1%、28.4%和9.5%。这主要是由于疫情的爆发,公共安全话题成为社会焦点。随着疫情的蔓延,国家对疫情防控作出针对性部署,如武汉封城等,社会公共管理话题也成为疫情中的一大热门话题。此后,党和国家相关部门根据疫情发展状况,出台了一系列相关政策法规,如《禁食野生动物决定》等,法治动态也成为疫情中法治新闻的重要组成部分。对这三类法治新闻的报道也体现出,央视作为党和政府的喉舌,积极传递政策法规的最新动态,承担着党和政府与人民沟通的桥梁之职责。

表3-2 疫情期间央视"两微"端法治新闻报道题材分布表

新闻报道题材		数量	占比(%)
职务犯罪	贪污腐败	16	1.6
	渎职	36	3.6
社会治理	公共事务管理	288	28.4
	公共安全	356	35.1
生活安全	凶杀暴力	28	2.8
	性侵	9	0.9
	知情	82	8.1
	平反	2	0.2
	道路	32	3.2
商业涉法		9	0.9
法治动态		96	9.5
其他		58	5.7
总计		1012	100

从表3-3中可以看出,疫情期间,央视法治报道的消息来源十分丰富,但主要还是来自于政府部门,占比达到76.5%。这反映出特殊时期的社会公

众对权威信息之需求程度,也反映出央视作为国家级媒体,在获取第一手权威信息上之优势。此外,专家学者、医护、普通市民作为消息来源也占有一定的比重,分别达到9.3%、6.6%和6.2%。这表明,央视在疫情中的法治报道,遵循了客观公正的报道原则,对待不同的报道主题,能够从不同的消息源获取信息,从而提升了新闻报道的真实性。

表3-3 疫情期间央视"两微"端法治新闻消息来源分布表

法治新闻消息来源	数量	占比(%)
政府部门	774	76.5
专家学者	94	9.3
利益相关者	14	1.4
医护	67	6.6
普通市民	63	6.2
总计	1012	100

从表3-4中可以看出,疫情期间,央视的法治新闻报道体裁以消息报道为主,占比达到89.6%。疫情期间,尤其是疫情初期,基于对病毒的认知不足等原因,社会存在一定的恐慌情绪,因此,对病毒的科普类消息、对防护的引导性消息、对疫情发展的动态消息、对国家政策的发布消息等成为央视"两微"端的主要报道内容。这些动态消息与综合性消息传递了有关疫情的最新信息,成为人们了解疫情的最主要方式。此外,评论作为传达新闻机构对新闻事件的态度观点之重要方式,也在疫情期间发挥了舆论引导作用。一系列针对医护人员的深度报道则表明,央视践行了习近平总书记"强信心、暖人心、聚民心"的新闻舆论工作指导方针。

表3-4 疫情期间央视"两微"端法治新闻报道体裁分布表

法治新闻报道体裁	数量	占比(%)
消息	907	89.6
深度报道	30	3
评论	75	7.4
总计	1012	100

从表 3-5 中可以看出，疫情期间，央视的法治新闻报道视角主要还是立足于社会视角，占比达到 95.5%。这体现出央视在危机事件中积极承担社会责任，以宏观视角审视社会现实，即使出现对个体的报道，最终也会落脚于社会大局。

表 3-5　疫情期间央视"两微"端法治新闻报道视角分布表

法治新闻报道视角	数量	占比(%)
个人	46	4.5
社会	966	95.5
总计	1012	100

从表 3-6 中可以看出，疫情期间，央视的法治新闻报道倾向主要以平衡报道为主，占比达到了 48%。这主要归结于存在大量消息新闻的报道，也反映出央视在此次报道中立足事实、客观公正的立场。此外，正面报道的占比要明显多于负面报道的占比。这反映出央视在团结社会力量共同抗击疫情方面的媒介责任，其在舆论引导中始终发挥着积极的作用。

表 3-6　疫情期间央视"两微"端法治新闻报道倾向分布表

法治新闻报道倾向	数量	占比(%)
正面	347	34.3
平衡	486	48
负面	179	17.7
总计	1012	100

从表 3-7 中可以看出，疫情期间，央视的法治新闻报道框架中，占比最大的为陈述事实框架类报道，达到 56.1%，信息沟通在抗击疫情方面的重要性不言而喻。惩恶扬善框架类报道占比也颇高，达到 32.6%，表明央视在疫情中，通过对正面典型的树立和负面典型的打击，引导社会公众自觉遵守特殊时期的公共管理政策。此外，法治进步框架类报道的占比也达到 7.4%，表明央视在传递政府最新政策法规、树立为人民服务的政府形象方面发挥着一定作用。

表3-7 疫情期间央视"两微"端法治新闻报道框架分布表

法治新闻报道框架	类目	数量	占比(%)
惩恶扬善框架	法律得到维护/罪犯受到惩罚	330	32.6
	涉事人员受到问责		
	弘扬正面人物形象		
法治进步框架	法律制度更加完善	75	7.4
	行政效率更高		
	问题正在解决		
	私权之间的冲突		
问题待解框架	行政待改善	39	3.9
	法律须健全		
	不合理社会现象需纠正与整治		
	个人道德问题		
陈述事实框架		568	56.1
总计		1012	100

二、央视"两微"端法治新闻报道案例分析

(一) 法治新闻报道题材分析

1. 法治新闻报道题材分类

报道题材统计中,职务犯罪分为贪污腐败和渎职。贪污腐败主要是对官员贪污受贿的行为进行集中报道,如2020年1月4日对原陕西省委书记赵正永被审查调查的报道,大篇幅提及了赵正永敛财、收受礼品的行为。① 渎职则主要报道官员不作为的情况,如2020年1月30日对黄冈市卫健委主任唐志红在疫情防控中"一问三不知"的情况进行了专题报道。②

社会治理分为公共事务管理和公共安全。公共事务管理主要涉及社会公共机构的管理行为,以及其应有的服务职能。例如,《捐了那么多东西怎么

---

① 《#陕西省委原书记赵正永被审查调查#》,微博"央视新闻"2020年1月4日。
② 《中央派出督查组#黄冈疾控负责人一问三不知#》,微博"央视新闻"2020年1月30日。

还缺？总台记者探访武汉市红十字会》[1]对疫情初期武汉市红十字会进行报道,探讨红十字会在抗疫物资的接收与发放中存在的问题。公共安全涉及公共安全、社会秩序的报道,疫情期间有关疫情发展情况、感染者状况、各地防疫情况的报道都属于这个范畴。

生活安全大类下有凶杀暴力、性侵、知情、平反、道路等五个小类。凶杀暴力类报道主要指涉及致人死亡、致人受伤的刑事案件,如《民航总医院内行凶嫌疑人孙文斌被批捕》中,对暴力杀医的孙文斌被批捕的消息进行了报道。性侵类报道主要涉及性侵、性骚扰类的案件,如《"未成年少女被性侵案":期待真相尽快水落石出》[2]。知情类报道是有关公民知情权的报道,疫情中政府的信息公开受到很大的考验,疫情发展的最新信息、政府工作的最新情况等都属于知情的范畴。平反类报道是关于对冤假错案的重新审理的报道。道路类报道主要涉及道路交通的报道,如《判了!老人遭三车连撞身亡,三名肇事司机均获刑》[3]。商业涉法主要是涉及法律政策的商业行为,如《口罩坐地涨价?多地出手》[4]。法治动态包括疫情期间出台的法律、党和国家的政策变动,如2020年2月24日,《全国人大常委会通过两项重要决定》报道了全国人大关于全面禁止非法野生动物交易、革除滥食野生动物陋习、切实保障人民群众生命健康安全的决定[5]。

2. 央视对涉及公民知情权报道的分析

"恐慌始于谣言,谣言止于公开。"公民的知情权又称获知权、知晓权,是指公民获取有关社会公共领域信息以及与本人相关信息的权利,具体包括政治知情权、司法知情权、社会知情权和个人信息知情权。[6] 在疫情等突发公共卫生事件中,事件发生的突然性、高度不确定性以及影响的广泛性,导致权威信息缺失,很有可能造成社会秩序的严重混乱,而公民的信息需求是否得到满足关乎社会稳定大局。因此,当疫情以极其迅猛的势头在武汉蔓延开来时,有关疫情的认识、最新的疫情发展状况、政府的应急管理措施、个人防护

---

[1]《捐了那么多东西怎么还缺?总台记者探访武汉市红十字会》,微信"央视新闻"2020年2月1日。
[2]《"未成年少女被性侵案":期待真相尽快水落石出》,微信"央视新闻"2020年4月11日。
[3]《判了!老人遭三车连撞身亡,三名肇事司机均获刑》,微信"央视新闻"2020年6月7日。
[4]《口罩坐地涨价?多地出手》,微信"央视新闻"2020年1月22日。
[5]《全国人大常委会通过两项重要决定》,微信"央视新闻"2020年2月24日。
[6] 谢鹏程:《公民的基本权利》,中国社会科学出版社1999年版,第263页。

办法等涉及全民安全的内容,成为人们第一时间希望获取的重要信息。

议程设置理论认为,媒体关于某一事件报道的数量多少,会影响公众对此事件重要程度的判断。通常情况下,媒体对某一事件报道的数量越多,报道的频率越频繁,公众就会越重视此事件,反之则会认为该事件并不重要。

2020年1月20日是疫情发展的一个分水岭,也是媒体对疫情报道的一个分水岭。在此之前,央视最早于2019年12月31日在微博中发布《卫健委武汉市通报肺炎疫情情况》;截至2020年1月20日,央视共发布了10条有关武汉市发现新型肺炎的报道。这时的报道数量较少,报道的频率也略显不足,此时疫情在社会公众之中还未引发多大的影响。

2020年1月20日凌晨2时43分,微博"央视新闻"发布了一则最新的疫情通报——《武汉新增136例新型冠状病毒肺炎病例》,由此拉开了央视在疫情中的长篇幅报道之序幕。当天,微博"央视新闻"发布了20条与疫情相关的微博,从凌晨到深夜,一整天持续报道各地的疫情发展态势。此后,央视通过直播、视频、文字、图片等方式,第一时间通报疫情发展的相关信息,为普通群众了解最新信息营造出一种"在场感"。

这一系列的新闻报道不仅使得公众能够在第一时间内知晓疫情发展的最新动态,更能提升疫情防控在公众心目中的重要地位,使得公众自觉遵守疫情期间的特殊公共管理办法,自觉保护自身的生命健康安全。

(二)法治新闻策划消息来源的选择

消息来源是新闻传播学中的重要概念之一。学界对消息来源的研究存在两种不同的倾向:一种观点认为,消息来源仅仅作为消息的提供方,不参与到新闻事件的建构中,新闻从业人员不会受消息源的影响,而是秉持着新闻专业主义,对新闻事件进行准确、客观的报道;另一种观点则将消息来源当作新闻报道中的重要影响因素。学者 Hall 就认为,消息来源是新闻的第一把关人。学者臧国仁指出,消息来源是新闻建构的真实要素之一,并不仅仅起着提供新闻线索的作用,而是社会利益博弈中的一个重要参与者,彼此之间在媒介论域中竞争话语权。[①] 新闻来源一方面承担了新闻单位搜集新闻素材的成本,另一方面试图在媒介机构内部施加影响,让新闻报道符合自己的

---

① 臧国仁:《新闻媒体与消息来源——媒介框架与真实建构之论述》,台北三民书局有限公司1999年版。

利益诉求。新闻来源对新闻报道的倾向、视角、框架等都有着一定的影响。信源被视为塑造新闻框架的重要变项,是构建意识形态的首要与关键步骤。[1] 消息来源的不同,完全有可能造成不同的报道倾向,形成不同的报道框架。

通过表格可知,消息来源的占比中,政府部门占比最大,而且远远超过其他类别,其次分别是专家学者、医护、普通市民和利益相关人。政府和专家学者占比过大,体现出央视的报道更多体现的是精英群体的话语权。普通市民与利益相关人占比过少,则体现出他们话语权的弱势地位。

在很多情形下,信源的人群与阶层分布极为不均,记者习惯于过度依赖常规信源而忽略或屏蔽其他消息来源,形成"信源标准化"的现象。[2] 媒体倾向于使用相对熟知与固定的精英信源,其中就包括政府部门、专家学者、社会精英等。福柯曾说过:"你以为自己在说话,其实是话在说你。"[3]新闻工作者作为新闻文本的编码者,在很多情况下却并非是话语主体,话语委托人才是真正的话语主体。[4] 新闻源是其所掌握的事实是否能发展为新闻报道的委托人,新闻事实只有通过新闻源的把关,才有可能进入到新闻工作者的眼中,才有可能成为新闻报道。因此,新闻文本的话语权被牢牢地掌握在以政府部门为代表的权威信息源的手中,他们塑造了新闻文本的态度倾向。同时,政府部门作为社会博弈中的一方,在消息源中所占比重过高,势必会挤占其他势力的空间,会给社会上的其他参与者带来十分不利的影响。同时,过分依赖某一信源,也不利于新闻的客观、公正。

在疫情期间的法治报道中,央视尤其注意对新闻消息源的选取。对待民众最为关心的疫情发展信息,央视一定会从政府部门获得第一手的权威信息,并通过直播、视频等方式传递给社会大众,而有关病毒的认识层面的信息则往往通过专家学者来作答。例如,2020年1月20日,央视主持人白岩松视频采访国家卫健委高级别专家组组长钟南山,钟南山在采访中明确病毒存在

---

[1] 夏倩芳、张明新:《新闻框架与固定成见:1979—2005年中国大陆主流报纸新闻中的党员形象与精英形象》,载《新闻与传播研究》2007年第2期。
[2] 夏倩芳、张明新:《新闻框架与固定成见:1979—2005年中国大陆主流报纸新闻中的党员形象与精英形象》,载《新闻与传播研究》2007年第2期。
[3] 转引自李彬:《符号透视:传播内容的本体诠释》,复旦大学出版社2003年版,第309页和第328页。
[4] 曾庆香、刘自雄:《论新闻源与新闻的话语主体》,载《国际新闻界》2006年第1期。

人传人的现象。这段采访通过微博"央视新闻"发布,并添加"钟南山肯定新型冠状病毒肺炎人传人"的微博话题,舆论瞬间聚焦于疫情。该微博话题阅读量达到17.4亿次,影响力非同凡响。这条报道之所以能引发巨大的公众讨论热情,不仅取决于新闻传递的信息本身,也取决于新闻消息的来源。钟南山作为国家卫健委高级别专家组组长,在病毒信息的披露中有着权威性。

与此同时,疫情期间,公众对未知病毒的恐惧成为谣言滋生的温床,破除谣言不仅要快,更要发出权威声音。例如,2020年1月31日晚,网络上出现"双黄连可以抑制新冠病毒"的消息,经部分媒体报道后,一时之间,双黄连成为公众疯抢的对象,仅仅一夜之间,各大电商平台以及线下药店的双黄连口服液被抢购一空。这一现象,不仅在一定程度上造成了公众的恐慌,也对社会秩序造成不良影响。对此,央视在2020年2月1日发布《双黄连口服液功效到底如何?》[1]《人命关天的"好消息"要准确再准确》[2]《双黄连对新型冠状病毒不具针对性》[3]三条微博。微信公众号"央视新闻"发布《公众连夜排队抢购 院士告诉你:双黄连对新型冠状病毒不具针对性!》[4],回应"双黄连事件"。央视采访著名中医、中国工程院院士张伯礼,对公众关心的双黄连是否对病毒有效进行解答。仅微博话题"双黄连对新型冠状病毒不具针对性"就有3.1亿次阅读量,讨论量也达到了2.1万次。采访内容经央视"两微"平台发布,很好地破除了"双黄连治疗新冠病毒"的谣言。

同时,央视为了构建"众志成城,抗击疫情"的公众意识,在新闻报道中还存在着去他者化的倾向。所谓的他者化,是新闻工作者对报道对象典型特征的描绘,旨在使受众产生与自身的强烈反差,形成"我们"与"他们"的差异。这种他者化的现象,往往是新闻机构对特定信源过度依赖所造成的。

央视在报道中选取不同的消息源。对疫情中医护群体的塑造,以医护人员作为信息源,直接报道前线医护人员的工作,当人们看到照片中、视频里医护人员苍白的手、长时间戴口罩留下的印记时,会对医护群体产生深深的敬佩之情。然而,此时的报道还是割裂了医护群体与普通大众。因此,央视还

---

[1] 《双黄连口服液功效到底如何?》,微博"央视新闻"2020年2月1日。
[2] 《人命关天的"好消息"要准确再准确》,微博"央视新闻"2020年2月1日。
[3] 《双黄连对新型冠状病毒不具针对性》,微博"央视新闻"2020年2月2日。
[4] 《公众连夜排队抢购 院士告诉你:双黄连对新型冠状病毒不具针对性!》,微信"央视新闻"2020年2月2日。

以医护人员的家属作为信源,如在报道中,以一位即将前往一线参与抗疫行动的医生的女儿为信息源,报道了女儿对医生爸爸的爱,"爸爸,我等你回家"[1]。此外,还以一位武汉当地的普通出租车司机为信源,报道了其对主动请缨前往疫情一线的一名陌生护士的致谢,报道中描绘了的哥诚挚的祝福:"说着说着,的哥哭了,'希望她保佑大武汉的安全,也保护好自己'。"[2]从这些来自不同消息源的新闻报道中,受众可以切实感受到疫情期间医护群体的伟大,从而增强受众心中对医护群体的敬意。通过此类新闻报道,也能构建全社会尊重医生的意识。

(三)法治新闻策划报道体裁

笔者将法治新闻的体裁分为消息、深度报道与评论三大类。

消息分为动态消息和综合性消息。动态消息的时效性很强,侧重于对"5W"因素的报道,主要是回答"发生了什么"。由于时效性很强,因此动态消息的报道深度有限,具体表现为字数较少、结构简单。综合性消息则在动态消息的基础之上增加了报道深度,不仅回答了"发生了什么",还会进一步向受众解释"为什么会发生""会有什么后果"等问题。

20世纪40年代,美国哈钦斯委员会在《一个自由而负责的新闻界》中提及了深度报道的定义,所谓深度报道,就是围绕着社会发展的现实,将其摆在可以真正展现其意义的脉络之中。深度报道包括解释性报道、调查性报道、预测性报道、连续性报道。深度报道通过对相关议题进行系统而深刻的剖析,在法治新闻的报道中得到广泛的应用。

疫情初期,湖北省当地的红十字会在受捐物资的分配上遭到广泛质疑,广大网友普遍认为其物资分配不到位、透明度不够、效率跟不上。央视就此进行了一次深度报道。首先,央视在微博中发布红十字会的相关回应信息;之后,央视派出记者实地探访处于舆论中心的红十字会,通过对部分相关领导、志愿者的采访,将红十字会的内部运作信息完整地呈现给受众。此外,央视还采访了受捐物资较少的协和医院,了解最真实的医疗物资紧缺的状况。此后,央视对红十字会的回应以及事件的最终处理结果都进行了跟踪报道。基于微博、微信的特性,单篇报道呈现出信息量较少的特点,而通过多组报

---

[1] 《#医疗专家驰援武汉#【女儿说:"爸爸,我们等你回家"】》,微博"央视新闻"2020年1月23日。
[2] 《【武汉日记:#的哥给偶遇护士的祝福#:我不知道你的名字,但请保护好自己】》,微博"央视新闻"2020年1月23日。

道,央视完成了对此次红十字会物资分配的深度报道。

法治评论对当代法治建设具有重要意义,在媒体参与法治建设之中扮演了多个角色:一是法治建设中主要的动员者和推动者;二是立法议程的启动者与法案的辩论者;三是司法程序正义和实体正义的监督者。① 同样以湖北省红十字会事件为例,央视对此事发表过多篇评论,如在《透明和效率,是湖北红十字会在这场抗疫中必须给公众的交代》中严肃批评了湖北红十字会以工作人员失误为借口的做法,并且指出红十字会需要"快一点、再快一点,透明一点、再透明一点"②。同时,央视在微博中对相关事件评论道:"对问题痛下辣手,民众才会痛快。"在栏目《主播说联播》中,对此事件的评论表示:"相关机构把事情做好、把效率提高,不仅是在帮忙救人,也是在拯救自己的公信力。"③

(四) 法治新闻策划报道视角分析

有学者将新闻报道视角视为新闻视角,并认为新闻视角对新闻报道中的价值取向有一定的制约和牵制作用。④ 同时,也有学者认为,新闻报道视角的选择与新闻真实性、意识形态建构有着紧密联系。⑤ 新闻报道视角的选择,往往与新闻单位的调性保持一致。党媒作为党的喉舌,在新闻报道中势必会站在党政部门的立场,视角也会多向党看齐,因此社会化视角在其中占有很大比重。

值得注意的是,央视的报道中有相当部分是从微观角度切入的,但在报道的结尾处,总会将目光转向制度建设、社会发展等宏观层面,表现为从个人经历转向对社会发展中喜与忧的关切。例如,在《结局太暖! 留言东莞图书馆的农民工,不用告别啦!》⑥中,记者从一位在东莞务工的农民工吴桂春在东莞图书馆的留言入手,讲述了其因为疫情找不到工作,不得不选择回老家。临别之际,吴桂春特意过来感谢东莞图书馆给他提供了一个读书的场所和机

---

① 杨秀:《法治评论及其在法治建设中的作用研究》,复旦大学 2012 年博士论文。
② 《透明和效率,是湖北红十字会在这场抗疫中必须给公众的交代》,微信"央视新闻"2020 年 2 月 1 日。
③ 《主播说联播|湖北当地的红十字会遭质疑,海霞:把事情做好是救人也是自救》,微博"央视新闻"2020 年 1 月 31 日。
④ 杨健:《深度报道的叙事学分析》,中国海洋大学 2013 年博士论文。
⑤ 夏海君:《新闻视角与新闻报道价值取向研究》,暨南大学 2005 年博士论文。
⑥ 《结局太暖! 留言东莞图书馆的农民工,不用告别啦!》,微信"央视新闻"2020 年 6 月 26 日。

会。这篇文章虽然从吴桂春的个人视角入手,但从标题到结尾主要凸显的还是吴桂春在当地政府的帮助下,重新找到了一份工作,可以继续留在东莞图书馆读书。文章在最后还点明,当地政府帮助解决就业问题,让人们看到城市的温暖。所以,这一篇报道还是从宏观角度赞扬了中国当下城市管理的进步之处。

个人化视角因其自有的故事性,能够在现在这样一个信息爆炸且受众时间碎片化的时代,成功地满足受众快餐式的新闻信息消费需求。但是,新闻媒体,尤其是党媒,在报道个人事件时,不可能仅仅停留在满足受众的猎奇心理,而是要在增加行文可读性、增强吸引力的前提下,对社会问题进行探讨。例如,《被顶替上大学的农家女至今没等来道歉! 白岩松发出"灵魂四问"》[1]对被顶替人生的陈春秀的经历进行了报道。在报道中,记者对陈春秀的塑造使用了"农家女""农村家庭"的表述,而对顶替者则透露出其父亲、舅舅是政府公职人员。这两种身份的对比,让陈春秀的遭遇更让人同情。同时,央视借主持人白岩松之口,不仅表达了对陈春秀的人文关怀,还将矛头直指顶替者以及当年为顶替者一路"开绿灯"的"行方便的人"。陈春秀的遭遇是个人的不幸,更是中国法律制度不完善、政府工作人员暗箱操作的产物。因此,这一则新闻是以陈春秀为引子,对中国社会发展中出现的不公现象进行批判,并对中国社会法治进一步健全寄予殷切盼望。

(五) 法治新闻报道倾向分析

不同的报道有着不同的报道倾向,对同一报道对象,不同的新闻单位也会有不同的报道态度,有的甚至是截然相反的态度。报道态度倾向,往往反映新闻单位的价值取向,背后所折射的则是意识形态的内容。

在定义正面报道时,学界也存在争议。一方认为应该按照报道的内容来确定是否为正面报道,另一方则认为应该以传播效果来确定是否为正面报道。出现这种分歧的一个原因就是,正面报道并不总会产生正面效果。根据斯图亚特·霍尔的受众解读模式,受众在接受文本时会出现三种不同的解读方式,即偏好式解读、协商式解读和对抗式解读。受众出于各种心理,对正面报道作出协商式或者对抗式解读都是完全有可能的。一味进行正面宣传,刻

---

[1] 《被顶替上大学的农家女至今没等来道歉! 白岩松发出"灵魂四问"》,微信"央视新闻"2020年6月21日。

意回避社会中存在的负面内容,不仅不利于解决矛盾,甚至有可能激化矛盾,从而使自身失去公信力。由于传播效果难以界定,因此笔者主张以报道内容作为判断是否为正面报道的依据。

习近平总书记在中共中央疫情防控会议上指出,新闻舆论要"更好强信心、暖人心、聚民心,更好维护社会大局稳定"。疫情中,出于党的指示、自身立场以及团结全国人民共同抗疫的需要,央视在这一时期的报道除了持平衡立场的动态消息的报道之外,正面报道也占有很大比例。这些报道,有对一线医生的报道,有对医学专家的报道,还有对奋战在各条战线的劳动人民的报道。这些报道无一例外地都采取了树立正面典型的方式,讲述疫情中发生的感人故事,将全国民众紧密地团结在一起。例如,《♯医生为病人停下欣赏日落♯》[1]讲述了刘凯医生在送患者做CT的途中,陪伴已住院一月有余的87岁患者一同欣赏久违的日落的故事。这则新闻虽然切入点很小,也没有明显的宣传痕迹,但仅仅凭借新闻事实就极具感染力,在疫情中温暖了无数人的心。《他让大家别去武汉,自己却义无反顾地去了》[2]讲述了疫情初期,钟南山临危受命,乘餐车从广州紧急赶往武汉的故事,塑造出一位为了人民付出一切的伟大医生的形象。《日本导演拍摄〈南京抗疫现场〉 日本网友热评"一定要看"》[3]讲述了一位日本导演——竹内亮拍摄的中国抗疫的短片在日本引发巨大反响的故事。这则新闻借一位身份特殊的外国人的视角,将中国的抗疫行动传播到国内外。

同时,央视对疫情期间出现的一些问题也没有刻意回避,而是坚决曝光,对一些政府工作上出现的问题则是持续关注,行使舆论监督的职责。《大理违法扣押防疫口罩 查处结果:市委书记免职,市长撤职》[4]对大理市违法扣押征用防疫口罩的问题进行了报道。对食用野生动物这一具有潜在的公共安全危害因素的报道,也成为央视报道中的重点。《全国人大常委通过两项重要决定》[5]报道了全国人大常委通过《关于全面禁止非法野生动物交易、革除滥食野生动物陋习、切实保障人民群众生命健康安全的决定》,对这一决定

---

[1] 《♯医生为病人停下欣赏日落♯》,微博"央视新闻"2020年3月5日。
[2] 《他让大家别去武汉,自己却义无反顾地去了》,微信"央视新闻"2020年1月21日。
[3] 《日本导演拍摄〈南京抗疫现场〉 日本网友热评"一定要看"》,微信"央视新闻"2020年3月6日。
[4] 《大理违法扣押防疫口罩 查处结果:市委书记免职,市长撤职》,微信"央视新闻"2020年2月24日。
[5] 《全国人大常委通过两项重要决定》,微信"央视新闻"2020年2月24日。

的报道,强化了社会中有关禁食野生动物的法律意识。同时,在《今天,听听野生动物的独白》①中,记者借野生动物之口,控诉了社会中仍然存在的野生动物交易和食用野生动物的现象,以"拒吃野味,不购买野生动物制品"为口号,呼唤起人们对此问题的重视。

（六）法治新闻报道框架分析

框架概念自贝特森、戈夫曼之后有了很大的发展,从认知心理学领域向外拓展,为社会建构理论所吸收。有学者认为,新闻框架是社会建构理论在新闻研究领域的应用。② 框架对于新闻工作者,无疑意味着将复杂的社会事实简单化。新闻工作者在工作中可以按照某种特定的方式和惯例,快速地将海量的社会事实囊括在新闻报道中,以一种相对稳定的方式来组织新闻事件,并通过新闻工作者的选择、分类、判断和报道等采写活动,建构出一套新闻框架。③

面对即将发生的新闻事件,记者往往会根据自己的经验,选择已经被新闻组织内部接受的准则进行新闻采编活动。或者说,新近发生的新闻事实被新闻记者组织进基于过去经验而形成的记者活动中。④ 吉特林从新闻组织的"成本—收益"角度出发,认为在媒介组织内部形成能够简化复杂的新闻判断过程、加快新闻信息处理速度、减少不必要的麻烦的新闻框架是必不可少的。⑤

影响新闻框架的因素主要有组织内因素和组织外因素。组织内因素主要是新闻组织内部存在的"潜网"。这种"潜网"的形成与新闻组织所属机构、定位、宗旨、受众、领导部门等有密切关系。通常,新闻组织的调性会在其所发布的新闻报道中得到体现,而新闻组织内部的记者、编辑的语言风格、切入视角等也会受组织影响,在一定的框架下开展新闻报道活动。组织外部的影响因素则主要是政治、经济、文化因素,有时信源的不同也会影响新闻报道框架的选择。

---

① 《今天,听听野生动物的独白》,微信"央视新闻"2020年3月3日。
② 王贵斌、陈敏直:《文化规范与新闻框架》,载《当代传播》2005年第3期。
③ G. Tuchman, *Making News: A Study of So-cial Construction of Reality*, New York: Free Press, 1978.
④ 陈阳:《框架分析:一个亟待澄清的理论概念》,载《国际新闻界》2007年第4期。
⑤ T. Gitlin, *The Whole World Is Watching: Mass Media in the Making and (Un) making of the New Left*, Berkeley: University of California Press, 1980, pp. 6–7.

在当前的中国,对新闻框架影响最大的莫过于政治因素。新闻媒体的传播活动不仅要受法律法规的规制,还要遵守党的新闻宣传纪律,符合党的新闻宣传方针。有学者对法治新闻作品的获奖情况进行分析,发现获奖作品与当年度的新闻宣传路线有着高度的重合。同时,也有学者认为,新闻报道是为了政治经济改革的目标服务的。①

央视在疫情中的法治新闻报道大多采用陈述事实框架,这一定程度上是由于报道了大量动态消息。除了这类信息,惩恶扬善框架和法治进步框架在报道中的应用最为广泛。惩恶扬善框架之下,央视报道了大量在疫情中作出杰出贡献的群体和个人,同时也曝光了"哄抬口罩价格""贩卖野生动物"等违法行为。

有学者将中国新闻传播的报道领域分为三类,即禁止领域、容许与受鼓励领域、协商区域。协商区域是一个灰色地域,其边界处于不断变化之中,是一个有限度的自治领域,最终的定义者还是代表"他治"的政治权力。② 因此,即使协商区域有逐渐扩大的倾向,以"弘扬主旋律"为代表的中国新闻宣传纪律也仍然对中国新闻组织报道框架的选定具有重要影响。

从总体上看,虽然凸显冲突框架与问题待解决框架的报道有一定的数量,但占比较小。这虽然与疫情期间"强信心、暖人心、聚民心"的新闻舆论方针不无关系,但也在一定程度上反映了弱势群体话语权丧失的问题。

在社会转型期间,弱势群体想要表达自己的权益,往往会通过群体性行为来获得媒体的关注。例如,2020年4月,丰巢公司发布了一则收费通知:从4月30日起,丰巢快递将推出会员制,用户快递存放超时后将会收费。这一收费行为引发公众不满,随后杭州、上海等多地小区宣布为维护业主利益,将暂停使用丰巢快递。这一群体性行为立刻吸引了众多媒体的注意力,对丰巢收费事件的报道也随之增多。

在这一场丰巢收费风波中,央视采用了典型的平衡报道的手法,涉事丰巢公司、小区居民、快递员等都有一定的话语空间和表达意见的机会。但是,这种平衡的报道手法并不代表记者没有立场。在《今天起,丰巢快递柜超时

---

① 夏倩芳:《党管媒体与改善新闻管理体制——一种政策和官方话语分析》,载《新闻与传播评论》2004年第1期。
② 王海燕:《自治与他治:中国新闻场域的三个空间》,载《国际新闻界》2012年第5期。

收费！网友：至少应该24小时以后再收费》[①]中，丰巢公司解释说不会强制收取用户费用。快递员则表达了不使用快递柜，工作量会大大增加的担忧。对普通用户的观点、意见，记者给予了最大篇幅的报道。随后，央视在《丰巢免费变收费，这只是钱的事吗？》[②]一文中，通过对丰巢以免费策略扩张市场、国家对快递柜行业的补贴、其他快递柜企业承诺不收费的叙述，表明了自身维护公共事业的立场。央视"两微"端在疫情期间的法治新闻策划报道框架，秉持了主流媒体引导社会舆论的原则，在传递法治正能量，传播法律知识，提升公民遵法、守法意识方面发挥着正面作用。

三、主流媒体"两微"端参与法治新闻策划

通过对法律意识传播的梳理，在当前环境下，我国法律意识传播稳步推进的同时，依然存在着一些问题，这些问题有传播观念上的，也有传播技术上的。因此，有必要进一步去研究探索主流媒体在"两微"端的法治新闻策划应该如何完善策划机制。

（一）转变法律传播观念，树立科学报道意识

1. 扩大报道题材，优化消息来源

在法律传播实践中，受众自身猎奇心理与法律条文枯燥特征所引发的冲突，往往使受众在接受法律传播信息时，存在着内在的价值冲突。从法律传播的本意以及构建社会主义主流法律意识形态的角度来说，法治新闻报道有必要在受众的矛盾冲突中寻求一种平衡。

法治新闻报道应采取主客观标准相结合的评价机制来优化报道题材。传媒领域，收视率、发行量、阅读量、转发量等是业界赖以生存的重要指标。虽然受众的某些传媒需求不甚合理，甚至存在着低俗趣味，但在传媒生存压力之下，传播者有意无意的会放弃一些原则，向市场作出妥协，这显然是与传媒的社会责任相背离的。

传媒在进行法治新闻的选题策划时，只有甄别出受众合理、正当的信息需求，在传播实践中自然地融入法律文化的培养内涵，才能做到兼顾生存与

---

① 《今天起，丰巢快递柜超时收费！网友：至少24小时以后再收费》，微信"央视新闻"2020年4月30日。
② 《丰巢免费变收费，这只是钱的事吗？》，微信"央视新闻"2020年5月17日。

社会责任。在法治新闻的传播效果中,也应该改变纯粹以收视率、发行量等经济指标为评判标准的局面,要采取主客观标准相结合的复合评判标准,既要在传媒生存上作出考量,也需要在受众关注度与满意度、取得的社会效果,以及法治新闻品牌建设上的作用等方面加以考察。

例如,央视"两微"端在疫情中的法治新闻报道涵盖多种新闻题材,包括职务犯罪、社会治理、生活安全、商业涉法、法治动态等。多种新闻题材很好地囊括了疫情中我国社会法治层面发生的大事小情,让受众能够通过央视"两微"端的报道,及时了解疫情进展、政策法规变动等,更好地服务于人民,积极地承担社会责任。

2. 让新闻源成为新闻说话的主体

学者曾庆香、刘自雄认为,权威的新闻源是新闻话语中说话的主体。[①] 正如前文所述,"信源标准化"是当今新闻界无法回避的事实。当下媒体严重依赖政务部门作为信源,不仅伤害了新闻的独立性与公正性,甚至还动摇了社会民主发展的必要条件——客观公正的消息供给。同时,媒体作为公共议题的讨论、交流的平台,理应给予每一位公民以平等的话语权,但过于庞大的官方信源势必会挤占普通民众的发声空间。

与此同时,政府信源与新闻记者的互惠互利关系,实质上是一种象征暴力。这种象征暴力的形成和发展,最终损害的是公民的知情权和媒体作为社会责任承担者的形象。因此,在法治新闻的报道中,媒体要善于优化新闻消息来源,根据事实来选取信源,并且要兼顾正反两方的发声权利,避免出现单一信源,让新闻事实成为新闻价值的载体。

(二)平衡报道体裁,选取最优视角

1. 选取多种新闻写作体裁

新闻体裁是新闻的形式问题,是新闻写作中的文字技巧与方法。从这一角度来看,新闻体裁偏向于新闻呈现的层面,但新闻体裁还有更深层次的内涵,即由一定语言写作技巧所承载的记者对新闻事实的认知方法和思维格式。

基于新媒体的特性,动态消息的写作体裁成为央视"两微"端在疫情期间的主要报道形式。虽然这种体裁可以直观、简洁明了地将最主要的信息传递

[①] 曾庆香、刘自雄:《论新闻源与新闻的话语主体》,载《国际新闻界》2006年第1期。

给广大受众,但比重过高的动态消息在一定程度上会挤占深度报道以及评论的空间。优秀的深度报道和犀利的评论,才是体现新闻单位调性的主要方式,才是传递新闻价值的主要载体。因此,在法治新闻的报道中,新闻制作部门需要平衡多种新闻体裁的占比,力图适当降低消息写作的比例,增加深度报道和评论的比重,只有这样,才能更好地引导社会舆论,发挥主流媒体的宣传价值。

2. 从个人视角出发,降低社会视角比重

视角是人们认识事物的出发点,新闻视角是新闻工作者对新闻事实的观察点,是进行写作报道的立足点和出发点,它所涉及的是从哪一方面着手去处理新闻素材,表现新闻主题的问题。

央视"两微"端在疫情期间的法治新闻报道,有95.5%都落脚于社会视角。虽然这种新闻视角的选取比重与央视作为官媒的站位息息相关,但如此高的比例在一定程度上是不适宜的。过分从社会视角出发会显得过于机械,缺乏人情味,并且可能会让受众产生逆反心理,影响新闻报道的最终呈现效果。因此,新闻机构的法治新闻报道,应该增加个人化视角的报道比重,从个人角度出发,贴近受众的实际生活,引发受众的共情心理,更好地发挥法治新闻报道的价值。

(三) 协调报道倾向,挣脱框架束缚

1. 平衡新闻策划报道倾向

新闻的倾向性通常是指新闻报道所表现出来的立场和观点。新闻机构作为以传递新闻为使命的喉舌机关,在新闻的选择和报道中,不可避免会带有一定的立场、观点和倾向。新闻报道中的倾向性需要把握平衡,一种倾向不仅能够体现新闻工作者对新闻事实的态度,还能体现出新闻机构普遍的价值观念。客观事实是新闻工作者体现倾向性的基础,无论怎样体现新闻的倾向性,都要受新闻客观性的限制。新闻报道应在全面、真实、平衡地报道新闻事实的基础之上,体现新闻的倾向性,避免出现价值偏离,从而影响新闻自身应有的客观性标准。

因此,法治新闻的报道要把握倾向性的"度",越过界限就会造成新闻失衡,倾向也会随之发生巨变。对这个"度"的把握,包括对新闻事实的追求、对各方观点的平衡呈现,以及对新闻报道各个环节的平衡把握,唯有这样才能约束主观倾向性。如果没有很好地把握新闻报道中的平衡,这种倾向就会成为空中楼阁,美丽却摇摇欲坠,最终损害的是新闻机构自身的声誉,影响到公信力。

央视"两微"端的法治新闻报道主要以陈述事实的平衡报道为主,占比接近50%,但不可忽视的是正面报道的占比要远远大于负面报道的占比。因此,新闻机构的法治新闻报道应该平衡报道倾向,用更加客观、中立的立场来报道法治新闻。

2. 打破新闻策划的框架束缚

框架是人们解释外在世界的心理模式,框架基于我们对外部世界的认知与经验总结,并影响着我们认知与感受外部世界的方式。新闻框架与议程设置一样,通过在报道中突出某些问题,影响受众对事件的关注点,引导受众作出预期的反应。

虽然新闻框架有种种优点,但不可否认的是,基于个体经验而产生的新闻框架不可避免地会陷入刻板印象的桎梏。刻板印象是指人们在长期生活中形成的对某一类人或事的相对固定、笼统的认识,是人们在认知中因信息简化而产生的偏见。刻板印象在一定程度上有着省时省力的优点,但在不少情况下却会造成误判,长此以往更会形成一种束缚思维的心理定势。因此,即使央视"两微"端的法治新闻报道使用了多种新闻框架,看似十分灵活多变,也要敢于冲破新闻框架的束缚,勇于进行报道方式的创新。只有敢于打破常规、勇于另辟蹊径,才能保持新闻报道的生命力。

(四)正视法律传播技术,推进媒介技术革新

1. 推进话语结构模式由碎片化走向集团化

以即时通讯技术为代表的传播技术的发展,使得个人话语权在新媒体环境中不再像传统媒体时代一样被紧紧控制,社会进入到"人人都有麦克风""人人都能成为记者"的信息爆炸的时代。在这个时代,话语结构模式渐趋碎片化,每个人都能够在网络平台发表自己的意见。同时,我们也应该注意到,个人能够发表观点,并不代表这一观点能够获得大众关注。在很大程度上,我们每个人发出的信息,不过是汪洋大海中的一滴微不足道的水滴,一个碎片化的个体声音要想在庞大的网络信息中凸显出价值是很困难的。因此,新媒体语境下,碎片化的个人话语也在一定程度上向集团化发展,社会舆论的走向在一定程度上取决于拥有众多粉丝的网络意见领袖。

官媒在做好网络意见领袖方面有着得天独厚的优势。首先,官媒自身权

威性高。当发生突发事件时,人们往往希望从官方渠道获得权威信息。此时,官媒作为官方信息的发声筒,将权威信息发送给大众。其次,官媒覆盖面广,粉丝众多。官媒往往掌握着社会传播资源,能够覆盖最广泛的社会公众,官方政务号同样拥有大量粉丝。

因此,在新媒体语境下,传媒要把握好自身的媒介资源优势,利用自身的平台扮演好网络意见领袖的角色,将碎片化的个人意见整合成有利于社会发展的舆论风向标。

2. 融汇媒介技术更好地实行监督

法治最基本的意义就是国家公权力受到法律的有效配置。[1] 新媒体的话语权力消解,意味着原先一元化的传统权力结构遭到强烈反抗,并渐趋消解。于是,疫情期间,在电视镜头前,黄冈市原卫健委主任唐志红、湖北省红十字会原副会长张钦应声倒下。

新闻媒体对信息的强大掌握力,使得新闻媒体在媒介监督方面拥有得天独厚的优势。强大的资本支持和专业化的运作,使得新闻媒体可以轻松地掌握舆论信息。公众一旦离开新闻媒体,就很难再掌握此类信息,所以新闻媒体左右舆论监督的对象及内容是轻而易举的。

"好事不出门,坏事传千里"的古训在新媒体环境下更是得到凸显,如果没有新媒体带来的话语权解放,张志超的无期徒刑判决可能不会被更改。马克斯·韦伯曾说过:"权力意味着一个人或很多人在某一种公共体行动中哪怕遇到其他参加者的反抗也能贯彻自己的意志的机会。"[2]然而,媒介技术带来的话语洗牌,导致权力游戏规则发生了改变。

可以看出,今后权利与权力的对抗,将会在更加公开的语境下展开。媒介技术的进步不仅会使新闻舆论监督上升一个层次,还会不断激发公权机构的自我纠错。同时,从另一个角度出发,传播技术的发展也为公权机构提供了更有效的传播手段。在新媒体营造的公共领域中,政府机构也可以主动进入到这一领域中,通过及时、彻底的信息发布,逐步赢回信任,找回公信力。因此,当红十字会发生物资分配争议时,红十字会以及武汉当地政府官员会及时回应舆情,甚至对涉事官员进行处理,以挽回红十字会在社会公众中的

---

[1] 郑金雄:《媒介化法律:法律传播研究》,法律出版社2015年版,第314页。
[2] [德]马克斯·韦伯:《经济与社会》,林荣远译,商务印书馆1998年版,第246页。

形象。

此外,也要注意避免让传媒在法律传播活动中承担"超载"功能。[①] 媒体的舆论监督在某种程度上充当了"侦查员"的角色。长期以来在社会公众心目中树立的权威形象,使得传媒在受众脑海中形成了准司法的印象,其通过媒体曝光等方式,成为部分人心目中维护社会公平正义的第一选择。

从法治社会的角度来说,公民合法的权利受到侵害时,应该及时通过诉诸法律来维护自身的权益,而不是通过其他非正规渠道。因此,传媒在法治新闻传播中也应弱化自身准司法的特征,引导公众形成正确的法律意识。

3. 发挥官媒引导功能,避免法律信息鸿沟

新媒体的语言传播特点和受众浅阅读的媒介使用习惯,使得法律传播受到新的挑战。新媒体中的语言多呈现出轻松、诙谐的特征,与法言法语展现出的严肃性相差甚远。同时,面对浩瀚的网络信息与日益加快的生活节奏,浅阅读成为网民主要的阅读方式。

新媒体带来的语言习惯的改变,使得法律信息原有的语言结构和逻辑体系受到巨大的冲击。在这种背景下,法律传播如果想要占领公共领域,就不仅仅是发布法律信息,而是要放下法律语言"高贵"的身段,主动与网络语言相结合,制作出吸引广大受众的法治新闻作品。

新媒体环境中,在海量的网络信息中漫无目的地浏览是不现实的,个体受众会根据自身喜好等标准去选择关注的人或事物,这种标准会使得一部分具有相同喜好的人结成兴趣小组。同时,新媒体平台会因平台宣传、广告收入等因素,推出基于现实关系的功能机制,从而会构成一个以强关系为主,以弱关系为辅的虚拟社区。在这个虚拟社区中,由于大家是现实中的朋友,因此对互相分享的新闻报道会更加相信,而一些适于在新媒体环境中传播的法治新闻作品会在这种传播机制下得到充分的转发、评论,掀起一股讨论的高潮,进而构建起社会公众对现实生活的拟态环境。

此外,在传统媒体语境中,不同信息主体间的信息鸿沟在新媒体语境中有扩大的趋势。2020 年,中国互联网络信息中心发布的第 46 次《中国互联网络发展状况统计报告》显示,截至 2020 年 6 月,中国网民规模达 9.4 亿,互联网普及率达 67%。这说明在中国,至少还有 33% 的公民没有使用网络,而这

---

① 刘徐州:《法律传播学》,湖南人民出版社 2010 年版,第 153 页。

33%的公民主要分布于经济欠发达的农村地区和老年人群体。对于这部分人群而言,更谈不上使用互联网所带来的便利了。因此,法律传播要关注到这种情况,在利用新媒体进行法治新闻报道时,也要利用传统媒体,如报纸、广播、电视等,进行法治宣传。同时,也要加强普法宣传活动的强度和力度,使得法治传播得到均衡发展,法律意识得到更好的传播。

第四章

电视法治节目与融媒体时代的新发展

第一节 媒体融合背景下电视法治节目的发展

当前电视法治节目所处的政策环境、媒介环境、技术环境与公共领域都发生了巨大变化,正经历着极不平凡的历史转折期。2016年,中宣部和司法部开展的法治宣传教育第七个五年规划开启了法治中国的新篇章,进一步明确了为民普法和全民守法是我国依法治国的长期要求;2020年,中共中央印发的《法治社会建设实施纲要(2020—2025年)》展望了在2025年"八五"普法完成之际,法治观念将深入人心,社会主义核心价值观将有效融入法治建设和社会治理中。作为党的喉舌和联结党群关系的纽带,电视媒体在推动法治社会建设的过程中,肩负着促进立法、为民普法和监督执法的重要工作。随着媒体融合时代的到来,中国电视法治节目的转型与蜕变、整合与优化以及跨媒体融合发展成为当务之急。

目前看来,经过整改与合并,截至2020年底,我国有近120个电视台(频道)播出了约130档法治节目。除中央级的法治节目平台外,地方性法治节目平台占据大多数,这些平台以本地和重大法治事件为主要内容,以本地居民为主要受众,收视率常常在当地各类节目中名列前茅,如上海电视台新闻综合频道的《案件聚焦》、广东电视台珠江频道的《羊城警讯》和天津电视台科教频道的《今日开庭》等。此外,专业法治频道也在不断调整,通过推出创新栏目形态来全方位响应普法号召,形成了深圳电视台法治沙头角频道、河南电视台法治频道和黑龙江电视台新闻法治频道等20余个法治频道。在此过程中,中央级法治节目突破了地区限制,形成了更为广泛的传播力,由全国各大媒体平台联合打造的《法治中国60分》在宁夏公共频道、浙江公共新闻频道和天津电视台科教频道等9个电视频道同时播出,取得了较好的普法宣传效果。

明确电视法治节目播出现状的同时,我们也应该清醒地认识到,随着传播和内容分发技术的剧烈变化,电视平台的传播影响力持续下滑,收视人群不断衰减,电视法治节目的发展空间和路径呈现出扑朔迷离的窘境。我们需客观分析电视法治节目所处的生态环境,理性面对电视法治节目遇到的风险挑战,积极投入电视法治节目的转型建设,扎实推进电视法治节目的蓬勃发展。

一、电视法治节目生态环境的嬗变

2020年是"七五"普法的收官之年以及"八五"普法的开局之年,随着国家法治社会建设的加速和媒介手段的进步,电视法治节目所处的生态环境日趋复杂。法律文件的出台和传播环境的嬗变与普法工作的推进息息相关。

(一)新的历史阶段,国家对普法工作的要求日益提高

全民普法和全民守法是中国特色社会主义法治体系的有机构成部分与制度特点,是中国特色社会主义法治实践的独有经验,也是建设社会主义法治社会的强大推动力。过去35年,我国的普法工作取得了巨大成就,但建设法治社会的道路依旧漫长。党的十九大把法治社会基本建成确立为2035年基本实现社会主义现代化的重要目标之一,意义重大,影响深远,任务艰巨。

"七五"普法时期,我国的法律体系得到了进一步的丰富与完善。比如,2018年3月11日,第十三届全国人大一次会议第三次全体会议经投票表决通过了《宪法修正案》;2020年5月28日,十三届全国人大三次会议表决通过了《民法典》。这些法律文件的修订与出台,意味着国家对普法工作的要求越来越高。

从历史发展来看,电视法治节目具有坚实的观众基础,是推动普法宣传,将法治话题带入公众生活的重要途径。随着普法工作不断推进,人民的法治需求越来越多样。当重大法律文件出台时,电视法治节目需及时跟进法律知识的宣传普及;当典型案例发生时,电视法治节目需进行专业化的解读和正确引导。未来,我国的普法工作将持续深入地开展,相应地将对法治节目的法律传播效力和普法能力提出更高的要求,以尽快实现全面依法治国的目标。

（二）媒介传播环境发生深刻变化

1. 2012 年以前：电视作为主要传播渠道，电视法治节目蓬勃发展

电视在改革开放初期便作为宣传党的方针政策和国家的法令法规的有效传播媒介而受到政策支持。电视集视听手段于一体，通过图像、声音、文字、特效等多种方式传播信息，给予受众最直观的冲击力与现场感，具有极大的传播影响力。得益于电视的传播力，电视法治节目自播出就备受关注。1985 年，上海广播电视台开播了中国电视历史上第一档法治节目《法律与道德》；1999 年，中央电视台的《今日说法》开播后便快速走红；此后，各大电视台开始着力打造具有全国影响力的法治节目，第一个专业性法治频道——长沙电视台政法频道应运而生。

2000 年以后，随着多媒体技术的发展和电视格局的优化，电视法治节目的制作技术日趋成熟，在视听上有了质的飞跃。此阶段，电视法治节目呈现出井喷态势，节目数量、节目类型和传播覆盖面节节攀升，法治特别节目开始出现。普法栏目剧将法治节目与电视剧相结合，以真实法律案件为原型，以故事化的叙事手法和大众化的表达方式呈现情节，收获了大批观众；栏目剧之外，法治调解类节目、法治故事类节目、法治民生类节目、法治服务类节目、法治小品片等层出不穷。随着制作理念和技巧走向成熟，电视法治节目迎来了十余年的蓬勃发展期。

2. 2012—2016 年：新媒体快速崛起，倒逼电视法治节目转型改革

以互联网平台为依托，以及时、海量、互动为特征，新媒体改变了大众传播行为和信息接收方式，给传媒业带来了颠覆性的影响。电视产业自身的转型发展与新媒体的快速嬗变摩擦碰撞，媒介传播环境发生剧变。

2013 年是移动新媒体元年，中国进入了 4G 时代。4G 技术使得声音和影像的传输速度与质量得到了大幅提升，传播方式由单一化转向多屏化，电视不再是人们为获取新闻信息所固守的唯一平台，新媒体的强势崛起倒逼着传统媒体的转型突破。

2014 年，中央全面深化改革领导小组第四次会议召开，标志着中国媒介融合进程的开启。会议强调要推进媒体融合发展的工作，要求传统电视媒体进一步拥抱新媒体，打造出一批具有核心竞争力的新型媒体集团，塑造立体多样、融合发展的现代传播体系。这为传统媒体如何讲好中国故事规划了道路，也为电视法治节目的转型发展指明了方向。此后，电视法治节目开始积极探索"互联网＋"和"新媒体＋"的融合转型方式,逐渐形成两微一端、视频、户外屏等多态化发展模式。

3. 2016—2020年:数字传播技术不断完善,新传播平台不断涌现,新媒体重塑中国传媒业结构

2016—2020年是我国开展法治宣传教育的第七个五年规划时期。随着信息技术不断完善,新媒体与5G、大数据、人工智能和区块链等新兴技术相结合,社交媒体、短视频、网络直播等平台呈蒸蒸日上之势,改变了法治信息的传播方式和接收方式。2016年是我国的智媒元年,这一阶段媒介技术实现了突破性发展,短视频平台在短短5年间从新兴产业走向黄金时期,成为极具代表性的新媒体平台。抖音、快手、B站等APP集短视频、社交、直播等功能为一体,在法治内容的制作和分发方面优势明显,具有广泛的传播影响力。[①]

2016年2月19日,习近平总书记在党的新闻舆论工作座谈会上指出:"随着形势发展,党的新闻舆论工作必须创新理念、内容、体裁、形式、方法、手段、业态、体制、机制,增强针对性和实效性。要适应分众化、差异化传播趋势,加快构建舆论引导新格局。要推动融合发展,主动借助新媒体传播优势。"

2020年,《民法典》完成立法程序期间,用户利用短视频平台获取和传播法治信息的行为模式成为常态。卡思数据显示,截至2020年年底,"♯民法典"话题视频的总播放量超过25亿次,"♯民法典解读"话题视频的总播放量超过4000万次,短视频因其传播的时效性与通俗性而吸引了大批流量。

随着信息技术的进一步发展,中国新媒体又先后经历了"互联网＋"、智能化、数字化、"智能＋"、"5G＋"时代。2019年6月6日,工信部向三大运营商发放了5G商用牌号,开启了中国的5G新时代。5G时代的到来,意味着世界将处于万物皆媒的生态环境。技术的迭代也意味着电视法治节目在传播理念、展示手段、节目形式和精准把握受众需求等方面需与时俱进,这也是电视法治节目永葆青春的必然要求。

二、电视法治节目面临的挑战

近年来,人们的阅读习惯日益呈现碎片化的状态和趋势,传统电视法治

---

① 李明德、赵琛:《新媒体时代"四力"的突围与跨越——基于"十三五"时期中国新媒体发展的几个焦点》,载《编辑之友》2021年第1期。

节目动辄十几分钟或几十分钟的内容和传播方式已经无法适应这种碎片化的传播格局,传播生态环境的变化给电视法治节目带来的最直观冲击就是收视率的下降与广告赞助的转移。移动互联时代,观众注意力的转移不仅导致了电视法治节目收视率的低迷,也弱化了其普法宣传影响力,带来的挑战不言而喻。

（一）新媒体崛起给电视法治节目带来冲击

1. 新媒体内容生产主体多元,分发渠道多样,冲击电视法治节目的内容生产与分发方式

新媒体的出现,改变了法治节目的内容生产方式和分发方式。早期的新媒体不是专门的内容生产机构,不设有专门的内容生产人员,而是通过筛选、推送、管理和维护互联网上生产的各种信息来进行内容生产,其中包括公民新闻、社交信息以及专业媒体生产的信息,新媒体的法治内容生产呈现出多元化趋势。[1] 自2017年国家机关设立"谁执法谁普法"的普法责任制以来,司法部门变身媒体人,公安局、检察院和法院纷纷开设独立媒体,发布法律信息。与此同时,数字化技术的发展开启了人人手持麦克风的全民记者时代,公民开始使用新媒体平台来积极参与法治节目和法治事件的讨论。多元的内容生产主体造就了新媒体丰富的内容储备库,新媒体通过充分挖掘用户和社群价值,形成了低成本和高效传播的优势。相较之下,传统媒体围绕内容生产运转,其成本和主要任务都基于提供内容产品,它的员工构成也是以内容制作者为主,内容生产主体的单一性十分明显。

另一方面,新媒体多样的分发渠道颠覆了以往的信息传播方式。新媒体推出多屏播放模式,将同一法治视频切割成若干个片段,在不同平台、不同话题下推出不同视频,这一创新改变了传统电视的单一屏的呈现方式。手机、电脑、iPad等智能终端的出现,使得网络法治节目高频率的跨屏收看模式成为可能,于传统电视法治节目的收看模式而言是一种质的飞跃。

2. 新媒体借力5G技术,算法推荐精准锁定受众喜好,吸引大批年轻受众

以智能媒介为代表的新媒介,是一个由各种人工智能技术组织起来的空间或场域。5G时代,新媒体智能化收集数据、存储数据、分析数据、展示数据

---

[1] 胡翼青、李璟:《"第四堵墙":媒介化视角下的传统媒体媒介融合进程》,载《新闻界》2020年第4期。

的能力获得全面提升。在法治节目制作过程中,新媒体从业者能够更加方便快捷地引入大量数据信息,针对法治事件进行多维分析,丰富节目内容,并且能够将繁杂的数据简单化、关联化,以直观生动的可视化形式呈现,满足不同受众需求。①

在传统的电视法治节目收看模式中,受众自主性偏弱,他们只能被动地收看电视台安排的法治节目。新媒体则通过算法系统来分析受众的法律阅读兴趣,把相应的法治文章或视频推荐给受众,同时也为受众提供了双向互动的空间。普法内容智能化推荐和双向性互动,极大地提高了新媒体平台的用户黏性。新媒体推出视频的评论、打分等新型互动方式,受众有"感兴趣""不感兴趣""举报不良内容"的反馈权利,这些举措增强了受众的主导性和参与度,同时也为平台指明了改进和提升的方向。

3. 新媒体市场竞争意识强烈,冲击电视法治节目的运营方式

新媒体基数庞大且层出不穷,而市场资源十分有限,目标受众市场高度重叠,时刻面临着优胜劣汰的危机,故更新迭代十分迅速。新媒体不仅要及时更新运营理念和管理机制以适应市场变化,也要在保证内容质量的前提下,充分考虑人才成本、制作成本和运营成本。在大浪淘沙的市场历练下,新媒体逐渐形成独到的运作体系。

2017年播出的《谈事说理》是中国首档在新媒体平台播出的法治谈话节目,由人民日报社《民生周刊·廉政中国》和中国行为法学会廉政研究委员会等机构联合主办。作为一档为民普法的新媒体法治节目,《谈事说理》与传统电视法治节目的运营方式不同,在微博、微信、今日头条等平台积极布局,并与众多媒体建立授权合作,结合多样的终端,将节目传送到观众面前。《谈事说理》是新媒体积极应对市场竞争的一次有益尝试,充分验证了法治节目和新媒体平台融合发展的可行性与必要性。相较于积极应对市场竞争并不断创新节目类型和表现形式的新媒体,传统媒体市场的竞争意识欠缺、管理体制僵化、运营机制机械化等短板暴露无遗。②

(二)电视法治节目自身转型融合程度有待提升

新媒体平台的爆发给传统电视媒体带来了危机感和竞争意识,电视媒体

---

① 匡文波:《5G:颠覆新闻内容生产形态的革命》,载《新闻与写作》2019年第9期。
② 佟威:《互联网背景下谈话节目的网络传播研究》,长春工业大学2019年博士论文。

开始与新媒体融合以应对传播挑战。目前,媒体融合的迫切性彰显,电视媒体虽有积极融合的愿景,但是融合的力度、广度和深度有待加强,正处于转型融合的瓶颈期。

一方面,电视法治节目与新媒体的融合更多是流于形式,而不是贯穿整个经营和制作流程。在电视法治节目的普法宣传中,更多的只是通过新媒体渠道来吆喝自己的节目,并没有在制作过程中就积极融入新媒体元素。法治节目的主阵地仍是电视媒体平台,其他新媒体平台大多作宣传和推广之用。

另一方面,电视法治节目的运营理念和运营机制没有与市场经济体制全面对接。"事业性质,企业管理"是改革开放后我国传媒的运作模式,传统的运营理念决定了电视法治节目僵化的创新模式。在节目策划上,常常是观点先行,为主题寻找现实案例作为补充材料;在新闻采编上,缺乏兼顾采写能力和视频制作能力的全能人才;在经营管理上,电视法治节目盈利模式单一,市场竞争意识和商业敏锐度不强,在全能型人才的培养、节目产业链的形成等方面较为疏忽。总体来看,资金匮乏、运作机制待完善、资产效率低下等问题成为电视法治节目日常运营和转型发展中亟待解决的问题。[①]

(三)电视法治节目制作创新乏力,后劲不足

1. 内容同质化现象严重,故事性高于法理性

内容同质化、选题撞车是近年来电视法治节目面临的一大隐忧。自从央视的《今日说法》一炮而红,开创"绿色收视"的奇迹后,许多电视台开始争相效仿这种以案说法式的节目风格,包括主持人的谈吐方式、演播厅的场地设计、专家的评论点拨,甚至连节目的片头片尾、插曲配乐等,也极大地借鉴了《今日说法》。[②]

近些年,电视法治节目从黄金播出时间不断被外调,承受着一定的收视压力。为了吸引观众的注意力以提高收视率,一些电视法治节目不惜违背新闻专业主义,落入打擦边球的陷阱。有些法治节目只着力于报道可以吸人眼球的大案、要案,取材以百姓喜闻乐见的民事案件为主,并大手笔渲染民事纠纷的细节和调解的结果,使节目呈现出向民事新闻倾斜的趋势,其普法作用流于表面而不深入。

---

① 张彤:《中国媒体行业的资本市场适应性研究》,上海交通大学 2014 年博士论文。
② 高翀:《浅谈电视法制节目的发展及其走势》,载《西部广播电视》2019 年第 20 期。

当故事化的叙事情节喧宾夺主，法治节目的法理性将黯然失色。适应市场化需求的尝试固然重要，但是一味迎合观众的猎奇、窥私心理，以案件的故事性、悬念性来吸引观众，反而使法治节目失其原则、乱其定位。我国的法治节目以促进立法、为民普法和监督执法为己任，理应呈现出较高的法律专业水准。

2. 传统采编制作人员频频流失，新兴融媒体人才培养乏力

从市场竞争角度来看，电视法治节目与新媒体之间的竞争，本质上是以媒体人才为支撑的综合实力较量。早期的电视法治节目从业人员大多由公安局人员、部队退役人员转业而来，这些从业者有着较强的法律实践经验和社会交际能力，与群众有着密切而深厚的联系，往往能走进群众，以其强烈的新闻敏感性，挖掘出有内涵、深层次的法治新闻，制作出影响力深远的法治节目。相较之下，目前的法治节目从业人员虽具有丰厚的理论知识，但缺乏社会阅历和实践经验，对群众的了解仍待深入，不够接地气，鲜少能挖掘出击中社会痛点的法治新闻。

"八五"普法时期，电视法治节目的融合与转型加大了对新媒体和融媒体人才的需求，然而近年来，电视法制节目从业者的生存状态不容乐观。电视媒体对员工新闻职业生涯的规划并不明确，对员工的专技培养和对外交流也较为缺乏。结果是，新闻采编骨干和节目制作骨干频频流失，对融媒体人才的挖掘与培育更是难以为继。①

3. 审核模式繁琐，创新模式僵化，不再适应新传播模式下的高效状态

电视媒体采取事前审批、事中监督的视频审核模式，从选题、制作、审查到播出，层层审核流程在一定程度上拖慢了电视法治节目的播出速度，使其在激烈的传播竞争中失去先机，就其普法影响力和舆论引导力而言是一种极大的挑战。复杂的审核模式导致电视法治节目在内容和选题上力求稳妥，其必然结果是创新模式的僵化。虽偶有创新，但总体大致成为"案件发生—立案调查—法律审判—普法教育"的固定模式。② 选题结构的固化和创新模式的僵化，使电视法治节目难以持续提升竞争力。

---

① 段莉：《营造报业人才新生态路径探析》，载《传媒》2020年第20期。
② 孙苗苗：《新媒体环境下电视法制节目的发展路径》，载《中国广播电视学刊》2018年第3期。

三、电视法治节目面临的机遇

从广播到电视,从电视到网络,媒介创新的历史证明,各种媒体都有自己的生存空间,新出现的媒体形式并不会完全取代旧媒体。尤其在重大历史的特殊时期,传统媒体的权威性和公信力更一步凸显。2020 年初,疫情大规模爆发后,全国进入了"居家抗疫"的模式,电视媒体传播信息、提供娱乐和教育大众的功能在疫情期间发挥着巨大的作用。根据中国试听大数据系统统计,2020 年,全年电视收视用户每日户均收视时长为 5.85 个小时,较 2019 年有所上涨。其中,2020 年 2 月,观众"居家抗疫"带动每日户均收视时长上涨 6.5 个小时,达到全年最高。CCTV1 综合频道的《今日说法》栏目推出了《守护防疫保障线》《疫情之下》和《疫情下的罪与罚》等"战疫"节目,上海 SITV 法治天地频道推出了《众志成城防控疫情特别节目》,这些电视法治节目在深入宣传法律法规、引导人民配合法治工作和推进疫情防控各项工作实施的过程中发挥了重要作用。电视法治节目虽然受到了新媒体带来的冲击,但是国家普法环境的改善、自身长期积累的优势以及媒体深度融合带来的机遇都表明,电视法治节目将突破发展瓶颈期,实现与新媒体的合作共赢,展现良好的发展态势。

(一)"八五"普法规划中,电视法治节目依然是主力平台

党的十九届五中全会对依法治国提出了更高的要求,会议明确了习近平法治思想在全面依法治国工作中的指导地位,这是我国社会主义法治建设进程中具有重大现实意义和深远历史意义的大事。

伴随着我国经济社会的快速发展,中国特色普法已经走过了七个五年,正迎来第八个五年。2020 年 5 月 28 日,《民法典》完成立法程序,这是社会主义民主建设和法治建设进入新时期的里程碑。中国的法治现状和法治目标使得"八五"时期的法治宣传工作要求越来越高。随着普法工作的不断深入,作为"八五"普法时期极为重要的大众媒体平台,电视法治节目责无旁贷,在促进立法、全民普法和监督执法的工作中肩负着重要使命。中国国家政策的支持以及法治环境的优化,为电视法治节目的发展创造了天然机遇。

(二)媒体融合为电视法治节目的发展带来新机遇

依法治国的深入需要大众传播构建积极的普法氛围和舆论环境,电视法治节目因其较强的故事性和法律专业性,显示出独特的普法效力,成为媒介融合时期颇具前景的节目类型。

媒体融合是一个动态的发展过程。我国媒体融合的最初实践是一种形

式上的融合,是传统媒体与互联网的"内容＋渠道"叠加式结合;而后的三网融合政策试图将技术层面的基础设施资源整合拓展至业务融合与市场融合,但缺乏政府激励结构与微观企业制度的配合;现媒体融合已上升为国家战略,习近平总书记就加快媒体融合发表的多次重要讲话都强调要强化互联网思维,坚持传统媒体和新兴媒体优势互补与融合发展。[①] 2020年6月30日,中央全面深化改革委员会第十四次会议通过了《关于加快推进媒体深度融合发展的指导意见》,报告指出:"要构建全媒体传播体系,将内容、技术、人才、资金全面向互联网汇聚,通过培养全媒体人才,优化全媒体生产传播架构,建立全媒体传播体系。"媒体融合政策不意味着电视法治节目被取代,而是推进了新老媒体进一步优势互补,为普法工作开启了新的进程,也为电视法治节目带来新的机遇。

媒体融合发展带来媒体格局、舆论生态、媒介形态、传播伦理、传媒教育等众多方面的变化。比如,在普法工作中,天津市政府鼓励传统电视媒体和新兴媒体融合发展,使二者优势互补,取得了可观的效果。天津市政府积极搭建声、屏、报、网立体宣传平台,《天津日报》《今晚报》、天津广播电视台等市级媒体加大宣传力度,各主流媒体开设《今日开庭》《法眼大律师》等普法栏目,北方网"津门普法"、"天津司法"微信微博、"12348"天津法网等密集推送普法产品,全面推进媒体融合,提升法治文化的引导力和影响力。[②]

(三) 电视法治节目自身长期积累的优势将是未来法治传播竞争中的核心竞争力

电视法治节目在长期的发展中积累了无可比拟的优势,涵盖专业化的制作技法、优质丰富的法律资源和高美誉度的普法品牌。

新媒体平台中传播主体的泛化,大大削弱了法治节目制作的法理性和专业性,而电视法治节目在信息选取和制作流程上有着严格的标准,这使得电视法治节目在重大法治事件报道中具有不可替代的地位和影响力;同时,电视媒体与司法部门长期保持着良好的合作关系,在对权威信息的掌握和发布方面,电视法治节目比新媒体更具优势。凭借着丰富的法律资源和可靠的法治信息来源,电视法治节目的制作方式与信息核查更为专业,对重大法治案

---

① 殷琦:《创新的转向:中国媒体融合演进的路径与机制》,载《新闻大学》2021年第1期。
② 刘基智、王璐、张志锋、韩玲:《新时代做好普法工作的研究与思考》,载《中国司法》2020年第12期。

件的挖掘更具内涵与深度。基于这些优势累积确立起来的权威性和公信力，形成了法治节目独有的品牌优势。

目前，不少电视法治节目已经具备了品牌开发、拓展和维护的能力。走过二十余个年头，以CCTV1的《今日说法》为典型的"以案说法＋专家评论"型法治节目、以北京电视台科教频道的《第三调解室》为典型的矛盾纠纷调解型法治节目、以北京卫视的《法治进行时》为典型的新闻叙事型法治节目和以上海电视台新闻频道的《庭审纪实》为典型的庭审直播型法治节目等，成为深入人心的国民法治品牌。

四、"八五"普法时期电视法治节目发展的展望

随着依法治国的深入推进，"八五"普法时期将是电视法治节目发展的阵痛期和机遇期，只有积极应对、求新求变、大胆研判、转型突破，电视法治节目才能在法条的解读、内容展示的形式、传播渠道的多样性，以及特别是对受众的法制需求服务上迎来广阔的发展空间，才能在普法效果、社会影响力以及法治权威性方面迎来质的飞跃。

（一）内容渠道分发跨界整合，打造多媒体矩阵，以提高普法影响力

新技术与传统电视媒体的结合，带给电视法治节目空间和时间上的跨越，延伸了法治信息的涉猎范围，革新了法治节目的传播形式。展望未来，电视法治节目将进一步顺应融媒体发展趋势，推进内容生产、内容分发、运营理念、运营机制等全方位创新。电视法治节目在与新媒体平台的融合过程中，可把握新媒体及时、共享的优势，运用互联网大数据技术来精准锁定受众喜好，分渠道分发不同节目内容，打造多媒体矩阵，实现节目的跨界联动传播。

法治节目在融合多种传播渠道的同时，也要发挥好不同渠道的优势，根据大数据采集云端信息，明确各平台的自身定位和受众喜好，分渠道分发不同内容，实现特色化、差异化、分众化传播。传统电视媒体是受众信任度最高的媒体平台，是法治节目的主阵地；移动端是传播法治信息最快速、最便捷的媒体平台，具有一大批年轻的忠实用户。法治节目在电视端播出的同时，也应抓住不同平台的特点，为节目宣传增光添彩。

针对云端统计的受众年龄、学历、社会地位等信息，在不同平台分发的内容应各有侧重。在受众年龄层跨度较大的电视平台上，应保证法治节目的真实性和完整性，使观众了解法治事件的来龙去脉，以更好地进行法律普及。

在以年轻用户为主要受众的抖音、快手、B站等短视频平台，要保障传播内容的趣味性和轻量化，可以将法治节目切割成若干个精彩片段，通过短、平、快的视频来契合用户的碎片化阅读习惯，激发用户的阅读兴趣和讨论兴趣，提高法治信息的到达率。在以话题热搜榜见长的微博和今日头条等平台，可以创建法治节目的相关话题以引发用户讨论，并通过营销相关话题以创造实时流量与热度，话题先行，进而引爆法治节目。在以高知用户为主要受众的知乎、豆瓣、新华网等平台，应尽量摒弃节目的通俗化和娱乐化，以严肃的形式来呈现节目内容。

（二）全员联动普法，营造沉浸式普法环境，形成社会普法合力

普法是一项利国利民的崇高事业，也是一项复杂的社会系统工程。普法工作不仅需要媒体的积极宣传，也需要各社会部门共同参与和推进。展望"八五"，各级党组织将进一步带领人民群众学习宣传国家法律法规，司法和行政执法人员、法律服务人员、法律专业师生等大批人员将加入普法工作者队伍，营造出沉浸式的普法环境。

随着法治社会建设进程的加速和新媒体平台的蓬勃发展，人民群众在普法工作中发挥着越来越大的影响力。人民群众不再是被动的受教育者，司法部门与人民群众将构建一种共同发声的对话模式。人民群众通过了解典型法治案例、学习法律知识等，分享自己的法律见解，表达自己的法治观念，对法律的颁布与修改提出建议，积极地参与到法治社会的建设中。同时，司法部门尽力满足公众的法治需求并作出改善。两者在对话模式中共同学习、共同进步，在全社会形成普法合力。

（三）坚守法治节目的教育性和服务性，夯实人民群众的法治信仰

法治节目的传播提供了一个普法平台，在促进人民群众知法、守法、用法的过程中发挥着重要作用。在电视媒体与新媒体的融合过程中，法治节目的教育性和服务性是不容小觑的。从"一五"普法到"七五"普法，历次普法的主题都与时代精神息息相关，服务人民群众的日常生活、保障人民群众的合法权益则是历次普法不变的主旋律，也是夯实全社会的法治信仰的重要途径。[1] 教育性和服务性是电视法治节目长期发展的坚实基础，也是一以贯之

---

[1] 宋姣、王利平：《媒体融合开启法治宣教新进程——以民法典诞生和宣传为契机》，载《中国出版》2020年第13期。

的出发点和落脚点。于人民群众而言,电视法治节目应有的放矢地选择人民群众切实关注的法治话题,力求精准服务人们的法律需求;于社会发展而言,电视法治节目应弘扬社会主义核心价值观,积极推动依法治国的进程,为建设法治社会作出贡献。

（四）内容为王将回归成为"八五"普法时期的竞争核心

新媒体技术的快速发展开辟了更多直达受众的智能终端和传播渠道,使得法治信息的传播更为方便快捷。媒体融合时代,信息技术在高速狂奔后,终端和渠道将不再稀缺,优质的法治内容则更加珍贵。当内容为王回归到法治信息传播的竞争主位,传统电视法治节目的内容优势将更加凸显。

新媒体技术的发展使得法治信息的传播速度越来越快,法治案件的层出不穷使得人们的法律需求越来越多样,因此对优质法治节目的需求也越来越大。通过大数据和云技术,媒体可以轻松挖掘到数以万计的法治新闻题材。面对海量资源,电视法治节目更应切实做好"把关人"的工作,在整合信息资源的同时,保证节目质量。电视法治节目要对中国特色社会主义法律法规进行深入解读,创造出有深度、有内涵、有价值的传播内容。其一是节目选材典型,能够深刻反映社会现实;其二是节目定位明确,摒弃哗众取宠的事迹内容,充实节目的法理性;其三是节目渲染手法适当,突出法治节目的专业性;其四是提升节目内涵,突出节目深度,跳脱出单向且单调的说法层面,将法治主题深化,让受众明白内在法理。

2021年是社会主义现代化新征程的开启之年,也是"八五"普法宣传教育的开局之年。电视法治节目作为法治社会建设过程中不可或缺的中流砥柱,要积极彰显普法性、服务性和建设性。电视法治节目既要积极拥抱新媒体,不断革新运营理念和运营方式,也要创作出更多造福人民群众的优质法治内容,实现媒体融合时代下的突围。

第二节　电视法治节目的类型与经典节目解析

时代变化,我国法治节目经历着转型期的考验。为了更好地发挥新闻事业的功能,法治节目积极拥抱新的媒介技术,重新定义制作模式,不断丰富节目的内容,从而吸引更多受众。研究我国电视法治节目的发展,必须对其类型、特性等基础性理论问题进行明晰。同时,通过对法治节目发展过程中的经典节目进行分析,可以把握我国法治化推进的脉络,了解法治节目创新的路径和趋势,扩宽法治节目研究的视野。

一、电视法治节目的特性与类型

（一）电视法治节目的特性

1. 双重专业性

电视法治节目属于法学和新闻学的交叉领域,因而具有双重专业性。一方面,在制作电视法治节目时,要有高度的新闻专业素养,客观地选取新闻事实,严谨地报道法治新闻,把握法治信息的传播特性,达到传播效果最大化；另一方面,法治节目要突出法理性,做到准确解读政策法规、阐释法律条文、传播法治理念与法律知识,使民众正确理解法治社会的内涵。

2. 宣传教育性

改革开放以来,我国的法治建设提上日程,立法、司法、普法等工作同步进行,新闻事业与法治建设共同发展,在每一个五年普法规划中都发挥着普及法律知识、弘扬法治精神、倡导法治理念、提高法治意识、推动国家法治化进程的重要作用。法治节目以法律和道德为准则去把握选题,在客观报道的基础上,注重法治教育理念,正确引导舆论。

3. 社会服务性

法治节目的类型多样,为了较好地传递法治理念、普及法律知识,往往选取具备示范、警示作用的案例。对这些案件的全面解读,一方面为百姓在日常生活中遇到类似问题提供解决方案,另一方面也能起到警钟效果,使全体民众都能更好地遵守社会规范,以法律为道德红线,树立遇事通过法律途径解决的意识,避免走极端化。

（二）电视法治节目的类型

1. 法治资讯节目

法治资讯节目遵循一般新闻节目所应具备的新鲜性、重要性、接近性等要素,每期围绕立法、执法、司法、守法等方面报道多则简短的新闻消息,是广大民众获得法治资讯的重要途径。较具代表性的法治资讯节目有北京电视台的《法治进行时》、广西电视台的《法治最前线》、深圳电视台的《法观天下》、九台联播的《法治中国 60 分》等。

2. 法治专题节目

法治专题节目融合了专题片的表现形式和纪录片的叙事手段，一般以案件的演变过程为脉络，以案件细节来展示丰富内容，通过采访办案人员、受害人以及嫌疑人的方式来回溯案情。在梳理案件的同时，法治专题节目会揭示人与法的复杂关系，具有故事性和新闻性的双重特征。法治专题节目选取的案例与法治资讯类节目不同，带有强烈的教育与警示意义，用血淋淋的案件和人性的复杂来彰显法律与道德的底线。较具代表性的法治专题节目有中央电视台的《今日说法》《天网》《一线》等。

3. 法治庭审节目

法治庭审节目是以法庭为主要场景的法治节目，通过直播或录播的形式来记录庭审过程，突出了纪实风格，直观地把司法审判程序公开给观众。法治庭审节目通过对个案的深度剖析，将法律的公正无私和当事人的喜悦、悔恨等复杂情绪通过电视媒介直观地传达出去，庄重的庭审氛围能够让观众正面感受到法治的威严与力量，也能从中了解司法审判的相关知识，自觉地接受法治教育。较具代表性的法治庭审节目有天津卫视的《法眼·大法庭》、中央电视台的《庭审现场》等。

4. 法治纪录片

不同于历史纪录片等人文纪录片所具备的艺术观赏性，法治纪录片聚焦于同一主题的案件或某一执法群体，通过不断追踪拍摄，最终成片。法治纪录片满足了人们对真实的诉求，故事化的叙事和现实的场景交叉，展现了真实的故事和立体的人物形象。这种法治节目不仅具有法治教育意义，也让受众更多聚焦在法治中的"人"身上，了解嫌疑人、受害人、执法者的心理和情绪变化，对"法治"这一概念有更具体的感知。较具代表性的法治纪录片有警务纪实系列片《天网》和警务纪实观察类真人秀《守护解放西》等。

5. 法治政论片

政论片是电视节目的一种，它体现了国家政治、经济、文化、生态、社会等方面的工作内容，反映了党和国家在特定时期的重大决策、经历的事件和问题等。此种类型的节目具有较强的政治意义，是主流价值观的集中表达，不仅能唤起受众的民族情感，而且是当今时代的记录手册。经典的法治政论片有央视在第十九次人民代表大会期间连续推出的《将改革进行到底》《不忘初心 继续前进》《法治中国》《巡视利剑》等。

6. 互联网法治节目

进入到 21 世纪,互联网以特有的即时、海量、互动等优势冲击着传统媒体。面对科技力量的强势介入,我国的新闻业以积极的态度拥抱这一时代的挑战与机遇,因此涌现了许多"互联网+"的法治节目。

首先,以平台为主的特色传播。融合是互联网时代不可阻挡的趋势,信息无处不在,社交成为人们重要的交往形式。基于此,法治节目突破了栏目式的制作形式,在抖音、今日头条等视频、新闻聚合平台传递符合平台特色的法治信息,融入时下流行的娱乐元素,吸引用户注意力,扩大传播范围。

其次,实现多元化传播,打造传播矩阵。当前,智能手机等移动设备快速普及,借助互联网平台来实现法治节目的多元化、多层次传播已经成为趋势。法治节目以电视为主要播放平台,同时利用网络平台发力,在报道过程中,通过短视频、H5 动画等形式来增强法治节目的传播效果。

再次,利用新的媒介技术来拓宽节目形式。新媒体可以实现即时互动,许多法治节目设置了互动传播的环节,通过实时的留言评论、现场连线等方式来加强与受众的联系,直播也成为法治节目积极尝试的创新方式之一。2020 年,顺应直播节目的流行趋势,央视社会与法频道的《现场》节目进行了多次网上直播。例如,在网上直播了北京互联网法院公开审理的黄金会员诉爱奇艺《庆余年》超前点播案,该案共在 40 余家平台同步直播,直播时长 195 分钟,超过 2100 万网友在线观看。[1]

媒介形式的改变使得当今时代受众的接收习惯彻底改变,连续不断的节目播放形式已经无法适应人们的日常生活节奏,利用新的传播技术来创新法治节目的创作已经成为必然。

二、经典电视法治节目解析

(一) 法治资讯节目的创作

1. 法治资讯节目的概况

法治资讯节目是指以广播、电视、网络为媒介手段,向受众传输最新的法治领域相关信息的一类新闻节目,注重时效性和重要性。在没有专门的法治资讯节目之前,法治信息经常作为综合类新闻资讯节目的一部分播出,选取

---

[1] 于海霞:《论法制节目直播的前景——以〈现场〉节目为例》,载《新闻研究导刊》2021 年第 12 期。

的题材也是全国的重大典型案例。专门的法治资讯节目的出现与法治频道的出现密切相关。1999年,湖南长沙率先设置了法律类专业频道,其推出的《政法报道》更是成为全国第一档法治资讯类节目[①];之后,各地方电视台纷纷开设法律类专业频道,法治节目也迎来了发展的黄金期。

如今,随着节目形式和内容的极大丰富,法治频道逐步纳入新闻或公共频道,但法治资讯节目一直是各地方卫视坚持的本地特色栏目。法治资讯节目在解读全国性的法治政策和事件的同时,聚焦于本地发生的新闻事件,建立与本地市民的情感联系,加强节目的传播效果,如山西卫视的《法在身边》、湖南卫视的《经视说法》等。于2014年开播的《法治中国60分》首次突破地域限制,实现了平台资源共享[②],通过即时报道、深度分析和专家学者的解读,让观众每天在1个小时的时间里,纵览全国重大法治新闻事件,成为法治节目的创新实践之一。

2. 法治资讯节目的创作特性

(1) 选题特性

法治资讯节目日播的播出模式,使得它必须及时获得丰富且有价值的新闻事实。对于地方卫视的法治资讯节目,选题既要有时效性和重要性,也要考虑到接近性的因素。时效性指的是报道最新的法治资讯,如最新出台的法规政策、百姓关切的事件的最新进展等。至于重要性,一方面是选取重要的法律法规的出台或者有一定社会影响的案件进展;另一方面也包含了接近性要素,即除了国家大事,老百姓最为关切的就是与自身利益有关的讯息,如警方发布的防欺诈技巧、劳务纠纷、父母赡养等,这类资讯通常具有指导性,能帮助老百姓应对在实际生活中遇到的类似问题。例如,河南卫视的《法治现场》于2021年11月15日在节目中谈到了关于非正式机构给市民电动车上车牌的问题,节目组联系采访了车管所、公安局和发放车牌的主管单位的人员,对这个在市民中引起争议的事件进行了正面的回应,避免市民的利益受损。

比起地方性的法治资讯节目,全国性的法治资讯节目的选题范围更广,其结合近期的热点事件和政策进行筛选,对全国各地具有典型示范意义的案

---

① 游洁、郑蔚:《电视法制节目新论》,中国广播电视出版社2007年版,第52页。
② 董炬光:《〈法治中国60′〉的探索与创新》,载《中国广播电视学刊》2018年第S1期。

件进行报道,在教育指导民众生活的同时,彰显法治社会的时代面貌。

(2) 内容编排

法治资讯节目内容编排指的是对多个题材的内容,按照一定顺序进行排列。合理的内容编排能增强节目的传播效果,提升受众的观看体验。从各地方台的法治资讯节目来看,基本上都延续了自节目播放之初形成的编排风格。一以贯之的形式能与受众建立一定的情感联系,迎合受众兴趣的同时,形成本节目独有的特色。

法治资讯节目的内容可分为四个方面:第一,情、理、法冲突交织的典型案例;第二,最新最热的法治话题;第三,具有社会影响的重大题材;第四,贴近普通百姓生活的法治题材。在内容的编排上,往往根据重要性原则,首先播放全国性的重大法治新闻;其次是省内的重要法治新闻,如最新举行的省代会传达的重要信息等;最后是关切百姓生活领域的题材。在以主持人为主要报道者的法治节目中,主持人往往起着重要的穿针引线的作用,一些节目也会采取插播片头短片的方式,对资讯内容作间隔,使整体的节目具有一定的节奏感。

(3) 播放形式

法治资讯节目的时长通常在 20—30 分钟,单个新闻时长在 3—5 分钟,短而多的资讯便于受众快速了解政策及法规的重点内容,通过相关案例来教育、警示民众。对比现有的各卫视的法治资讯节目的播出时间,通常为晚间 20:00—20:30,并且会在 6:00 与 22:00 两个时段进行重播。除了在电视端、网络广播网进行完整节目的回放,头条号、微信视频号、微博视频号、抖音等视频平台也会在节目播出后剪辑完整节目的分解视频,以便受众了解感兴趣的内容,扩大传播的范围。

3. 经典节目案例分析——《法治进行时》

(1) 节目概况

《法治进行时》是北京卫视的一档法治资讯节目,1999 年 12 月 27 日开播至今,最初是 15 分钟的节目时长,2002 年改为 30 分钟的日播节目,采取资讯和专题相结合的方式,以独特的新闻视角、第一时间的现场报道,以及真实、鲜活的法治案例,成为北京卫视的特色法治节目。

随着新兴媒体的兴起,《法治进行时》由原来单一的案件报道转变为通过案件来传达与法相关的服务性信息,通过案例来讲述执法者与当事人背后的故事。2016 年,《法治进行时》开始运营融媒体平台,以图文推送、短视频和网络直播等多种形式,开展法治宣传教育工作。与此同时,《法治进行时》借助新浪微博、新浪看点、秒拍、微信公众号、今日头条、网易、一点资讯、大鱼、抖音、百家号、趣头条等平台,初步形成了先移动端后电视端,集中生产内容,多平台分发的模式[1],节目传播的范围更广,传播效果也不断增强。在开辟多个新媒体平台的同时,《法治进行时》融媒体团队开通网络直播平台,以便配合宣传执法机关的执法工作。

(2) 节目结构

《法治进行时》最初是15分钟的节目时长,两天播出一次,2002年改为30分钟的日播节目,采取资讯和专题相结合的方式。资讯部分根据新闻的时效性原则,每日播放新鲜的法治资讯;专题部分以周为单位,每天设置不同的板块,如周一"现场目击"、周二"法治热线"、周三"现场交锋"、周四"法治纪事"、周五"现场提示"、周六"法网追踪"、周日"治安播放"。[2] 这种丰富多样的节目设置,使得《法治进行时》成为法治节目中的经典节目之一。

2008年,《法治进行时》打造午间法治时段,节目时长增加到65分钟,并增加"大家说法"的节目板块。2016年,《法治进行时》顺应媒介融合的趋势,开始打造融媒体平台。如今的《法治进行时》时长为30分钟,以主持人串联的形式进行资讯播报。除此之外,《法治进行时》还开设了热点、重点事件的特别栏目。例如,2016年,顺应媒介融合的趋势,《法治进行时》成立了融媒体工作小组,周一至周五晚上8点在网络平台对民众关注度较高的法治热点事件进行网络直播评论,同时把每天中午12点的电视端内容进行网络同步直播。为了第一时间回应民众关切的话题,工作团队会不定时对各类突发事件和法治热点事件进行直播,塑造了一定的影响力和公信力。

在建设新媒体渠道的同时,《法治进行时》深耕细作,在内容为王的基础上,结合最新的媒介技术,不断尝试创新。例如,《马良说》是《法治进行时》融媒体与今日头条合作的产品,每周上线1—2期,每期3—5分钟,是对网络热点新闻进行点评的形式。[3]《马良说》一方面发挥了老牌法治节目在内容制作

---

[1] 马良:《一艘传统媒体的航母如何驶入全媒体的蓝海——记〈法治进行时〉的融媒体转型》,载《新闻研究导刊》2019年第6期。
[2] 游洁、郑蔚:《电视法制节目新论》,中国广播电视出版社2007年版,第228页。
[3] 武治华:《广电融媒体创新发展与商业模式研究——以北京广播电视台科教频道〈法治进行时〉栏目为例》,载《新闻研究导刊》2020年第9期。

方面的专业水准,另一方面也探索了电视媒体与网络平台的合作路径。

(3) 节目特色

A. 凸显城市人文:《法治进行时》作为北京卫视的王牌节目,与北京这座城市息息相关,节目背景处处体现北京的地标性建筑,营造专属的城市氛围。节目开头播放了长达 1 分钟的人文宣传片《大美北京》,影片中既有都市的繁华景象、百姓安居乐业的画面,更有高楼大厦的现代感以及青年人奋斗的蓬勃之感。多年如一日的片头使得受众有熟悉的温馨感,增强了与受众的情感联系。

B. 期刊式的节目设置:《法治进行时》开头会播放今日的节目导视,这与杂志的编排方式类似,目的是将最重要的消息提前告知观众,以便观众根据需要选择,也避免错过重要的新闻资讯。

C. 自成一派的主持风格:《法治进行时》最初的主持人是徐滔,作为主持人和制作人的徐滔经常与警务人员到达现场,成为案件现场的当事人之一。这种真实性极大地触动了受众,认真专业的态度和极具感染力的主持风格使得徐滔成为《法治进行时》的重要标志之一。如今,主持人的录制场景在室内,以站立的姿态主持,加上一口"京味儿"普通话,让当地的观众感到亲切,也营造了一种轻松的氛围。

D. 字幕和配乐独具特色:《法治进行时》播出时,下方左侧从头至尾都带有"法治进行时每天中午 12:00"的方形字幕,十分醒目,能加深受众印象;同时,在播放资讯时,将资讯标题、采访人物的身份信息等用红色底色的字幕突出。节目中运用大量配乐来烘托节目效果,在介绍案情时节奏急促,塑造了一种紧张的氛围感并设置了一定悬念,在涉及结果性的内容时,会运用相对宏大的音乐来营造法治公平公正的氛围感。

(二) 法治专题节目的创作

1. 法治专题节目的概况

法治专题节目是将案件以电视节目方式呈现给观众,用法律法规来解读案件,对社会进行普法教育,提高全体人民的法律意识。如今,法治专题节目朝多样化方向发展,有说法、访谈、栏目剧等形式,通过讲述真实的案件来吸引观众观看。例如,经典法治专题节目《今日说法》就是以案说法,用故事化的叙事将案件呈现给观众,并从法、理、情多角度进行解读,让观众产生代入感,接受法治教育。

法治专题节目的制作有多种形式,可以是每期节目讲述一个案件,如广西卫视的《法案追踪》,通过案件来透视背后的违法现象,深度剖析人和法的复杂关系;也有几个板块形成一个专题的形式,如湖南卫视的《经视说法》,属于以案说法型,以插播案件的形式和法官、律师等专业人士一起探讨案例的法律问题。

通常,法治专题节目分为几个类型:一是案例说法型,《今日说法》是典型代表,这种形式突出"说法",对法律规定的具体案例进行剖析,将对案情的全面报道和法律专家事后讲评相结合,以案例的形式来通俗地说法。二是法律援助型,这类节目往往以解决普通人的法律问题为诉求,通常采取的形式是当事人与律师等专业人士面对面交流,显示了人文关怀,典型节目有央视的《法律帮助热线》和东方卫视的《律师试点》等。三是警察故事型,这类节目通过描述人民警察破大案要案的过程,满足人民群众对刑事案件的好奇心。

2. 法治专题节目的创作特性

(1) 题材选取

法治专题节目的选题首先要考虑到节目定位,节目定位可以框定一定的内容范围。[①] 关于法治专题节目的选题,有以下几个方面的立意:一是通过打击犯罪来树立典型案例,维护社会的公平正义。例如,2021年11月15日的《今日说法》就以警方侦破一起入室抢劫案为素材,制作了一期节目。二是聚焦特殊群体,展现案件背后的情、理、法,引起广大受众的共情,传播法治理念。例如,消防日前后,《今日说法》制作了专题的系列节目,采访多地消防人员,展现他们的生活,诉说他们的坚持,获得了广泛好评。三是对人民群众关切的问题予以回应,维护社会秩序。例如,湖南卫视的《经视说法》在2021年11月12日的节目中,通过邻里纠纷,引入了相邻权的法律解释,帮助百姓在日常生活中合理行使自己的权利。

(2) 叙事手法

电视节目叙事的最好方式就是讲故事,通过策划故事的题目、结构、情节来层层推进,展现事实的发展过程,提取出大量的信息,构成节目各种冲突、悬疑、感人的情节,让观众在被故事吸引的同时,也能学到一定的法律知识,树立法治理念。

---

① 游洁、郑蔚:《法制节目新论》,中国广播电视出版社2007年版,第72页。

法治专题节目基本采取以案说法的形式,案例的展现通常是真实影片回放,同时采访受害方、嫌疑人、警方人员等相关人员来还原案情。节目通常采取警方视角,主要消息来源于警务人员,按照逐渐发现的线索,向观众揭露事实真相。在节目叙事的几种方式中,倒叙式增加悬念,时间叙事可以帮助观众梳理案情,情景再现则能增强可看性。

(3) 注重节奏感

不同于法治资讯节目,法治专题节目基本围绕一个案例展开。为了在20—30分钟的时长内始终吸引着观众,就要求法治专题节目有节奏感,叙议结合,有情有理。央视经典法治节目《今日说法》的成功不仅在于节目精良的制作,主持人也成为该节目的特色之一。以案说法的形式要求主持人的表达不能过于专业,但也不能日常。该节目的主持人至今仍以说书的口吻引导节目,嘉宾的专业话语通过主持人接地气的解读,也能使受众更好理解。片头穿插、主持人口播、情景再现等环节都能起到控制节奏的作用,这样才能带给观众轻松的观看体验。

3. 经典节目案例分析——《今日说法》

(1) 节目概况

《今日说法》是我国于1999年1月2日在中央广播电视总台综合频道正式播出的一档电视法治节目,以"点滴记录中国法治进程"为理念,以"重在普法,监督执法,促进立法,服务百姓"为宗旨。节目报道百姓生活之中的真实案件,插入还原案情的真实扮演,对受害者、知情人和相关警务人员进行采访,并邀请法律专家对案件进行评析解读,以一种新颖的"说法"形式,向民众普及法律知识,宣传法治理念。

在当今媒介融合的新环境下,《今日说法》的新媒体平台也应运而生,以微信和微博为主阵地,结合一点资讯等信息分发平台,打造新媒体矩阵。除了以较为常见的"图片+文字"形式为公众普及多元化的法律信息,《今日说法》也正努力顺应新媒体发展潮流,不断深入新媒体的运营实践,将自身打造为一档贴近民众,为民众所接受与喜爱的法治节目。

(2) 节目结构

《今日说法》的节目结构十分明确,以主持人叙事的方式串联所有环节,基本分为讲述案例和专家解读两个部分,每期的嘉宾会根据专题的内容而发生变化。基本的节目流程是介绍完嘉宾后播放专题片,大致讲述案件的内容,之后主持人会针对短片中的法律问题和观众疑惑的点与专家进行讨论。节目结尾处播放案件后续情况的短片,主持人再与专家就法律与道德两个层面对专题内容进行点评和总结,升华整期主题。

《今日说法》播出二十余年,节目结构也不断调整,从主持人到片头都有变化。节目保留了现场与嘉宾讨论的环节,一方面将专业人士的采访一起放进专题片中,另一方面在节目结尾部分与专家在演播室现场讨论。除了每日播出的专题节目,《今日说法》还开设了一些特别节目。从2015年起,《今日说法》在每年12月4日的国家宪法日推出特别节目《大法官开庭》,将镜头对准法院的法官,记录他们的工作日常,形成了独属于《今日说法》的品牌特色。

(3) 节目特色

A. 节目主题:《今日说法》的选题和百姓的生活息息相关,案件基本围绕偷盗抢劫、诈骗勒索、家庭纠纷、交通事故等主题,以日常可见的"小事"来拉近与观众之间的距离,力图打造一档紧密围绕群众的电视法治节目。《今日说法》中,以破案解密为主题的节目占比较大,这种案件的破获情节能极大地满足受众伸张正义的心理,起到了良好的宣传教育效果。同时,《今日说法》的节目视角通常是案件在公安机关的不懈努力中得以侦破,或是通过司法机关的公正审理得到解决,树立了警务人员的高大形象,彰显了司法权威和公信力。

B. 节目基调:《今日说法》的镜头语言为整个节目奠定了庄重严肃的基调,马赛克、监狱、手铐等带有象征意义的符号反复出现,国徽、法庭、警号等象征权威性的符号则体现出法律的权威性;节目背景音乐缓慢且严肃,以此渲染复杂的案情之下悬疑的气氛,反映出《今日说法》以教育反思为主的节目氛围。批评反思的节目基调往往能够揭露出社会中的问题,起到约束受众行为的警示作用。

C. 镜头语言:《今日说法》大量运用还原场景的真实扮演镜头,包括受害人在案发前的行踪、对案发过程的还原、案发后犯罪嫌疑人逃窜等画面。这些真实镜头展现了执法人员面对不法分子时的英勇无畏,并在对比之下揭露了犯罪嫌疑人的丑恶嘴脸,这种人性的共情能够使观众快速地融入案情之中。除了真实扮演的镜头画面,《今日说法》还存在许多采访环节和警方提供的画面,这些画面通常具有以下几个特点:对犯罪嫌疑人的采访镜头往往以看守所为背景,嫌疑人戴着手铐,身穿囚服,形象都展现了光头等惩罚性符号;对面的执法人员则身穿制服,对他们的采访镜头还会出现警号、国徽等象征权威性的符号。2019年2月16日播放的《全面审查》中,镜头特写了检察官胸前的国徽,背景里庄严宏伟的法院象征着法律的至高地位与不可侵犯。

(三) 法治庭审节目的创作

1. 法治庭审节目的概况

法治庭审节目起步于20世纪80年代,标志性事件是中央电视台实况转播最高人民法院特别法庭依法公开审理"林彪、江青反革命集团案"。[①] 之后,法治进程的不断推进要求更多元的法治节目的出现,庭审节目也纷纷涌现,如南京电视台的《法庭传真》、河北电视台的《现在开庭》、北京电视台的《庭审纪实》等。

法治庭审节目通过电视手段,让更多人参与到庭审现场来,满足观众了解庭审现场以及司法过程的渴求,成为颇受观众追捧的一种电视法治节目形式。由于庭审活动几乎囊括了所有的司法程序,受众们不仅可以了解司法审判的详细过程,也能近距离地感受法律的力量和威严,是最好也是最生动的普法渠道。法治庭审节目可以分为以下几种形式:一是直播庭审现场,对民众关切的大案要案的庭审现场进行报道;二是录播,这种形式可以进行后期制作,更具有可看性;三是模拟法庭,即情景再现庭审现场,这类节目消解了法庭的严肃性,可以拉进与观众的距离。

2. 法治庭审节目的创作特性

(1) 案件选取

庭审公开网显示,每日直播审理的案件有上万,如何在海量的案件中选取有价值的案例,是法治庭审节目成功的基础。首先要选取老百姓在日常生活中经常遇到的纠纷,这类案例有很强的示范作用,容易受到观众的关注。通过节目,观众可从中获取法律知识,强化自身的法律意识。例如,天津卫视的《法眼·大法庭》在2020年11月就以天津第一起高空抛物入刑的案件为题材,向民众答疑解惑。其次是选取关注度高的案件,这类案例在进入庭审前,已经在社会上引起广泛关注,对这些案件的公开审理,能更好地体现我国司法的公开、公正。例如,2013年8月22日,"薄熙来贪污、受贿案"在微博进

---

① 曹国栋:《新常态下庭审类节目艺术特色及其引发的媒介思考——以中央电视台〈庭审现场〉为例》,载《电视研究》2015年第S1期。

行庭审直播,发布了多达 170 条微博,近 16 万字的相关图文内容,在线观看人数更是达到数亿。①

(2) 镜头设计

法治庭审节目的画面设计包括镜头的角度以及切换,在录播节目的后期制作中,尤其要注意对法庭各方观点的呈现,要给予控辩双方同等话语权,否则容易造成观众对案件认知的偏差,从而对法院的判决存疑,进而对司法的公正性产生质疑。尤其是刑事案件通常有恶性的伤人情节,人民群众也尤为关注,但在法官没作出最后判决前,被告仍有为自己辩护的权利,在节目中也应该让他们有陈述的画面,这样更能展现法律的公平、公正,彰显法治社会的风采。

(3) 预见风险的防护设计

任何事物都有两面性,法治庭审节目也不可避免地会产生一些负面影响,包括可能带来人身安全风险、知情权与隐私权之间的冲突,甚至可能成为传授犯罪方法的"课堂",但部分弊端可以通过采取适当措施来避免或减轻。首先,法治庭审节目流传于网络之中,在场人员的相关信息可能被别有用心之人获取、盗用,并用于非法活动。庭审的图像可以截屏,而截屏后的图像会被如何利用则很难预料,也不易进行管制,这对于在庭审现场的专门机关工作人员及诉讼参与人来说都是潜在的风险。其次,法治庭审节目与司法独立之间可能存在价值冲突。一些案件,尤其是社会关注度高的案件,经法治庭审节目引发热议后产生的舆论压力,可能成为左右判决结果、影响公正的潜在隐患,导致法院审判演变成舆论审判、媒体审判。因此,法治庭审节目在制作时,要发现节目内容中潜在的风险,对不可回避的播出内容及时设计预防措施。

3. 经典节目案例分析——《庭审现场》(今《现场》)

(1) 节目概况

《庭审现场》是央视社会与法频道推出的一档法治教育节目,开播以来一直保持着较高的收视率与影响力。该节目的主要特色是贴近民生、关注时事热点,具有一定的感染力,能有效强化观众的法治意识。《庭审现场》是一档

---

① 高一飞:《从录音直播到微博直播——兼谈薄熙来案庭审直播的意义》,载《新闻记者》2013 年第 10 期。

以法庭审理过程为节目主线,突出审理"进行时"与现场"目击性"的法治庭审节目。经过多年的精心打造,《庭审现场》已经成为口碑节目。2019年,《庭审现场》全新改版为《现场》,节目内容包括但不限于法庭审理的环节,聚焦于法庭审理、公益诉讼、环境保护、海关稽查、海警巡查等各类司法及执法活动现场,对热点案件及重大法治事件进行现场深度报道;同时,该节目将对上述选题进行全程网络直播,并制作40分钟的电视专题在频道播出,实现大小屏联动。

(2) 节目结构

改版前,《庭审现场》的结构非常清晰,与一般的庭审现场类似。节目开始是节目导视,以短片的方式介绍案情,然后根据事件的前因后果来穿插记者的调查情况,最后是案件审理的结果。改版后的《现场》所选取的题材比之前范围更广,法庭也不只局限于民众印象中的封闭法庭,在2021年播出的节目中还展现了乡村的巡回法庭、专门的家事法庭等。改版后的节目结构基本延续以往的风格,导视之后是调查和审理两条线并进,不同的是该节目将对上述选题进行全程网络直播,并制作40分钟的电视专题在频道播出。

(3) 节目特色

A. 题材选择生活化:法治教育节目以普法为核心目的,只有节目内容为广大民众喜闻乐见,才能够将自身的普法功能充分发挥出来。《庭审现场》从群众的实际生活出发,选取生活中常见或时有听闻的案件作为案例展开分析。由于节目题材、内容均与人民群众生活有密切的联系,观众在观看过程中,会联系自身展开思考,这样既吸引观众,提高节目收视率,也可以保证节目的普法效果。

B. 全面的叙事视角:《庭审现场》采用多视角的叙事策略,当事人、法官、律师等分别围绕案件发表自己的看法。这样的叙事视角更加全面,不会让观众产生误解,也能有较强的参与感与良好的观看体验。

C. 体现人文关怀:《庭审现场》于2004年开播,十几年岁月所累积的不仅是品牌公信力,更有浓浓的人文关怀,观众能从节目内容中感受法律的温度。节目除了真实再现严肃的庭审与执法过程,也会对犯罪嫌疑人给予一定的精神关照,深入分析其犯罪心理及犯罪原因,甚至与部分犯罪嫌疑人进行平等对话。这样的节目形式能够使观众学会换位思考,从犯罪嫌疑人的角度来看待案件背后的法律问题,使普法教育从说教转变为感化,普法效果更加突出。

（四）法治纪录片的创作

1. 法治纪录片的概况

法治纪录片是法治题材与纪录片艺术形式的结合,纪实手段是法治节目中最常运用的表达方式,因此法治纪录片的题材非常广泛。法治纪录片有如下类型:以政策法规为内容的纪录片,如以《民法典》为题材制作的纪录片《民之法典》;记录执法人员工作日常的传记片,如《守护解放西》《巡逻现场实录》等警务纪录片;具有指导教育意义的纪录片,如记录家事审判工作的原生态法治纪录片《家事如天》。法治纪录片还有许多其他的形式,其播出也迎合了电视媒介的特性,以日播或者周播的方式分集播放。

2. 法治纪录片的创作特性

（1）题材选取

近几年,法治纪录片的题材不断丰富,更注重法律的温度。长时间观看跌宕起伏的悬疑案件会使受众产生审美疲劳,而反映社会现实的题材更能唤起民众的共情,基于这样的理念,法治纪录片聚焦普通人的喜怒哀乐和人性百态,同时将教育、医疗、卫生、文化、经济等题材作为背景纳入到节目选题中,节目内容也更加丰富。近几年的法治纪录片聚焦于警察、法官、律师等职业,极大满足民众对执法者工作的好奇。通过节目,观众不仅可以了解不同职业背后的故事,获得相关的知识,也能对法治社会有更深刻的理解。

（2）纪实风格

纪录片最显著的特征就是真实,节目在播出之前需要准备大量的素材,持续追踪拍摄选取的人、事、物的发展情况,根据主题进行层层筛选,确保真实性和素材的可用性。例如,纪录片《守护解放西》以八位基层民警为典型人物,全方位展现基层民警的工作和生活,这种纪实拍摄积累的素材在进行后期剪辑加工后,成片更加生动立体。在讲述案例时,注重叙事逻辑,对事件的前因后果进行清晰描述,最后对事件产生的后续进行补充描述,充分满足观众的求知欲。

（3）讲好故事

为了持续提供高质量的节目内容,法治纪录片与时俱进,不断创新节目的选题、内容、表现形式、制作编排手法等,避免因同质化而使受众观看疲劳。在符合社会主流价值观的基础上,法治纪录片也在开发更多的内容。例如,上海电视台的《案件聚焦》曾推出系列特别节目,以公益诉讼、执行法官等为主题,记录中国法治进程中的一个个真实的案例,塑造鲜活的执法者形象。

3. 经典节目案例分析——《大城无小事——派出所的故事2019》

(1) 节目概况

《大城无小事——派出所的故事2019》(以下简称《派出所的故事2019》)作为《巡逻现场实录2018》的升级版,是上海市公安局和上海广播电视台携手合作,东方卫视和哔哩哔哩联合出品的12集全景式警务纪录片,2019年12月19日起每周四在东方卫视开播,次日凌晨在哔哩哔哩全网独播,目前累计播放量已达2884.7万。《派出所的故事2019》延续了全程跟拍的全景式记录风格,镜头视角也由派出所民警的日常巡逻拓展至执法办案、窗口接待、社区警务等方方面面的警务工作。节目摄制组昼夜蹲守,实现上海16个区全覆盖,正式蹲点22个派出所,拍摄素材时长累计6320小时,后期片比达1∶632。相较于之前的警务类纪录片,《派出所的故事2019》展现了具有代表性的案件与人物,细腻地刻画警务人员形象,重新调整了叙事节奏、视听语言以及传播方式。

(2) 节目结构

《派出所的故事2019》播出之前,上海广播电视台在2017年与2018年分别制作了类似的警务纪录片,采取季播的模式,每周播放一期,每期有不同的主题,根据主题会选取若干的小故事。例如,第一期是《风雨护城》,节目围绕这个主题进行编排,其中叙述了基层民警冒着风雨救助了在马路上迷失的老夫妻,以及两位年轻民警雨夜上门调解父女矛盾等事件,展现了在这段特殊的时期,警民之间发生的若干故事。纪录片没有主持人,以旁白的形式来调整节目的节奏。为了迎合受众,节目中还加入了类似真人秀的娱乐元素。例如,节目录制了专门的主题曲,由民警演唱并在片尾播放,同时还设置了特别彩蛋,由特警队员在每集节目片尾教授一套"877防身术"。

(3) 节目特色

A. 角度:城市基层执法者的工作日常。以宣传教育为目的的法治节目往往以重大的刑事案件作为典型,以曲折离奇的故事内容吸引观众,显得高大上和模式化。《派出所的故事2019》将"警察"这一符号与通常人们所设想的"硬汉""牺牲""奉献"等高大上的意象重新加以整合诠释,使警察的群体形象更生动立体。《派出所的故事2019》把镜头聚焦在基层民警出警和巡逻的日常工作上,选取的案例中鲜少看见警察追击犯罪嫌疑人的热血场面,调解家庭纠纷、抓捕地铁扒手、送街头醉汉回家等"小"案件构成派出所民警的工作图景,展现了基层民警的风采。

B. 叙事:全景式纪实下多角度叙事。摄像机的客观记录使得镜头下的画面、声音、人像都带有纪实性,《派出所的故事2019》每一集都有相应的主题,如《风雨护城》《平安图鉴》《城市猎人》等,而主题的设置在拍摄时是不可知的。为了获取最真实、最有冲击力的现场素材,上海广播电视台法治融媒体中心对选定的派出所进行昼夜蹲守,对拍摄的内容不做事前策划,让摄像机始终跟随基层民警。在拍摄过程中,摄像机跟拍、执法记录仪记录,多角度还原事发场景。

C. 传播:传统媒体与新媒体协同发力。2019年12月,《派出所的故事2019》在东方卫视和B站定时播放,同时基于不同媒体平台特点进行传播,如在微信公众号发文、在抖音及快手等平台制作短视频、在微博发布热搜话题等,充分利用社交媒体与线上的受众群体互动。在播放完整的节目内容后,根据观众的兴趣点放出幕后花絮,如打造了"没有戴队搞不定的猫"等热议话题。同时,制作组与一些视频博主合作推出特别策划系列,以第三方的视角体验、展现派出所民警的工作生活,不断扩大节目的影响力,积极使节目中的内容破圈,扩大传播范围。2020年,《派出所的故事2019》的同名图书出版,把大城小事背后的警民互动的故事记录下来,作为纪录片的衍生物,用文字的形式流传和保存这些真实的人物和故事。

(五)法治政论片的创作

1. 法治政论片的概况

法治政论片属于电视专题片的一种,最大的特质是具有鲜明的主旋律色彩,传达社会主流价值观。因此,政论片也被定义为以真实为本质,通过艺术的加工与展现,向受众宣传主流的意识形态,具有强烈政治色彩的视听艺术形式。[1]

政论片最早由新闻记录电影演变而来,大致可以分为三个阶段。第一个阶段是起步阶段(1949—1978年),这一时期,我国正处于探索发展阶段,受国家政治环境等因素的影响,政论片呈现出形象化政论的特点,将新闻事业作为政治宣传的工具,具有强烈的政治色彩。第二个阶段是发展阶段

---

[1] 刘博闻:《新时代政论片创新路径研究》,华南理工大学2019年硕士论文。

(1978—2012年),这个时期开始探索政论片的人文属性,政论片承担着对时事政策的解读和宣传教育职能,其主题建构和叙事也更加精良。第三个阶段是繁荣阶段(2012年至今),随着社会和时代的变迁,政论片迎来了发展的繁荣时期,第十九次人民代表大会期间央视推出的七部政论片更是使政论片进入更多人的视野内,引起广泛关注。

2. 法治政论片的创作特性

(1) 题材选取

法治政论片的最大特征是鲜明的思想性,思想性体现着这个时代中国的精神方向,具有权威性,也最能引发观众共情。新时代电视政论片的思想性要体现习近平新时代中国特色社会主义思想,通过宏大叙事,将历史的发展与时代的需要紧密结合。十八大以来,法治政论片通常以热门话题为政论主题。例如,十八大以来,全社会形成了高压反腐的社会环境,在这样的社会环境下,"反腐"成为人民群众最关心的热门话题之一[①],而反腐政论片《巡视利剑》的主要内容就是展示十八大以来的反腐工作,其在吸引观众的同时,也回应了人们反腐倡廉的道德愿望。

(2) 宏大叙事

由于电视新闻政论片的主题都是国家大事,因此更多采用宏大的叙事策略,对主题进行全方位呈现,利用电视生动形象的叙事能力,让平实的政治话语变得生动可感。

(3) 视听结合

电视政论片的目的是通过政治宣传来达到政治认同。为了避免因说理式的风格而引起受众的反感,近几年的政论片不断追求内容的精美呈现,用镜头展现中国发展的成果,除了壮丽的自然风景,还有可具体呈现的科技、医疗、基建等方面的建设成果;语言方面不过度渲染,配合应景的背景音乐,使声画完美结合。这些画面在具备艺术观赏性的同时,将相关的知识和政治价值观巧妙融入进去,增强传播效果。

3. 经典案例分析——乡村振兴政论片《摆脱贫困》

(1) 内容

《摆脱贫困》共分八集,分别为《庄严承诺》《精准施策》《使命在肩》《合力

---

① 张晓芳:《新媒体时代政论片的创作与传播——以〈巡视利剑〉为例》,载《视听》2018年第9期。

攻坚》《咬定青山》《家国情怀》《命运与共》和《再启新程》。节目以历史的眼光回顾中国脱贫攻坚这一壮举,从人类社会面临的共同的贫困难题切入,从宏观到具体地展现中国智慧和中国经验。八集专题片用一个个真实的脱贫案例,生动阐释了中国如何落实具体政策及如何将理论变为现实,在彰显中国成就的同时,也为世界解决贫困问题提供了经验。

(2)特色

A. 叙事节奏:《摆脱贫困》共分为八集,每集的主题不同,这就需要将各式各样的素材穿插在一起,在组成每一分集的同时,服务于脱贫这一核心主题。片中既有党和国家领导人去贫困县实地考察的画面,也有为了突出对比而展示的充满年代感的黑白影像;既有各级国家工作员人认真工作的画面,也展现了贫困人口生活的不易。如此多的支线交叉联系,烘托出脱贫政策不断落实的主线。

B. 镜头语言:《摆脱贫困》注重画面的美感,在真实还原扶贫工作艰苦环境的基础上,拍摄了大量具有象征意义的空镜和景物特写,片中反复出现具有联想的意象画面,如种子破土而出、太阳初露锋芒、红旗迎风招展等。这些象征性画面预示着扶贫工作的顺利开展,配合解说词的讲述,极易令人共情。

C. 形象塑造:《摆脱贫困》通过讲述党员个体的小故事,描摹先进党员的人物群像;通过展现全方位、多层次的扶贫举措,彰显中国的大国担当,树立良好的国际形象。

(六)互联网法治节目创作

1. 互联网法治节目的概况

进入"互联网+"时代,快速发展的新媒体给传统法治电视节目的发展造成冲击。新媒介之下,受众的接收习惯发生改变;商业逐利的环境中,节目呈现娱乐化的趋势。因此,一段时间内,法治电视节目的收视率持续下跌。

在全面推进依法治国的大背景下,法治电视节目要积极探索全新的发展路径,积极应对"互联网+"环境带来的新挑战,推进法治电视节目转型升级。除了要创新节目的内容和结构,最重要的就是利用好"互联网+"时代资源共享为主的传播理念[①],做好法治电视节目的传播工作,提高法治电视节目的影响力。现阶段,爱奇艺、腾讯视频等网络平台的用户数量已经远远超过了电

---

① 林贝:《"互联网+"环境下法治电视节目创新研究》,载《中国报业》2021年第14期。

视节目的观众数量。[①] 面对这一现状,电视台一方面积极尝试与相关视频网站合作,让法治电视节目从电视端走向移动端;另一方面通过微信、微博等社交平台与观众沟通交流,让观众参与到节目制作过程中,及时获取第一手资讯并实时反馈。

2. 互联网法治节目的创作

(1) 拓宽法治节目题材

随着电视媒体格局的变化,传统媒体不得不从单一的新闻生产转向新闻和服务功能的整合。简单的节目已经不能满足大众的需求,传统的电视制作理念需要改变。法治题材不断拓展,涌现了类型丰富的法治节目,目前有资讯类、调解类、庭审类、专业人士现场普法类等节目形式,利用技术手段还衍生出直播类的法治现场节目。

(2) 丰富法治节目的内容

在传播资源发达的今天,法治节目的制作必须把握当下的热门话题,从群众的关注点切入,以此为方向,为法治节目注入新的活力。例如,《守护解放西》以真人真事为创作素材,融入大量娱乐性的综艺元素,如主题曲采用流行的说唱形式、片头使用动漫风格来刻画民警形象、穿插大量网络流行用语等,其中的普法小课堂等版块认真严肃的内容则调和了节目的娱乐色彩。这种风格增强了传播效果,吸引了更多受众。

(3) 利用融媒体优势打造法治节目

创新现有的电视节目形式是电视法治新闻节目创新的重要环节。与传统的电视节目形式相比,这种形式有助于调动观众的参与积极性,能够实现资源的跨境交流,对行业发展有积极且重要的意义。此外,电视媒体可以与爱奇艺、优酷等视频网站合作,利用热门的社交平台来传播短视频,利用融媒体优势打造法治节目。

3. 特色互联网法治节目分析

互联网法治节目可以分为两大类型:一是成长于传统媒介时代,随着新媒介的发展逐步转型,利用最新的互联网技术创新形式的节目,如《庭审现场》改版为《现场》就是融入了现代的直播技术,实现直播常态化,随时目击最新、最热的法治现场。二是视频平台自己制作的法治节目,这类节目带有互

---

① 林贝:《"互联网+"环境下法治电视节目创新研究》,载《中国报业》2021年第14期。

联网的特征,充分把握用户感兴趣的内容,更能迎合现在的互联网群体。例如,哔哩哔哩与湖南长沙市坡子街派出所携手打造了警务类真人秀《守护解放西》,这种综艺节目式的体验极大地调动了受众的观看欲望。对比同年由上海广播电视台打造的全景式警务纪录片《大城无小事——派出所的故事2019》,其相较于以往的法治节目有了极大的创新突破,类似的题材表现出不同的节目风格,取得了成功。

互联网法治节目依托于互联网环境,这就要求节目的制作必须在传达正确价值观的基础上,把握新时代的传播规律,洞悉广大人民群众新时代的法律需求,在新的媒介环境中更生动立体地塑造法治中国的形象,提高公民的法治意识,传递法治的威严与力量。

第三节 融媒体时代电视法治节目的挑战与机遇

一、融媒体时代电视法治节目的现实困境

传统的电视法治节目发展至融媒体时代,在节目类型上与融媒体的传播生态相适应,并呈现出新特点。除此之外,新的媒介环境也使电视法治节目遭遇了一系列困境和挑战。其中,有些现象属传统媒体时代便存在的痼疾,在当前的媒介环境下愈发凸显;另一些现象则属电视法治节目在融媒体实践中面临的新问题,遭遇的新挑战。两者共同组成了当前我国电视法治节目所面临的现实困境。

(一)旧问题在融媒体环境下愈发凸显

1. 经营管理上:观众流失,广告大幅缩水

在传统媒体时代,电视法治节目便要应对观众流失的局面。受制于媒介形态的演进,此时观众的流失仅局限于换台之中,无非是从法治节目流向同时段其他类型的电视栏目,是仅存在于电视媒介之中的流动。

进入融媒体时代,新媒体强势崛起,全国电视收视率以每年13%左右的速率下降;与之相对,互联网视频的收视率正以每年300%至400%的速率增长。[①] 尤其是伴随着移动互联网和5G技术的发展,社交媒体大行其道,观众

---

① 张柱:《新媒体时代的电视新闻生产——平台思维与流程再造》,中国人民大学出版社2016年版,第55页。

并非仅从电视法治节目出走,而是包括电视在内的传统媒介形式均被融媒体用户抛弃。观众从传统媒体出走,频道和节目收视率断崖式下跌,由此产生的最直接的后果便是广告收入的大幅缩水。广告是电视节目最主要的经济来源,传统电视观众的大量流失无疑关乎电视节目的命脉。

2. 栏目内容上:迎合受众,向猎奇化发展

在传统媒体时代,面对同时段其他电视节目的竞争压力,法治节目采取的应对措施是借人之长、补己之短,向与其存在竞争的节目转型,最为常见的方式是通过提升节目的娱乐性来中和其严肃性。在呈现形式上,提升故事性和趣味性,在叙事中强调悬念的铺垫与设置,以及情节的曲折与离奇,由此产生了前述纪实类、访谈类、纪录片类等法治节目。

在新媒体主导的当下,受制于传统媒介形式自身的局限性,电视在呈现形式上难以再做文章,取而代之,只能在呈现内容上另辟蹊径。在故事性和趣味性都已难以满足融媒体用户的情况下,唯有将严肃的内容猎奇化。途径之一,是关注一般案件当事人身上那些与核心案件事实无关的信息,如所谓通过剖析犯罪嫌疑人的原生家庭、过往经历等来透视其犯罪动因,再如放大案件中有关暴力、色情等"星、性、腥"的内容;途径之二,是关注那些自带流量的案件当事人,如明星吸毒、明星嫖娼等一般性案件,因当事人身份的特殊性而给予与案件不相称的关注度;途径之三,是关注自杀,尤其是涉及未成年人的自杀案件,巨大的事实真空正是滋生猎奇的"养料"。

3. 呈现形式上:技术发展,不可控情况增加

传统的电视法治节目在制作上基于节目制作组的采访、写作、录制、剪辑来再现案件经过,整个过程由记者和编辑把关,即由新闻工作者主导。

如今,依靠新媒介技术还原作案细节、再现作案经过已经被默认为基本的操作手法,技术主导了节目制作始终。受制于技术的规定性,媒介工作者实际上能发挥能动性的空间越来越小,技术的确定性也在媒介实践中无形地塑造了"真实"的概念。然而,这种对技术的确信反而导致了比传统媒体时代更加不可控的局面,这样的结果值得学界和业界进行反思。

4. 传播效果上

(1) 对于一般受众而言的传播效果

不论是观看电视法治节目抑或是观看同时段其他类型的电视节目,不论是坐在沙发上聚精会神观看抑或是耳朵听着声音手里做着家务,传统媒体时

代的电视观众至少会花20分钟以上的时间将注意力集中在电视节目上。

新媒体时代短视频当道,长按屏幕倍速播放的功能也从长视频专属普及到各种时长的视频平台中,新媒体用户在这种"短"与"快"的叠加中培养起来的观看模式,固定成碎片化的信息接收习惯,其结果是观众难以在较长时间里将注意力集中在任何时长的视频上。由此,时长(包括制作时长和播放时长)成了电视法治节目在新媒体环境下生存的一大障碍。如果电视法治节目削减时长,势必对其普法的严肃性和事实的逻辑性有所削减,打普法效果的折扣以迎合新媒体用户的观看习惯,背离了法治节目的初衷。

（2）对于意图不轨者而言的反向激励

"法网恢恢,疏而不漏"是电视法治节目一直以来树立的核心理念,对欲钻法律空子的意图不轨者起到一定的震慑作用。

在由技术主导的节目制作背景下,充分展现作案、办案的细节和经过的节目内容反而给意图不轨者提供了研究资料,他们通过反复观看研究,收获了如何钻法律空子、如何和警察扯皮、如何有选择地交代情况以便脱身等斗智斗勇的"新知"和办法,大大提升了公检法的办案难度。

（二）新挑战在融媒体实践中浮出水面

1. 垄断地位被打破,舆论引导力减弱

就舆论引导力而言,电视法治节目失去其统治性地位的原因在于传统媒体的垄断地位被打破,具体体现在三个层次上:

（1）对消息来源的垄断被打破

传统媒体时代,一些大案要案发生时,专业的电视法治节目基于其专业性和垄断地位,掌握了一手信息,即便有相关人士比记者更加知情,也没有畅通的表达渠道可以发声和传播;如今,发达的移动互联技术为一般性公众赋权,不等传统媒体赶到现场、做好事实核查,社交媒体的"吹风消息"已经更快、更直接地在互联网上传开了;此外,公检法各系统现今都在建设自己的信息发布渠道,都在积极布局各新媒体平台以塑造自己的舆论引导力,很大程度上"官方发布"即一锤定音,融媒体用户也逐渐习惯了在蓝底白字的官方通报中收获一份确信和安全感,这就间接地将媒体进一步挖掘的空间填平了。

（2）对发布渠道的垄断被打破

当前,对大案要案的信息披露以及舆论引导,早已不再局限于法治类专业媒体的一家之言,包括自媒体在内的任何一种媒介形式都不会放弃对重大

法治新闻的报道和评论,信息的反馈和舆论的形成已经成为融媒体交叉集合的结果。这就意味着,电视法治节目作为其中一家,其舆论引导力势必会被分散和冲淡。

(3) 对受众魔弹般的影响被打破

面对纷繁复杂的言论,融媒体用户更倾向于自行判断、解读并发表见解,享受存在其中的参与感、体验感,传统媒体单线条、一击即中的观点输出已不适应当下用户的信息获取习惯,被动接受电视节目输出的局面已是明日黄花。

新媒体端的用户更多,舆论引导能产生作用的范围自然更大,节目资源也自然地向新媒体倾斜。观众出走、收视率走低、广告收入进一步减少,陷入恶性循环,这对于传统电视法治节目来说无疑是雪上加霜。

2. 媒介技术提高,细节被放大,催生新问题

一般而言,电视法治节目的话题是与普通老百姓关系较密切的民事案件和刑事案件。与报纸、广播等相比,电视法治节目的特点在于呈现细节和情景,以满足观众的信息获取需要和趣味性需求。当下,无人机、VR、AR 等媒介技术的发展,将人们对案件的认识从头脑中抽象的模样变得更加具象和立体。对作案细节和作案经过的再现,一方面满足了观众的猎奇心理并收获了流量,另一反面也产生了诸多负面影响。

其一,对细节的过度刻画使"法网恢恢,疏而不漏"跌下神坛,意图不轨者也跟随媒介技术发展的脚步共同进步,基于技术还原的作案细节和破案经过,或有样学样地模仿犯罪,或研究办案手法以提升反侦察能力,反而增加了公检法的办案难度。其二,被媒介技术放大了的猎奇、血腥、暴力细节,潜移默化地影响了观众对主观现实的建构,使他们形成了"我生活的环境变得更加危险"的认识,这种依靠媒介环境建立起来的主观现实对客观现实的偏离也因技术而变大。其三,细节放大也将公民的隐私保护置于更加危险的境地,既涉及案件核心当事人,也涉及案件纪实中所波及的与案件无关的人员。例如,在司法实践中,被高清无人机拍摄在内的普通路人"被"上电视,便主张自己的人格权受到侵犯。丰富的社会现实和司法实践表明,媒介技术对公民私人领域入侵的问题迫在眉睫。

3. 次生舆情泛滥,影响力远超案件本身

在传统的电视法治节目中,受制于反馈渠道自身的局限性,观众的反馈

迟滞,与传播者的互动性差,个案所引发的舆情基本上在可预测、可控制的范围内。相反,主打互动的社交媒体为各式各样的言论平等地提供了发声机会,舆论引导工作变得难预、难控。次生舆情包含了大量未经证实的流言、胡编乱造的谣言和别有用心的谎言,加之网络传播的速度快、面向广,事实还在"穿鞋",披着事实外衣的消息已经跑得无孔不入,这往往导致由个案引发的次生舆情的影响力远远超出案件本身的影响力。

4. 新老媒体各自为战,用户不买账,资源遭浪费

当前的电视法治节目虽然都在积极建设自己的新媒体矩阵,但在实践中,大多仅将电视端的母节目视频不加修改地全盘照搬到新媒体端进行推送。这样既无法彰显不同类别新媒体平台的优势,又无法满足不同类别新媒体平台用户的习惯和需要,从而造成媒介资源的浪费,媒体融合沦为纸上谈兵。

二、融媒体时代电视法治节目的优化路径

融媒体时代,电视法治节目遭遇了诸多困境,寻求优化方案是法治节目的必经之路。笔者认为,现阶段,电视法治节目的优化不仅仅是强调与新媒体的有效融合,更重要的是在融媒体环境下,实现电视法治节目自身的优化。无论是在体制、技术、内容还是效果层面,电视法治节目的优化都迫在眉睫。

(一) 体制路径

1. 更新创作理念,契合当前媒介环境

对于一档优秀的电视节目而言,技术、内容等方面固然重要,然而,如若没有一个合理及清晰的创作理念作为基础和支撑,再先进的技术、再优质的内容也很难使节目达到应有的高度。传统的电视法治节目主要是致力于向受众呈现最真实、最完整的案件过程,并由此引出一些法律知识来起到法治节目的普法责任,而现在我国已进入普法与依法治理并重的阶段,法治节目应紧跟时代,在普法的同时也要重视法治观念的传播,让观众能够了解到,必须拥有正确的法治观念,否则必定会受到法律的制裁。[1] 融媒体时代,法治节目大多已经具备能够将案件完整并且清晰地进行呈现的能力。在这样的情况下,法治节目应该转变思路,着力思考如何以案件为基础,进而能够通过节

---

[1] 陈成:《论述电视法制节目的问题探析及传播创新》,载《传媒论坛》2018年第23期。

目来更好地对受众的法治观念进行启发和教育,无论是传统媒体平台还是新媒体平台,都是如此,这样法治节目才更有实际意义,能够更上一个台阶。

融媒体时代,法治节目还需要思考,什么样的节目类型是最适合当前媒介环境的,这样类型的节目理应成为重点投入的对象。电视剧作为直接反映老百姓日常生活的一种电视形态,不存在新闻节目那样追求时效性的问题,在各电视台的收视率中所占的比重持续上升。在法治节目的类型中,也存在着类似于电视剧的节目类型,那就是法制栏目剧。然而,法制栏目剧在目前法治节目类型中的占比极低。究其原因,主要是法制栏目剧相较于其他类型的法治节目,需要的人力与物力更多,制作周期也更长。因此,未来的电视法治节目需要在类型和形式上更为丰富,加强对法制栏目剧的投入力度与创作力度,做更符合融媒体时代受众需求的法治节目。同时,在法治节目的制作过程中,应杜绝将刺激画面和离奇情节作为主要吸引点,而是要全面展现老百姓日常生活中的大事小情,真诚地向观众传递法律知识和观念。总之,应始终将"真实""民生"作为主要的创作理念,而不是一味地强调刺激和悬疑。①

以上海电视台的特色法治节目《法制特勤组》为例,它是上海市司法局与上海电视台新闻中心联手推出的一档以"免费电视法律顾问"为特色,以反映司法行政工作为民服务为主线,关注民生、聚焦公益的法治类电视纪实节目。《法制特勤组》致力于为基层老百姓提供法律服务,节目的内容基本上都与老百姓的日常生活相关,且内容时效性极强,基本都是当下老百姓生活中的身边事,如老公房加装电梯问题、快递柜问题、小区车位问题、在线教育纠纷等。有些案件看似是小事,但其中所蕴含及可延伸出的法律常识却能为老百姓带来实实在在的帮助。可以说,在注重大案要案的电视法治节目泛滥的情况下,《法制特勤组》是一个积极且有意义的尝试。该节目的收视率相较于上海台一些主要描述刑事案件的老牌法治节目,如《案件聚焦》《东方110》等,丝毫不落下风。《法制特勤组》的新媒体平台目前还不够完善,其目前拥有自己的公众号,但每周仅在节目播出当天会进行一次推送,且由于其属于《案件聚焦》系列节目之一,因此这些推文在"案件聚焦"公众号中也会进行推送。如此一来,受众通常只需关注"案件聚焦"公众号即可知晓其旗下四档不同节目的内容,这样会对"法制特勤组"公众号的流量造成较大影响。目前,节目公

---

① 李力:《电视法制节目的发展现状及对策分析》,载《传播力研究》2018年第14期。

众号的其他功能也仅有"我要找特勤员"一项,如若能进一步提升节目新媒体平台的功能,该节目会有更好的发展前景。

2. 重构营销策略,依托新媒体谋求合作

新媒体的蓬勃发展给传统媒体带来的冲击不仅仅体现为收视率的显著下降,广告收入的缩减更为致命。大多数电视台如今在广告收入方面与十年前几乎持平,甚至略有减少。在十年前物价水平远低于现在的情况下,这样的境况使得电视台举步维艰,员工的收入与广告密切挂钩,完不成广告任务,员工收入就难以保证,因此需要对节目营销策略进行再思考。电视台虽受到新媒体的强烈冲击,但其影响力依旧存在。然而,仅靠原来的用节目带动广告的营销策略显然已经不符合时代的要求,电视媒体应放低身段,与企业寻求合作。如今,想和电视媒体合作的企业仍不少,要抓住这些客户资源,首先需对自身的定位有较为清晰的认识,对频道的受众人群与地区分布了然于胸,找寻合作双方的共同利益诉求点。此外,节目的宣传方式也需要进行变革,传统的叫卖式的广告形式很难对受众再起到很大的刺激,一定要沉下心来,忧观众之所虑,将节目宣传做得更加细致入微。[①]

具体到法治节目,在传统电视法治节目中植入广告元素显然会招致受众的反感,还可能会给节目本身带来不利影响。融媒体时代,法治节目应更积极地在其新媒体平台上寻求与广告商的合作。例如,可以在节目官方短视频账号上策划一些以赞助商为主视角来叙述的法律小故事,作为短视频进行投放,让赞助商真正融入到整个故事中,而不是在节目中强行加入广告元素。这样在不影响节目整体风格的情况下,既能够宣传法律知识,又能够最大程度地对赞助商进行宣传,从而形成双赢的局面。此外,考虑到法治节目的一些特殊性质,与其他类型的电视节目相比,其在线上更难吸引赞助商的兴趣。由于法治节目的主要受众群体是中老年人,因此可以在条件允许的情况下,做一些线下的受众体验活动。这样的举措能让受众与节目更为贴近,也为广告商提供了零距离观察的平台,让广告商能够现场感受到其赞助之后可以收到的效果,从而能够进一步增强广告商进行赞助的信心。

仍以上海电视台的《法制特勤组》为例,在节目诞生两周年之际,节目组举办了各类线下活动来对节目进行宣传。其一是邀请观众走进电视台,参加

---

① 孙苗苗:《新媒体环境下电视法制节目的发展路径》,载《中国广播电视学刊》2018年第3期。

融媒体中心开放日特勤组专场活动。通过对融媒体中心相关区域的参观,观众可以亲身体验法治节目制作与播出的细致严谨及团结紧张的氛围。其二是特勤员走进社区活动。特勤员与后援律师来到上海徐家汇街道殷家角居委会,为社区群众带来讲座。讲座以关于意定监护的两期报道为例,特勤员分享了拍摄过程中的一些细节和感悟,律师则深入浅出地为现场观众理清了其中蕴含的法律关系。这两次活动均取得了积极的效果,各大媒体也对活动进行了报道,相当程度上对节目起到了正面的宣传效果。然而,相关调查研究发现,其他法治节目的相关线下活动少之又少。因此,想要真正提升广告商对节目的决心,举办相关的线下宣传活动不失为一种捷径。

3. 改革管理机制,提升节目组运作效率

习近平总书记指出,"各级宣传管理部门要改革创新管理机制,配套落实政策措施,推动媒体融合朝着正确方向发展"。传统媒体时代,法治节目的所有部门都为了电视法治节目而服务,拥有着共同且清晰的目标,因此在各部门的协调管理方面也相对简单。进入融媒体时代,法治节目需要兼顾电视节目和新媒体端的传播,通常会从原来电视节目的人员中抽调部分人员组成新媒体部等新的部门。部门数量的增多,势必会使节目的内部管理更加复杂。在新媒体日益追求速度的今天,提升节目内部管理效率无疑将成为法治节目做大做强的重要保障。传统媒体时代,由于数据相对匮乏,电视节目对员工的考核标准也相对单一,而如今,无论是社交媒体平台还是短视频平台,阅读量、点击率、评论数、转发量等一系列数据都能成为衡量员工业绩好坏的标准。若能合理地运用这些数据来进行员工考核,将很大程度上提升节目内部管理的效率。

新媒体的发展给企业在内部管理方面提供了很多新的思路,与此同时,合理运用新媒体来协助内部管理也受到了不少企业的青睐。笔者认为,电视法治节目在这方面也可以进行尝试。例如,疫情期间,不少企业都在使用的钉钉就很适用于电视台。通过钉钉,法治节目的内部信息能够进行更为直观的传递,领导发布一则通知,员工谁已读,谁未读,都能清晰地显示。同时,钉钉也能使人员管理更为便捷,其签到功能可确定员工的位置,员工只有到达电视台大楼的范围内才能在 App 上签到。在记者外出采访时,领导在办公室就能确定记者实时位置,避免了部分记者弄虚作假的情况发生,可以大大提高节目内部管理效率。此外,钉钉自带的会议、群聊、密聊等功能也能够有效加强节目组各个部门之间的沟通,对缓解上文所提到的信息孤岛现象有较为积极的作用。

(二) 技术路径

1. 拓宽节目素材的获取渠道

技术是推动电视节目不断提升的动力,这一点在融媒体时代尤为凸显。电视节目如若能对新技术进行合理运用,将会起到事半功倍的效果。传统媒体时代,摄像机是获取法治节目素材的唯一方式。然而,受制于体积较大、对拍摄者要求较高的特点,摄像机很难对整个案件进行全面还原。进入融媒体时代,手机、定位仪、监控录像、网络摄像头等各类设备使法治节目素材来源更为丰富,应充分利用好这些设备,获取更多的一手资料。对于一些知名法治节目而言,完全可以通过其两微平台,充分利用社交媒体的优势,发动网友积极贡献音视频素材,这是一条掌握一手资料的有效途径,也大大节省了拍摄成本,而且提高了在观众群中的影响力,增强了观众参与度。[1] 此外,节目组还应时刻关注微博等平台的实时热点,在第一时间掌握热点法治事件的一手素材。

除了利用新媒体自身的优势外,运用前沿的科学技术来拓宽节目素材获取渠道对于法治节目而言同样重要。例如,无人机技术的使用在法治节目拍摄中就能起到不小作用。小型无人机可以被运用到很多的案件现场拍摄中,且大大降低了人工成本。在一些可能危及到记者人身安全的案件现场,若使用无人机进行拍摄,可以将安全隐患降到最低。同样,在一些传统摄像机难以深入的"禁区",无人机也能发掘并传送更多信息。因此,法治节目的拍摄需要充分重视无人机技术的使用,它能够从不一样的视角来呈现案件现场,高效地完成节目拍摄任务,也能帮助受众更为全面地了解整个案件。

2. 丰富新媒体端的传播形式

媒体传播的信息在被受众获取后,常常又以另外的舆论形态继续传播,这称为新闻的二次传播。[2] 传统媒体时代,电视节目受制于技术手段的匮乏,在播出之后很难对节目再进行二次传播。法治节目则更为特殊,其中涉及的一些艰涩难懂的法律专业知识如若仅仅通过电视端播出一遍,很难真正被普

---

[1] 张振:《融媒环境中电视法制节目的创新与突围》,载《中国广播电视学刊》2018年第S1期。
[2] 范江怀:《二次传播:纸质媒体面临的挑战与机遇——也谈报网融合》,载《军事记者》2012年第5期。

通观众消化,普法效果也很难达到最大化。融媒体时代,技术的发展使得二次传播成为可能,各类新媒体平台都能为法治节目的二次传播提供便利条件。当然,实现二次传播,并不是简单地把电视法治节目中的内容直接移植到微博或微信公众号上。考虑到新媒体用户总体上比电视观众年龄更小,加之如今生活节奏愈发加快,法治节目在各新媒体平台上推送的视频,时长应控制在3—5分钟,并且要将视频加工成节奏更快,趣味性更强,更符合年轻人审美的形式。一方面,可选取已在电视节目中播出过的案件进行剪辑,作为精彩回顾的短视频,不仅能实现二次传播,还能引起新媒体平台用户对整期电视法治节目的兴趣,从而反过来提升电视端节目的收视率。另一方面,可选取精彩花絮或基于节目时长等原因而未在节目正片中播出的部分进行发布,不仅能对案件进行补充说明,还可以对案件相关人物进行分析,充分发挥法治节目的教化作用。

融媒体时代,法治节目的二次传播效率已经明显提升,但这样的二次传播仍然多为单向的传播,没有真正体现新媒体平台的双向互动性。法治节目若要真正通过新媒体平台的二次传播来提升节目影响力,就需要充分调动观众的积极性,让观众参与进来。例如,可以在节目的官方微博和微信公众号上定期进行一些有奖答题活动,将近几期节目中出现的一些法律小常识做成题目让网友作答;还可以建立节目的微信小程序,在小程序上制作一些互动的小游戏,将节目中的法律知识以一种更为生动形象的方式呈现给受众。这些新颖的二次传播形式不仅能够更有效地发挥法治节目的普法作用,而且能有效拉近法治节目与受众的距离。

此外,在一些普法短视频中,配乐也是很重要的部分。短视频制作者利用配乐的高潮部分来呈现部分精彩内容,使内容与音乐高度融合,以达到更好的感官体验。以抖音号"四平警事"为代表的短视频普法账号就借助拍摄制作生动有趣的短视频以及独树一帜的风格而走红,被网友称为"普法短视频界的一股清流",网民对其也多持积极态度。"四平警事"普法短视频中加入了一些时下流行的抖音热歌元素,在拍摄短视频时,选取与故事内容相配的音乐。例如,《可不可以不勇敢》这首歌就用于《致敬!警察可不可以不勇敢》这条短视频,尤其歌词很贴合短视频中妻子的心理,让受众感受到了妻子对丈夫的担忧,结合郭伟不顾自身危险勇救落水女子的事迹,激发了受众更为强烈的敬佩感。

3. 依托大数据建立融媒体数据库

习近平总书记指出,"随着 5G、大数据、云计算、物联网、人工智能等技术不断发展,移动媒体将进入加速发展新阶段"。近年来,"大数据"这个词一直是国内外各行各业热议的对象。数据是信息技术时代的核心资源,大数据时代可供分析的数据更多,不再依赖随机采样这种信息匮乏时代的产物。有了大数据作为依托,电视节目可以通过数据分析来了解受众的喜好,这一点对于电视节目而言意义重大。因此,对于法治节目来说,笔者认为,建立融媒体数据库是必要的。数据作为核心资源,可以在该平台上共建共享,节省下来的人力和时间成本可以放在对节目其他方面的完善上,并且其对法治节目传播效果的把控也会起到显著的作用。

具体而言,建立融媒体数据库可以在以下三个方面助推法治节目的发展:一是更有效利用观众的反馈信息。在传播学中,德弗勒的互动过程模式明确补充了反馈的要素、环节和渠道,并且突出了反馈的双向性,他指出,反馈是双向的回路。大数据在节目播出之后的受众反馈方面具有重要意义。一期节目播出后,数据库能帮助节目组收集分析受众的反馈,根据其中一些合理的建议,对节目进行及时调整,使其更符合受众的喜好。例如,节目视频播放平台中的弹幕反馈,以及微博、微信公众号、抖音上的相关评论都是很有参考价值的,因为从中能了解到很多节目组自身没有意识到的问题,这样也方便节目组对接下来的节目内容进行调整。二是更准确了解观众需求。借助大数据技术,法治节目的制作团队能更了解观众对法律服务的诉求,从而为观众提供更加专业的服务,获得更大的节目影响力。[1] 三是更精准地推送节目信息。数据库通过收集受众的收视数据,以及分解判断受众的收视习惯,可以对不同的受众进行针对性推送,使观众收视体验便捷化。相信随着时代的发展,法治节目在技术层面将有更广阔的发展空间。

(三) 内容路径

1. 法治核心,坚持内容为王

无论时代如何发展,内容始终是电视节目的根本,只有在节目内容上不断钻研,才能够真正提升节目的整体质量。融媒体时代,人力资源的有限使得传统电视节目与其新媒体平台的内容重叠问题十分突出,因此急需解决传

---

[1] 何欣蕾:《我国电视法制节目受众收视调查》,载《电视研究》2017 年第 7 期。

统媒体与新媒体的内容分工问题。在这一点上,电视新闻节目的实践比其他节目更为完善。国内外主流媒体利用新媒体速度快的特性,目前通常采用的是"先快讯后深度"的新闻发布模式。道琼斯公司著名的水波纹理论指出,在一个新闻事件发生后,道琼斯通讯社首发,然后"华尔街日报"新闻网站跟进,接下来是 CNBC 电视台,第四个是道琼斯广播电台,然后才是最负盛名的《华尔街日报》出场,展开更为详细的深度报道,最后进入道琼斯和路透社合资的商业资讯数据库里,供收费用户检索。

具体到法治节目,同样需要充分利用和发挥新媒体与传统媒体各自的优势,扬长避短。在新媒体平台上,法治节目要利用其短平快的传播特性,在速度上下功夫。在一些突发的法治事件发生时,由于电视法治节目的制作周期较长,节目组可以先迅速对事件进行梳理,同时快速找到律师或相关领域专家对事件第一时间进行解读,尽快制作成文字、图片和短视频结合的作品在新媒体平台上进行推送,在事件热度没有消退之前进行第一轮传播,将新媒体平台的传播效果最大化。

对于传统电视法治节目来说,则要改变一直以来注重描绘案件过程,相关法律知识解析较为单薄的特点。伴随法治化进程的深入,我国已逐渐步入了解释法的时代。每期法治节目所讲述的案件只能说是个案,如若能从个体推及整体,从一个案件的描述中得出对所有同类案件普遍适用的法律知识,才能真正发挥法治节目的作用。因此,电视法治节目应在不破坏完整性的情况下,尽可能地缩短对案件的描述时间,注重相关法律知识的解读。除了传统的请律师来对案件进行解读外,法治节目还需要针对不同领域的案件,邀请不同行业的专家作为嘉宾进行专业分析。不同领域都有各自的专业壁垒,光靠律师很难对不同领域的案件进行针对性解读,还是需要相关领域的专家出面,这样也能够更加体现出节目的专业性。同时,对一些法律关键点,在节目中需要重点分析,如合同、收据、发票、银行流水记录、监控视频等,判断其是否具有法律效力,以及能否作为庭审证据。法治节目要对这些细节进行细致分析,引导受众运用法律思维来看待复杂的社会现象,从而在产生各类纠纷时,能够依法维护自身利益。在这一点上,《案件聚焦》及其微信公众号可以说是值得其他法治节目学习的一个典范。《案件聚焦》除了每期常规的节目内容外,在每期节目或是每天公众号推文的最后都会有一个单独列出的对相关法律知识的普及,分为"法官说""检察官说"和"律师说"。将这些小版块与节目主要内容结合起来看,可以有助于受众形成对相关法律问题的完整知识链,受众对相关案件的理解也能更为深刻。

2. 创新主题,凸显本土特色

在传播手段极其多元的今天,优质的内容对节目核心竞争力的塑造愈发关键。想要打好内容战,除了主题的范围要足够广,电视节目还要更注重节目素材的创新,应抓牢社会热点,利用更多新鲜的主题来制作出更优质的节目。对于法治节目而言,除了关注社会热点外,还需要深入挖掘社会中一直存在的一些法律层面的顽疾,并力争通过节目的宣传来帮助根除这些顽疾。

在这方面,上海电视台的《案件聚焦》于2019年10月中旬播出的系列节目《执行第一线》就是个很好的典范。为更好维护执行当事人的合法权益,凝聚起全社会理解执行、尊重执行、协助执行的广泛共识,努力让人民群众在每一件案件中感受到公平和正义,2019年3月,上海广播电视台与上海高院深度合作,策划推出《执行第一线》,以纪实拍摄的手法直击执行现场,真实记录执行法官的日常工作,生动展现上海法院执行干警坚定理想信念、排除万难、斗志昂扬的精神风貌,充分展示"基本解决执行难"所取得的重要成果,以及解决执行难给人民群众带来的获得感,为中华人民共和国成立70周年献礼。《执行第一线》第一季共分六集,每集围绕一个主题,由三至四个案例组成。第一集以"创新执行手段"为主题,讲述法院借助信息化手段,开展联动执行的司法故事;第二集围绕"不同寻常的执行标的物",介绍法院在执行停尸费、钻石珠宝等特殊标的物时的经验做法;第三集通过代孕母亲要求探视孩子等案例,将执行工作中的法理与人情之碰撞表现得淋漓尽致;第四集关注"一套房执行"的难点和突围之道;第五集聚焦与老百姓密切相关的相邻关系纠纷执行;第六集以"打击抗拒执行 优化营商环境"为主线,展现了法院在股权处置等方面的创新实践。该系列节目将镜头对准了拒不执行法院生效判决的老赖们,记录跨区域、跨部门联动抓捕老赖的过程。这样直击社会痛点的主题也得到了受众的一致好评,收视率节节攀升。目前的法治节目中,这样主题新颖的节目仍然较少,还有很大的改善空间。

目前,我国采取的是国家、省、市、县四级办台。其中,与央视和省级卫视相比,市、县级电视台覆盖面相对较窄,受众影响力弱。这就要求地方台法治节目需要在本土化上下足功夫,满足专属于当地受众的特殊需求。例如,潍坊电视台的老牌法治节目《看法》多年来在内容上基本没有太多变化,主要的素材都是在潍坊发生的刑事与民事案件,但近年来,其在内容上已经发生较大改变。一是组织策划节目相关活动。例如,开展了律师进社区活动,邀请潍坊各大律师走进社区,现场为老百姓提供法律服务。活动会制作成节目在《看法》中播出,在提升了节目知名度与亲和力的同时,也解决了老百姓的实际困难,收到了很好的反响。二是开设热心大妈专栏,邀请热心大妈与节目记者共同采访民事纠纷。采访过程中,热心大妈尽力劝解矛盾双方,将不少可能升级的矛盾扼杀在萌芽状态中,节目收视率也有所提升。[1]

3. 直击痛点,融合民生概念

如上文所述,法治节目需要凸显本土特色,因此法治节目与民生新闻的结合可以说是法治节目持续健康发展的一条重要途径。法治节目需要更贴近民生,从以刑事案件为主向大众生活中的小事转变,要直击百姓生活的痛点与难点,聚焦热点民生问题,如拆迁、养老、医疗等。很多民生问题都可以从法律的角度来进行解读,并能够在法理上找到落脚点,而且报道这些老百姓的身边事更能引发观众共鸣。同时,法治节目承担着一定的社会责任与义务,需要敢于揭露老百姓生活中的违法现象,为老百姓解决问题。如果忽略这些问题,必将为收视率带来负面影响。国内首家专业法治频道长沙政法频道在融合民生概念上走在全国前列。1999年开播后,在四年时间内,长沙政法频道的收视率跻身当地电视频道的第一集团;然而,2005年以后,面对省级民生频道的强烈冲击,被逼到转型十字路口的长沙政法频道适时调整,先是在《政法报道》中开设了一个15分钟的情感板块,以情感柔性来淡化法治节目的刚性,其后又尝试加入悬疑类题材,进一步中和节目刚性。

在如今这个融媒体时代,法治节目与民生新闻的融合将更为紧密。民生新闻反映的多为老百姓身边的小事,对于传统电视法治节目而言,若使用这样的素材,很难在内容上支撑起一集半个小时左右的节目。但是,在新媒体平台上,民生新闻恰恰十分符合新媒体短平快的传播特点,这类素材刚好可以匹配一篇公众号推文或是一条长微博的体量,而且可以在传播速度上得到保障。因此,融媒体时代,法治节目与新媒体平台应实现内容分工。法治节目注重大案要案,新媒体平台注重民生化,这不失为一个好的方案。

疫情期间,各法治节目新媒体平台的更新频率普遍降低,然而,也有一

---

[1] 张凯铭:《法制电视节目在新媒体时代的出路探析》,载《中国广播电视学刊》2018年第S1期。

些节目在疫情期间融合了不少民生概念，通过其新媒体平台，推送了许多老百姓最想了解的与疫情相关的法律知识。例如，《案件聚焦》微信公众号的"请问老法师"专栏就在疫情期间推送了有关疫情期间新出现的一些法律问题的专业解读，获得了较好的反响。以其中两篇文章为例，一篇是针对在疫情期间，乘客能否以不可抗力为由，要求全额退机票的问题，文章首先对不可抗力的概念进行了界定，接下来以时间为节点，具体说明了在何种情况下可以退全款，何种情况下不能退全款，最后还给受众提了一些订票小建议；另一则是关注疫情期间的房租问题，文章分租房居住和租商铺经营两种情况，分别对疫情期间与房租相关的法律问题进行了详细阐述，条理清晰。可惜的是，绝大多数的法治节目在疫情期间并没有这样做。

（四）效果路径

1. 细化观众分类，实现精准传播

如前所述，融媒体时代，"受众变用户"的概念已为大多数人所认可，受众与栏目的互动方式也更为多元。因此，从受众的角度去思考法治节目的转型路径，对法治节目影响力的提升大有裨益，优秀的电视法治节目应尽可能地顾及不同年龄、学历、职业的受众。传统电视法治节目每一期通常都会围绕着一个主题来展开，然而不同的群体有着不同层面的法律需求，如商务人士对民事和刑事案件基本不感兴趣，他们想看经济相关主题的内容；还有一些法律专业人才，他们收看法治节目会有更高的法理方面的要求。融媒体时代，电视节目拥有充分的分众传播条件，因此需要法治节目真正将分众传播付诸实践。笔者认为，可以将一期半个小时左右的法治节目划分成三至四个不同主题的小节目，以满足不同社会群体的需求。每个小节目的侧重点也需要根据主题来灵活变动，如未成年人法治节目应该重点讨论未成年人的教育、犯罪、抚养等问题；老年人法治节目应重点讨论与晚年生活有关的法律问题，如赡养、诈骗、侵权等；针对农民工群体的节目应重点讨论他们的子女异地上学、工资拖欠、加班补贴等问题。每个小节目几分钟的时长也更符合新媒体的传播特点，可以用短视频配以文字辅助的方式在新媒体平台分开进行推送，这样受众不用观看整期节目便可利用碎片化的时间去迅速找到自己所需要观看的内容，法治节目的普法效率也会显著提升。

无论在学界还是在业界，"精准传播"这个概念近年来均被广泛使用，其来源于市场营销学中的精准营销。精准营销是指将信息通过新媒体推送到较为准确的受众群,从而既节约成本,又能最大化营销效果。对于电视法治节目而言,新媒体的交互性、发散性、热点置顶等特点都使得法治节目能在最快的时间内获取受众对案件的评价。精准传播的理念能为法治节目宣传提供灵感,促进案件后续报道的跟进,有利于深入挖掘背后信息并多角度地分析案件,从而使得法治节目发挥更大作用。

2. 创新互动形式,提升服务质量

习近平总书记指出,"要使主流媒体具有强大传播力、引导力、影响力、公信力,形成网上网下同心圆"。融媒体时代,除了法治节目本身的生产制作需要多从受众的角度考虑外,如何利用新媒体平台,更好地进行受众互动,为受众提供必要的法律服务,同样是节目组需要重视的问题。首先,对新媒体平台的用户留言和评论及时进行回复是必不可少的一个环节,能够体现节目组的诚意,增强受众的黏性。此外,还可以邀请业内著名的律师和法学专家定期在微博或微信公众号上进行在线直播答疑,充分利用新媒体平台的优势,集中解答受众在法律方面的疑惑,为受众排忧解难。这样做既可以给新媒体平台提供可靠的嘉宾资源,也符合电视台打造品牌法治节目的战略部署。此外,在新媒体平台开发受众交互方面的新功能,对吸引受众也会有显著作用。瑞士心理学家皮亚杰指出,游戏是认识客体的重要方法,也是巩固已有概念和技能的重要方法。法治节目可以将小游戏这种寓教于乐的普法方式运用到微信公众号中,以节目中反响较好的案例为脚本,通过用户对其中角色的扮演、动作指令执行来推动情节发展,根据差异化的选择得到不同的游戏结局,从而能够更生动形象地解读经典案例,使受众更好地理解法律法规。目前,这种形式还没有被深入挖掘,值得法治节目去进行相关的尝试。

当然,如今法治节目若想要保持活力,光靠线上的服务是不够的,线下的服务质量同样重要。多开展线下活动,能够让受众感受到法律服务就在自己的身边,是提升电视法治节目传播效果的有效举措之一。在具体操作上,可以通过律师进社区、普法进基层、法律知识有奖竞猜等线下活动,教会受众在生活中运用法律知识去解决问题。例如,福建台的《律师在现场》就开设有"公开麦克风"户外专场,联动福建省依法治省办,集合专业律师团队走进社区,对现场市民及通过电视或移动端关注节目的观众,开放话语权。同时,要充分利用法治节目新媒体平台的优势,对线下活动进行线上同步直播,让无法来到线下活动现场的受众也有机会能够参与到活动中,通过即时评论的方式与现场专家进行互动交流,做到线上线下的联动。

3. 更新收视调查,精准把控效果

要想精准地把控电视节目的传播效果,并且更为具体直观地了解受众的收视行为,进行收视调查无疑是最系统科学的一种方法。然而,在融媒体时代,传统的收视率调查显然已很难适应时代要求,尤其是在测量非传统电视渠道时,年轻观众更多使用最新的收视终端,因此传统收视调查方式的弊端显露无遗。而且,融媒体时代,广告主对收视数据的要求极高,但传统收视数据与观众有关的内容主要是年龄、性别等,较少涉及个性化收视行为。此外,传统收视调查多采用抽样调查的方式,这样的调查方式也越来越难驾驭如今愈发庞大的收视数据。随着技术的进步,实时收视率已经越来越多地被采用。实时收视率通过收视率测量仪来采集收视数据,然后发送到收集服务器,再通过云运算系统进行数据处理,处理完后的收视报告发送到客户端,这样的收视数据比传统收视调查结果更具参考价值。

对于法治节目而言,融媒体时代需要重视以下几个方面的收视调查:一是视频回放与点播收视调查。观众除了收看首播法治节目外,还会利用机顶盒的点播服务来回看错过的节目,因此可采用实时数据与综合数据结合的方式进行调查,实时数据反映收视情况,而综合数据则是综合收视情况和回放收视情况。二是移动终端收视调查。随着收视终端的多元化,广告商希望了解广告在多种平台上同时播出的跨平台传播效果,因此需要对移动终端的收视调查方式进行进一步开发。三是社交媒体收视调查。法治节目的受众在社交媒体上的阅读方式呈现出碎片化的特点,因此更需要精确地收集不同推文和视频的阅读量与点击量,这样才能更好地帮助节目组分析受众在新媒体端的收视行为,更为精准地了解受众的阅读和收视喜好。

第五章

法治新闻与社会主义法治国家建设

1997年,党的十五大提出"依法治国,建设社会主义法治国家"的基本方略和目标;此后,党的十六大、十七大、十八大都对推进依法治国作出了重要部署。十八届四中全会通过的《中共中央关于全面推进依法治国若干重大问题的决定》指出,"全面推进依法治国,总目标是建设中国特色社会主义法治体系,建设社会主义法治国家"。在建设社会主义法治国家的过程中,法治新闻传播的作用非常大。

第一节 法治新闻报道与国家法治形象塑造

加快建设社会主义法治国家是我党、我国现阶段的重要任务之一,坚持依法治国、依法行政和公正司法是实现依法治国的具体举措,建设法治国家、法治政府、法治社会是依法治国的具体目标。法治国家的建设成功与否、建设成就能否深入人心,都与国家法治形象能否成为全国各族人民的集体认同密切相关。党的十九大报告指出,要深化依法治国,要"努力让人民群众在每一个司法案件中感受到公平正义"。人民群众怎样才能感受到每个司法案件中的公平正义?传达公平正义的法治报道是重要的途径之一!媒介在法治报道中传达出的执法、司法方面的信息,构成了民众关于国家法治形象的基本认知。法治新闻不同于一般社会新闻,其具有很强的专业性,法理是否阐明、释法是否准确、程序是否合法、用法是否适当等,都会直接影响公众对国家法治形象的认同。因此,必须深入研究法治新闻报道的规律与特点,尤其是要总结以案释法和以案普法方面的规律与特点,运用法治报道来构建每个公民都认同的国家法治形象,进而塑造自由、平等、公正、法治的国家形象。

一、国家法治形象与国家形象

国家是国家共同体和国家政权体系的有机结合,是由政治、经济、文化、法律、历史、国民等各种要素构成的"民族—国家"联合体,其往往是由多个层面和侧面组成的形象认同体。民众要对自己的国家有具体而形象的认同,就必须在群体意识层面形成一致的、具有某种共同属性的国家形象。国家认同是一国公民对自己国家的历史文化、风俗传统、道德价值、法律法规、政治制度、国家主权等的认同。根据建构主义理论,国民关于国家的认同是在经验、知识等的基础上理解建构起来的。这一建构过程是在社会文化、生存经验、认知生成的互动过程中生成的,而新闻媒体关于政治、经济、文化、历史、社会等的报道,以及国际社会对本国的各方面报道与评价,都可以促进国民关于国家形象的认知形成。根据李普曼的理论,大众媒介通过信息传播能建构出一个拟态环境,这一拟态环境虽然和现实环境有一定程度的差距,但它是人们认识自己所处世界的重要途径。① 一般认为,事物的形象包括实体形象与认知形象两个层面,前者是形象的客观存在形式,后者则是实体形象在人的认知系统中形成的心理映像。在传媒高度发达的今天,人们的认知形象往往是通过媒介塑造的拟态环境形成的。在这个层面,国家形象也是通过媒体构建的拟态环境呈现出来的,民众正是通过媒体塑造的媒介形象来建构自己的国家认知体系。"一个国家良好的国家形象以及独特的国家特征、较高的国家地位都会增强国内民众对本国的认同,增强国家的合法性。"②国家形象不仅事关一国的国际形象和国际社会认同,更对形成国民的国家认同、增强国民的自豪感、增强国家的凝聚力具有十分重要的意义。

国家形象是一个多侧面的复合体。一国政治清明、经济发展、军事强盛、文化繁荣、良法善治、社会稳定、人民幸福等要素,都是构成国家形象的具体内容。法治形象和政治形象、经济形象、文化形象等一样,是国家形象多侧面构成中的重要一面,是一个国家法治建设水平的综合体现。"目前,中国特色社会主义法律体系已经形成,法治政府建设稳步推进,司法体制不断完善,全社会法治观念明显增强。"同时,也"必须清醒认识到,同党和国家事业发展要

---

① [美]沃尔特·李普曼:《公众舆论》,阎克文、江红译,上海人民出版社 2006 年版,第 51 页。
② 张昆主编:《跨文化传播与国家形象建构》,武汉大学出版社 2015 年版,第 9 页。

求相比,同人民群众期待相比,同推进国家治理体系和治理能力现代化目标相比,法治建设还存在许多不适应、不符合的问题"①。由此可见,中国的法治建设虽然取得了巨大的成就,但也存在不少问题。在这种情况下,法治报道如果总是停留在法治建设存在的"不适应、不符合"等问题上,将会对国家法治形象的塑造产生十分不利的影响。党的十九大报告指出,要"建设法治政府,推进依法行政,严格落实司法责任制,努力让人民群众在每个司法案件中感受到公平正义"。在这里,"公平正义"不只是一个术语,更是国家法治形象的具体表现。因此,法治报道应当在如何体现和实现公平正义等方面着力,带着建设性的媒介力量去报道每一个法治事件,带着让人民群众感受到公平正义的目的去报道每一个司法案件。只有这样,才能塑造好国家的法治形象,进而塑造好国家形象,也才能使人民群众形成对法治国家的国家认同。

二、法治报道与国家法治形象塑造

法治报道就是对依法治国过程中产生的与科学立法、依法行政、公正司法以及全民守法等内容有关的新闻事件的报道。法治新闻报道的主要目的是弘扬法治精神、公开法治信息、普及法律知识、宣传教育民众、全面推进依法治国,其内容一方面要突出"法",另一方面要体现"治",用法治精神、法理思维和法治观念去报道法治事件。每篇法治报道都应当尽量做到崇法、信法、懂法、明法,用积极正面的报道塑造自由、平等、公正、法治的国家形象。法治新闻对国家法治形象的塑造分多个层次,具体而论,主要可以从以下几个方面加以分析:

首先,要加强对以宪法为中心的中国特色社会主义法律体系的报道。良法是善治的基础,没有一个完善、科学、高效、严密的法律体系,就不可能保障国家治理的法治化与现代化。我国社会主义法律体系已经形成,目前有250多部法律、700多部行政法规、9000多部地方性规章和11000多部行政规章。当前立法工作的主要任务是进一步完善社会主义法律体系,法治报道应当聚焦于科学立法、民主立法、依法立法以及普及法律知识等方面,突出社会主义法律体系在及时性、系统性、针对性和有效性方面的价值。

其次,立足于依法治国的重点和难点,加强对法律实施的报道。人民群

---
① 《中共中央关于全面推进依法治国若干重大问题的决定》。

众对依法治国实践中存在的有法不依、执法不严、违法不究等现象深恶痛绝，对执法体制中存在的权责脱节、多头执法、不文明执法、不透明执法以及选择性执法等问题十分不满，因此加强监督性报道十分必要。问题虽然不少，但总体还是良好的，对依法行政、依法执法、文明执法进行正面宣传也同样重要。法治新闻报道应当通过对执法机关和执法人员的执法行为的正面报道，塑造公正执法、文明执法、严格执法、廉洁执法、公开执法、诚信守法的法治政府形象，用公正客观的舆论来引导民众。

再次，司法形象是法治国家形象的重要方面，加强对公正司法的报道对法治国家形象塑造具有极端重要的意义。司法是正义得以实现的重要保障，检察机关和审判机关依法对案件进行审理，既独立行使自己的法定职权，又相互配合、相互协调，对案件进行公正、高效的审理。司法报道是法治新闻的重点，公正客观地报道案件的审理，准确公正地报道检察机关的公诉行为和人民法院的审判行为，既体现了检察公开和审判公开的原则，又对检察官和法官依法行使职权进行了舆论监督，在保障公众知情权的同时，也宣传了公正司法，消除了群众对司法不公、司法腐败等问题的疑虑。

复次，法治新闻的重要价值之一就是法治宣传，向全社会普及法律知识，借助典型案例，深入剖析案件中包含的法律问题。司法审判的专业性很强，无论是民事诉讼还是刑事诉讼，在诉讼程序、证据原则、适用法律、定罪量刑等方面都存在很大差异，普通民众很难通过裁判文书来清晰理解一个案件所包含的全部法治信息。以案释法是最好的选择，通过具体的司法案例，就案件审理的关键信息用简明扼要、通俗易懂的语言进行解释；通过深入明了的剖析，让人民群众通过每个具体的案件——尤其是有争议的案件——来理解诸如程序法定、证据法定、举证责任、无罪推定、罪刑法定等司法原则，真切感受公正法治和公平正义。

最后，全民守法的社会是法治国家建设的终极目标，也是法治国家形象的重要呈现。法治新闻与其他新闻的一个显著差别就在于，它是通过报道来宣传法治理念、言说法理情理、塑造法治精神、培育法治文化。全面推进依法治国是国家治理的一场深刻革命，党的十九大报告明确指出，到2035年，基本建成法治国家、法治政府和法治社会。我国广大人民群众在法律知识和法治理念方面离这个要求还有差距，法治社会的建成需要营造全社会学法、用法的良好风尚，宣传人民群众崇法、守法的动人事迹，讲好法治社会的中国故事，在全社会树立起宪法法律至上的观念、尊法守法的意识、法律面前人人平等的理念，这样才能建成社会主义法治文化，实现法治社会的目标。

三、法治报道失当与国家法治形象塑造偏差

作为专业新闻类型之一种，法治新闻有其特殊的报道原则和报道技巧。现在不少所谓的法治新闻报道，往往只专注于炒作热点、吸引关注，结果把法治报道的本质搞丢了。有的法治新闻因缺乏应有的法律知识和报道技巧，不仅在法言法语上有失当之处，甚至对基本的法定事实和法定程序都搞不清楚[①]，报道既做不到准确言说法理，也做不到解疑释法，更做不到法治宣传。错误的法治报道反而会使国家法治形象的塑造产生偏差，具体分析，主要有以下几种情况：

（一）法治思维缺位导致释法功能丧失

法治新闻就其属性来说，首先强调的是新闻性，是对依法治国过程中发生的新闻事件的报道；但是，既然是法治新闻，就要强调其所蕴含的法治属性。如果报道失去了其法治属性，那就只能属于一般的社会新闻。要想凸显法治新闻的法治属性，就必须运用法治思维，把新闻事件所蕴含的法治理念、司法原则、法律知识等法治价值体现出来，既要达到传播新闻之目的，又要达到宣传法治之目的，更要达到培育民众法治信仰之目的。法治思维是进行法治新闻报道的重要思维工具，它具体包含了法理思维和法律思维两个层次，前者是运用法学理论的一般原理和基本范式对新闻事件中的法律问题进行分析，后者则是运用具体的实体法和程序法对新闻事件中的法律事实进行剖析。只有运用好法治思维，才能塑造好国家法治形象。

某个名人的家庭财产纠纷往往会成为社会新闻报道的热点，但是如果媒体能从继承法、婚姻法的角度分析财产分割法理原则，甚至还能从老年人权益保护法、妇女权益保护法、未成年人权益保障法出发来谈家庭财产侵害的立法原则、法理基础等，就构成了一篇典型的法治新闻。再比如，一个刑事案件，如果只是报道案件的发生、侦破、审理等新闻事实，那还只能属于一般的社会新闻；如果运用法社会学或实证法学的原理来分析案件发生的原因，分

---

① 范玉吉、张潇：《司法报道失当对司法公正的影响》，载《今传媒》2019年第4期。

析定罪量刑的依据,并能提出犯罪预防等方面的建议,就是一篇优秀的法治新闻。对于一个案件的诉讼和审判,如果仅仅报道控辩双方的法庭表现、法院的判决结果等基本新闻事实,也只能归为一般的社会新闻。只有运用实质正义或形式正义等法学理论对诉讼和审判进行法理分析,并运用一定的司法理念对犯罪要件构成、证据呈现程序、控辩双方观点、定罪量刑依据等进行深入浅出的剖析,才是法治新闻。这样的新闻也才能达到引导舆论、平息舆情、释法普法的目的。如果简单地进行事实性陈述,没有法治思维的引导,法治新闻不但不能起到普法释法的作用,反而会形成负面影响。例如,《郑州晚报》2015年12月1日报道某大学生因掏鸟窝被判刑10年半,因为报道缺乏法治思维而错误频出,引发了网络舆情,致使大批网友同情罪犯,反而责备法院不近人情。① 人民法院依法进行审判,用法准确,量刑得当,无论在程序方面还是实体方面都体现了公正公平,不当报道不仅没有发挥解释法律与平息舆情的积极作用,反而引发了民众对司法公正的质疑。

(二) 煽情化报道歪曲司法公正形象

法治新闻报道中的煽情化问题一直存在,加之当前社会在一定程度上存在着阶层固化的倾向,导致了部分民众不同程度地存在着"仇官""仇富"等心理,由此间接地产生了对弱势群体不问法理、不讲道理的同情。有学者对"于欢案"的报道进行分析指出,"'辱母'是最刺激公众敏感神经的字眼,也是案件引起轩然大波的重要因素……通过渲染道德和情感色彩唤起公众共鸣",媒体就"塑造出于欢作为拥有伦理正义的弱势一方,对辱母者、失职警察和不公正的法院三者的抗争,为于欢的刺杀行为赋予话语正当性"。因此,"利用公众情感和感官正义对司法机关施压被认为是媒体影响司法、进行'媒介审判'的主要手段"。② 其实,不只"于欢案"如此,南京"彭宇案"、陕西"药家鑫案"、2018年的"南北稻香村案"等的相关报道中,都运用了煽情化的手法,造成了对司法公正的严重冲击。

有时单纯为了吸引受众眼球,有时却假借公意而夹带私情,煽情化报道总能堂而皇之地出现在严肃的法治新闻报道中。煽情化报道的根源是煽情主义。煽情主义的理念从19世纪80年代开始就被欧美新闻界用于新闻报

---

① 范玉吉、杨心怡:《从"掏鸟窝"事件审视媒体法律素养》,载《新闻记者》2016年第2期。
② 常纡菡:《公安报道中媒体责任再审思——以于欢案媒体微博报道为例》,载《郑州大学学报(哲学社会科学版)》2018年第3期。

道中,是一种"使用和呈现旨在引发受众兴趣并使其兴奋的内容"的报道方式,其与不实的、夸张的新闻报道有区别,被认为是一种"正好能吸引公众眼球并迫使他们认识到该行为必要性的合理报道形式"。但是,自20世纪80年代以来,这种手法的滥用就一直遭到人们的批评。① 近年来,泛娱乐化报道的倾向更加剧了煽情化报道手法的运用,使法治报道偏离了新闻专业主义的轨道。新闻报道应当坚守中立的立场,带着客观、公正、没有偏见的立场来报道新闻事实,把真相呈现给受众。所有这一切努力,都是为了实现媒体作为社会公器的功能,保障公众的知情权和监督权。煽情化的报道手段因过多掺杂了个人的情感和偏见,无法对新闻事实的选择做到客观公正。这样的媒体报道"失去了为公众服务的价值,也完全没有了铁肩担道义的那份社会责任。在煽情主义的引领下,媒体激情战胜了理智,感情取代了事实,情理驱逐了法理"②。有学者在谈到"彭宇案"时也曾经下过这样的判断:"在'彭宇案'的报道中,一些媒体用价值判断代替了事实判断,用观点表达代表了真相调查,从而干预了司法审判。"③

新闻报道强调新闻事实的真实性和客观性,法治新闻报道更是如此。用情感驱逐法理,以情绪化叙述取代法律事实,甚至用煽情化手法歪曲司法裁判,既使法官的专业形象受损,也使司法机关的公正形象受到了损害。

(三)采访失衡造成司法权威受损

一个案件从司法原则、司法主体、司法程序、司法过程、司法技术到司法评价,不仅过程复杂,而且专业性很强。就刑事案件而言,从检察院的侦查、逮捕和公诉,到法院的审判、判决和执行,都涉及很多专业知识和专业技能。在法治新闻报道中,不熟悉这些程序及其所包含的专业知识与法学理论,将无法准确客观地报道案件。报道中,记者除了必须具备基本的法律知识和司法常识外,还要深入采访相应的司法人员,让他们对案件的审判进行权威性解释,将审判中的关键信息传达给受众。例如,2018年10月18日,《南方周末》刊发的署名文章《南北稻香村之争背后的大问题》就暴露出了法治新闻中存在的大问题——对诉讼程序不熟悉。该文章提到:"一南一北两个稻香村,

---

① [英]鲍勃·富兰克林等:《新闻学关键概念》,诸葛蔚东等译,北京大学出版社2008年版,第320—321页。
② 范玉吉:《娱乐化浪潮中的传媒伦理检视》,载《编辑之友》2013年第4期。
③ 郑保卫、叶俊:《从彭宇案看传媒与司法的关系》,载《人民法院报》2014年7月28日。

分别在自己的'主场'打赢了官司……南北稻香村……选择在自己的主场起诉对方,似乎不是偶然的。"言外之意,两家稻香村之所以作为原告都能胜诉,而作为被告都会败诉,就是因为存在"地方司法机关偏袒本地当事人的地方保护主义的可能性"①。原告选择在哪里进行诉讼,这是法律赋予的权利。《民事诉讼法》第28条规定:"因侵权行为提起的诉讼,由侵权行为地或者被告住所地人民法院管辖。"在"南北稻香村案"中,原告选择侵权行为地的法院进行起诉,完全是依法行使自己的权利,而所谓"选择自己的主场进行诉讼"这样的表述,容易误导受众,使他们怀疑法院审判的公正性,甚至认为法院存在地方保护主义,偏袒本地当事人。

司法审判、裁判文书及适用法律的专业性都比较强,法治新闻一旦对审判程序、裁判文书及适用法律的诠释不准确,往往就会引发舆情。曾经轰动全国的南京"彭宇案"在第二次庭审时,被告彭宇曾承认自己下车时与人相撞过,只是否认与原告相撞。第三次庭审时,原告方提供了一份反映彭宇在派出所曾陈述与原告相撞情况的笔录照片(由于警方失误,丢失了该笔录原件),并得到了做该份笔录的警官确认。相反,彭宇本人却无法提供其他证据或证明,也无法对原告提供的证据或证明进行反驳。② 根据《最高人民法院关于民事诉讼证据的若干规定》第2条,谁主张谁举证,一审法院认定彭宇与原告相撞的法律事实并无不妥。该事件引起舆论关注的是判决书关于责任认定的表述:"从常理分析,其与原告相撞的可能性较大。如果被告是见义勇为做好事,更符合实际的做法应是抓住撞倒原告的人,而不仅仅是好心相扶;如果被告是做好事,根据社会情理,在原告的家人到达后,其完全可以在言明事实经过并让原告的家人将原告送往医院,然后自行离开,但被告未作此等选择,其行为显然与情理相悖。"③ 就是这段话被媒体误报,造成"谁救人谁有错"的误解。《最高人民法院关于民事诉讼证据的若干规定》第9条第3款明确规定了日常生活经验对司法裁判的作用,所以法院根据常理和社会情理来推定责任并无不妥。只是由于媒体对这种责任推定原则不了解,而法院方面又没能主动就裁判依据的法理基础和法律规定进行解释,结果造成司法不公的误读。

---

① 辛省志:《南北稻香村之争背后的大问题》,载《南方周末》2018年10月18日。
② 舒悦:《十年前彭宇案的真相是什么?》,载《法制日报》2017年6月15日。
③ (2007)鼓民一初字第212号。

因此，媒体报道法治新闻，一定要请检察官、法官或其他法律专业人士出面，对司法程序或司法判决中的具体问题进行专业化解读。司法机关也应当本着为司法公正负责、对满足民众知情权负责的态度，主动释法，精准释法。如果一味"沉默"失声，就会让公众产生"理屈词穷"或"黑箱操作"的怀疑，进而加重对司法不公的质疑。

四、改进国家法治形象塑造的路径探索

塑造公正的国家法治形象至关重要，关键是如何运用好法治报道来塑造国家法治形象。

首先，法治报道应从培养媒体法治思维着眼。法治新闻有两个重要责任，即法治信息公开与法治宣传教育，但归根结底还是为了培育社会主义法治文化和建设社会主义法治国家。前文谈到过，法治思维的缺失导致了法治新闻的非法治化倾向，造成了法治形象塑造的最大障碍。我国正处在依法治国的伟大进程中，社会矛盾突出，法治新闻的发生非常普遍，各类媒体也都有相应的法治版块，因此媒体必须运用法治思维来真实客观地报道法治新闻，从法治理念、法律知识、法学理论入手来分析每一个案件。2010年10月10日出台的《关于加强法治政府建设的意见》中，国务院就提出了"法治思维"的概念，并指出其在解决经济社会发展中的突出问题和矛盾方面的作用。此后，党的十八大与十九大都提出，要用法治思维和法治方式来化解社会矛盾。法治思维是一种新理念，在新闻报道中，要从法治的高度来衡量新闻事件，要把法治属性作为法治报道的首要标准，不能仅仅将新闻属性作为报道的唯一标准。法治思维也是一种思维方式，对于一切新闻事件，都应当从法理的角度来分析，从法律的维度来作出判断。只有这样，法治新闻的法治属性才能真正发挥出来。法治思维更是一种价值，它是法治新闻的价值基础，它将决定一个新闻事件在法治社会建设及法治国家建设中的意义与作用。

其次，法治报道应从塑造法治形象的关键点着力。国家法治形象的塑造，有赖于具体的司法和执法形象的塑造。法治形象是国际社会和一国公众对法治整体水平的认知，既包括对司法、执法人员的形象认知，也包括对实体公正和程序公正的认知。高效、专业、中立、负责、廉洁、公正、威严、亲和、耐心等价值要素都是执法和司法人员应当具备的基本素养，具备这些职业素养的执法和司法人员能够形成人民群众对国家法治建设成就的直接认知。就具体的案件而言,程序公正和实体公正同样重要。过去,我们过多考虑人民群众对案件结果的满意度,但随着依法治国的推进和普法程度的提高,民众会越来越重视程序公正。所以,法治新闻应越来越重视对程序公正的报道。法治新闻报道既要做好对法治人物和事件的正面宣传,更要重视对行政和司法中存在的违法问题进行舆论监督。对于民众关心的案件,法治新闻报道既要做好舆论引导,也要敢于揭盖子、晒问题。有时,十个正面报道也抵不住一个负面事件的冲击。在舆情面前,不能一味推卸责任,也不能一味沉默。自媒体时代的信息发布渠道很多,越沉默反而会越被动,主动发声、虚心接受监督才会对司法形象塑造产生更大的推动作用。

最后,法治报道应从释法普法的精准点着手。2017年5月17日,中共中央办公厅、国务院办公厅颁布了《关于实行国家机关"谁执法谁普法"普法责任制的意见》(以下简称《意见》),指出要"充分发挥广播、电视、报刊等传统媒体优势,不断创新普法节目、专栏、频道,开展形式多样、丰富多彩的法治宣传教育。进一步深化司法公开,依托现代信息技术,打造阳光司法工程。注重依托政府网站、专业普法网站和微博、微信、微视频、客户端等新媒体新技术开展普法活动,努力构建多层次、立体化、全方位的法治宣传教育网络"。《意见》还明确了普法的重点内容是执法与司法机关所处理的"教育就业、医疗卫生、征地拆迁、食品安全、环境保护、安全生产、社会救助等群众关心的热点难点问题",要"把矛盾纠纷排查化解与法律法规宣传教育有机结合起来,把普法教育贯穿于事前、事中、事后全过程"。这其实就是要求变传统意义上的"以案释法"为"以案普法",让人民群众在具体的案件中理解法治原则、基本法理、法律程序、法律规定等,让程序正义、证据法定、疑罪从无、罪行法定等概念深入到每一个人心中。法治新闻报道要讲好法治中国的故事,每一个具体的案件都是一本很好的普法教科书,要让每一个公民都能从这些具体的案件中感受到公平正义,感受到法治的力量,感受到中国依法治国的成就。

法治新闻包含着太强的专业性内容,必须加以重视,否则会对国家法治形象的塑造造成负面影响。法治形象是国家形象的一部分,法治报道必须明确法治国家建设这一目标方向,明确公正法治这一价值取向,只有这样才能真正传播好法治中国的声音,讲好法治中国的故事。

第二节　法治传播与公民法治信仰的塑造

坚持全面依法治国是新时代坚持和发展中国特色社会主义基本方略的重要内容,而深化依法治国实践的重点任务之一,就是加大全民普法力度。中国是一个有着超过13亿人口的发展中国家,有悠久的人治传统,要建设一个法治国家,"实现人人尊法、信法、守法,是一个长期艰巨的历史任务",必须通过法治宣传教育,建设社会主义法治文化建设,提高公民法治素养,进而培养全民法治信仰。[1] 35年的法定经验告诉我们,必须运用好现代传播手段,用法治传播来塑造国民的法治信仰,这才是法治宣传工作的中心目标。

一、法治信仰与法治传播

《人民日报》曾经刊发过一篇评论文章《让法治成为一种全民信仰》,文章指出,"法治并不完全取决于法律条文有多么复杂严密,也不仅体现在普通民众对法律条文有多么深透的了解,而在于努力把法治精神、法治意识、法治观念熔铸到人们的头脑之中,体现于人们的日常行为之中。……就是要让法治成为一种全民信仰,化为社会文明进步的强大动力"。[2] 法治信仰是人们对法治理念的理性体认,是人们对法治作为一种社会形态从感性认识到理性认同的升华。中国传统的法律文化并没有自觉生成对法律的信仰,中国传统社会又非法治社会,所以也不能原生出法治的信仰。在中国社会从人治走向法治的过程中,一直是外在压力推动着法治的进程,清末的变法修律是内外交困之下的无奈之举,而民国时期的法律体系又是西化的法律移植。改革开放以来的法治建设虽快,但制度的建设速度超过了思想进步的速度。所以,没有法治思想的现代化,就不可能有法治的现代化。

现在中国特色社会主义法律体系已经形成,但有了法律并不一定就有了法治,这个法律体系只有通过民众的知性体认、理性体认和感性体认,才能产生知法、尊法和守法的行为后果。这一体认过程就是从信念向信仰的升华。"法治信仰不仅指向个体对于法治价值的认同、法治实践的参与,更指向执政

---

[1] 汪永清:《深化依法治国实践》,载《党的十九大报告辅导读本》,人民出版社2017年版。
[2] 人民日报评论部:《让法治成为一种全民信仰——开创依法治国新局面之三》,载《人民日报》2013年3月1日。

者对于法治的真实心态、推进决心及践行能力。"[1]在培养和塑造法治信仰方面,法治传播是最好的方式之一。法治信仰的塑造有多种方法,但是通过法治传播进行塑造是效果最好也最便捷的方式和方法。无论是法治新闻传播还是法治文化传播,都是通过具体可感的法治事例,用具相取代抽象,用形象取代概念,用情感取代说教,让受众在潜移默化中接受法治的理念。

法治传播包括了法治新闻传播和法治文化传播。法治新闻传播是运用大众传播媒介,对"依法治国过程中产生的与科学立法、依法行政、公正司法以及全民守法等有关的新闻事件的报道。法治报道的主要目的是弘扬法治精神、公开法治信息、普及法律知识、宣传教育民众、全面推进依法治国,其内容一方面要突出'法',另一方面要体现'治',用法治精神、法理思维和法治观念去报道法治事件"[2]。法治文化传播是运用影视剧、戏剧、文学、书画、曲艺、民间艺术等艺术形式,对法治理念、法治精神以及法律知识进行艺术化的表达,以生动形象、形式多样、灵活机动、深入浅出、贴近群众的方式进行法治文化传播活动。法治文化传播往往注重法理表达,维护法治权威、营造法治语境,通过源于生活又高于生活的艺术表达方式,运用生动具体的艺术形象,在潜移默化中树立法治信仰。法治文化作品选取具有特殊法治内涵和审美品格的题材,使法治思维与法治观念这些抽象的理论有机地融进具体的作品中,通过人物塑造、情节设计和叙事表达,让受众对法治产生发自内心的认可和崇尚,从而在行动上遵守和服从,形成对法治的信仰。

二、法治传播的主要内容

法治传播是通过对法治形象的塑造来塑造民族的法治信仰,民众在具体生动的法治形象认知中,通过感性、知性再到理性的认识提升,最终内化出建立在价值理性基础上的法治信仰。社会主义法治国家的建设,最终通过国家的法治形象塑造而呈现出来。民众对法治的信仰,基于对法治中国的建设成就的认知与认同,而这就需要民众对国家法治形象有一个全面的把握。"国家法治形象作为法治国家的媒介形象,主要包括国家法律形象、法治政府形

---

[1] 傅达林:《小议法律信仰与法治信仰》,载《检察日报》2018年8月22日。
[2] 范玉吉:《法治新闻报道与国家法治形象塑造》,载《青年记者》2019年第34期。

象、公正司法形象和法治社会形象四个方面"①,这四个形象通过法治传播的塑造,最终会成为塑造民众法治信仰的重要手段。

我国已经形成了有中国特色的社会主义法律体系,这在我国社会主义民主法制建设史上具有重要的里程碑意义,这是中国特色社会主义制度逐步走向成熟的重要标志。美国著名法学家伯尔曼说:"法律必须被信仰,否则它将形同虚设。"法律只有让民众产生知性体认,才能真正做到知法;只有让民众产生理性体认,才能做到尊法;只有让民众产生感性体认,才能真正实现守法。法律信仰是法治信仰的基础,如果一国之民众对本国的法律都缺乏信心,没有信仰,那怎么会对法治产生信仰? 因此,法治传播必须承担起法律宣传的责任,良法是善治的基础,广泛而深入地向民众进行法律宣传教育,就能为善治打下一个良好的基础。在具体的案件报道中,只有把中国特色社会主义的法律讲清说透,让民众对有中国特色的社会主义法律产生了信心,才能让他们对法律产生信仰。

法治政府形象是法治国家形象的重要构成。法治政府应当是权责统一、权威高效的依法行政体制,这样的政府一定是在法治的轨道上开展工作,依宪执政、依法执政、依法决策、权责法定、执法严明、公开公正、廉洁高效、守法诚信。法治传播就是要把政府在依法执政、建设法治政府方面所取得的成就,通过新闻报道、艺术表达等形式呈现给民众,让民众信赖我们的政府,支持我们的政府,爱戴我们的政府。当然,目前存在的问题与不足仍然很多,贪腐问题仍然不容乐观,民众对政府依法决策、依法行政的期待仍然很高,必须强化对行政权力的制约和监督,而法治新闻传播和法治文化传播就是形成社会监督与舆论监督的最有效途径。

公正是法治的生命线。司法公正对社会公正具有重要引领作用,司法不公对社会公正具有致命破坏作用,必须完善司法管理体制和司法权力运行机制,规范司法行为,加强对司法活动的监督。党的十九大报告明确提出,要让人民群众在每一个司法案件中感受到公平正义,司法公正形象的塑造对民众法治信仰的形成至关重要。司法形象由法官形象、司法案件、司法审判、裁判文书等司法环节共同构成。如果法官形象不佳,出现腐败枉法现象,或者审判不公、用法不当、释法不准,甚至裁判文书错漏百出,那么就会对外呈现出

---

① 范玉吉:《法治新闻报道与国家法治形象塑造》,载《青年记者》2019 年第 34 期。

司法不公的负面形象。因此,在法治传播中,如何通过每一个司法环节来塑造司法公正的正面形象,就成了法治传播的重要使命。

法治社会的建设,关键在于全民法治观念的养成。中国传统社会是一个人情社会,自古以来,人情就大于天理,甚至大于"国法"。法不外乎人情,但中国传统社会却往往会把人情、天理看作是高于国法的本源性存在,导致最终出现了情凌驾于法之上的怪现象。再加上人治观念在某些程度上的残存,更是导致了国人信访不信法的扭曲观念。因此,全社会必须形成厉行法治的积极性和主动性,把守法光荣、违法可耻作为一种社会共识,社会的全体成员都应当崇尚法律、遵守法律、捍卫法律,而不是忽视法律、蔑视法律,甚至践踏法律。法治传播就应当大力宣传崇尚法律、遵守法律、捍卫法律的人和事,法治文化也应当以此为题材,多描写、歌颂那些崇尚法律、遵守法律、捍卫法律的人和事。文艺作品也好,新闻报道也好,都要积极传播那些富有法治的道德底蕴、规则意识、契约精神的人和事;无论是新闻叙事还是文学叙事,都要突出法治在解决一切问题中的核心作用,引导公众自觉履行法定义务和社会责任。

三、法治传播的主要途径

有了宪法不等于就一定会依宪执政,制定了法律也并不等于就成了法治国家。法律只有深入到每一个公民的内心之中,塑造成公民的法治信仰,内化为公民的文化人格,才能真正发挥其作用。因此,从1986年起,国家开始在全体公民中普及法律常识和开展法治宣传教育;2020年是"七五"普法的收官之年,中国的普法工作已经走过了35个年头,2021年开启了"八五"普法历程。普法宣传工作的本质是法治传播,其目的是通过法律知识、法治新闻、法治文化、法治理念等的传播,让全体公民接受到法治教育,从而确立尊法、守法、信法、用法、依法的法治理念,并进一步将其内化为法治信仰。

法治传播的基本组织架构是以中央宣传部、司法部和全国普法办公室为总领导,依托地方各级党委宣传部和司法行政机关,制定统一的法治宣传教育纲领,运用各类新旧媒体、各类文艺团体和各级群团组织,从大众传播、组织传播到人际传播,构建起一个立体多面的法治传播组织架构。

(一)传统媒体是法治传播的主渠道

我国的法治传播起步于20世纪70年代末,以1979年8月《民主与法制》杂志的创刊为标志,到20世纪90年代已经形成了中央与地方联动的法治平面媒体集群，不但各省级单位都创办了法治类报刊，其他综合类报纸（如《中国青年报》《经济日报》等）及省级综合类党报也大量出现法治新闻报道。在电视方面，自上海电视台于1985年5月22日首次试播中国电视史上的第一个法治节目——《法律与道德》之后，全国大部分省、自治区、直辖市的电视台都纷纷开办法治类节目或频道，无论是节目的内容还是节目的质量都大幅度提升，深受受众欢迎。[①]

（二）新媒体在法治传播中的作用越来越大

进入21世纪，网络新媒体也成为法治传播的重要通道。2001年6月，中国普法网建立，带动了各地方普法网的建立和门户网站的法治宣传。随着互联网技术的发展，新媒体成为法治传播的重要渠道。特别是自媒体出现后，其成为法治传播的重要阵地。例如，《浙江法制报》将全省公检法司的网站（网群）、微信、微博、头条号等百余个新媒体平台集中代为运营，形成了庞大的法治传播新媒体矩阵。目前，浙江法治传播新媒体矩阵包括573个公众号，其中涉及党委政法委系统81个、法院系统101个、检察院系统102个、公安系统171个、司法系统115个、政法媒体1个、个人账号2个。通过新媒体进行法治传播，深受公众喜爱。该新媒体矩阵中，代浙江省委政法委运营的官方微信公众号"平安鼎"于2018年9月10日才推出首期微信文章进行试运营，但1个月后正式上线时，粉丝数已增至5万；截至2019年12月1日，其用户数已达到56.4万。

（三）影视作品在法治传播中占据十分重要的地位

法治影视作品一直深得受众喜爱，直观、形象、生动，其传播效果也最好。2019年10月25日上映的聚焦校园欺凌的电影《少年的你》，上映至第27天，总票房就已经突破了15亿元，观影人次突破4000万大关；收视率排行榜的资料显示，在2017年度全国电视剧收视率排行榜中，《人民的名义》以3.661的收视率，高居当年度的榜首，超出排第二名的《那年花开月正圆》1.1个百分点，市场份额高出第二名3个百分点；2019年4月，电视剧《因法之名》首播，创下了同期收视率全国第一的成绩；2019年6月，电视剧《破冰行动》首播，创下了同期收视率全国第五的成绩。从以上数据就可以看出法治题材的

[①] 范玉吉：《法制新闻事业在普法中起步——三十年法制新闻之回顾》，载《法治新闻传播》2008年第5辑。

影视剧在观众中的受欢迎程度。"法治影视作品所建立的通往法律信仰的道路甚至超越了直接对'白纸黑字'的法律的知识性传播",构建起了一种"诗性正义","将法治语境与具体的生活和多样的视角相结合,以一种'润物无声'的方式,软化了法治的刚性特征"。法治影视作品用形象化的方法,生动地诠释法律内涵,传播法治的价值,可以说是在用一种"润物无声"的力量来塑造公民的法治信仰。

（四）法治文艺是法治传播不可忽视的力量

书法、绘画、曲艺等法治文化活动,在突出区域特色、调动社会参与、凸显法治文化内涵方面作用非凡。通过这些"接地气""聚人气"的活动,可以拉近法律与群众的距离,把法治理念用可敬可亲、可敬可信的方式,送到群众面前。例如,2018年,中国曲艺家协会主办了第一届"嘉定法宝杯"讲好中国法治故事全国曲艺展演活动,在培育法治文化、增强法治理念、塑造法治信仰方面,取得了良好的效果。中国的广大乡村社会,对相声、小品、说唱、快板等曲艺形式还是十分欢迎的。用亲切的方言诉说老百姓在日常生活中常见的矛盾纠纷,深入浅出、生动形象,把那些原本枯燥的、艰涩的、深奥的法律问题掰开了、揉碎了,用本乡本土的艺术形式传播给群众,效果反而比那些来自象牙塔里的高端理论更有效果。

可以说,在法治传播方面,全方位、多层次的传播渠道和传播手法为法治传播奠定了一个良好的基础,这为塑造公民的法治信仰提供了物质保障。

法治传播既是当代传播的重要组成部分,也是社会主义法治建设的重要力量,在塑造社会主义法治信仰方面,绝对不能低估了法治传播的重要作用。2020年是"七五"普法的收官之年,"八五"普法也一定要运用好法治传播这一重要工具。当前社会无论是传播手段还是传播内容,都已经发生了巨大的变化,媒体融合将使新旧媒介的存在格局发生大变革,而与之相对应的受众也发生了很大的变化。当00后都成为主要受众时,法治传播的内容就不能再唱老腔老调,必须唱出新声新韵。无论如何,依法治国作为法治传播的硬核内容是不会变的,法治的力量必须在新的法治传播格局中迸发出新的生机。

第三节　法治报道失当对司法公正的影响

党的十九大报告指出,要"努力让人民群众在每一个司法案件中感受到公平正义"。人民群众如何才能感受到公平正义呢？毋庸置疑,法治宣传报道是一个重要渠道。如何对司法案件进行报道,不仅事关人民群众能否真正感受到公平正义,更事关司法活动公开及依法治国的国家法治形象塑造。媒体应在法律规定的范围内,合法合理地把握新闻报道尺度,严格审核和报道案件及其审理的真实情况,正确引导公众舆论。随着网络新媒体——尤其是自媒体——的出现,法治报道中的不客观、不全面、不公正、不专业现象屡见不鲜。法治记者对法律法规一知半解,甚至根本缺乏法律素养,结果往往导致了事件的报道与审判结果背道而驰,并因此在受众中造成了恶劣的影响,不仅误导了受众,更是有损法官的专业形象、司法机关的公正形象,乃至依法治国的国家形象。此处将以"南北稻香村案"的报道为例,对当下司法案件报道中的报道失当问题进行深入剖析,探寻解决之道。

一、从"南北稻香村案"看司法报道失当

司法报道是司法公开的重要途径,司法公开包括立案公开、庭审公开、执行公开、听证公开、文书公开和审务公开等六个方面,六个方面基本上都要通过新闻媒体的报道得以实现,关于司法公开的报道就是司法报道。司法是事关公平正义、国家司法形象及依法治国的大事,客观、真实、全面、准确地报道司法全过程是媒体法治报道的重要使命,任何不客观、不真实、不全面、不准确的报道都是司法报道失当,都会对司法公正产生负面效应。因此,媒体在进行司法报道时,一定要严控报道失当,用法治思维和法理思维来审视报道内容。此前,关于"南北稻香村案"的报道就出现了严重的报道失当,误导了受众,误伤了司法公正。

2018年9月10日,北京稻香村食品有限责任公司(以下简称"北稻公司")诉北京苏稻食品工业有限公司(以下简称"北京苏稻")、苏州稻香村食品有限公司(以下简称"苏稻公司")侵害商标权及不正当竞争一案由北京知识产权法院作出宣判,被告北京苏稻、苏稻公司停止在其生产销售的月饼、糕点、粽子商品上使用包含"稻香村、稻香村集团"的文字标识及"扇形图形"标

识,停止在电商平台等商品详细介绍中使用和销售包含"稻香村、稻香村集团"的文字标识及"稻香村"扇形标识等侵犯注册商标专用权的行为,停止在相关电商平台虚假宣传其糕点类产品为"北京特产"等不正当竞争行为,赔偿北稻经济损失及合理开支人民币 3000 万元。① 一个月后的 10 月 12 日,在江苏苏州,苏州园区法院对原告苏稻公司诉被告北稻公司及被告苏州工业园区申联超市侵害商标权一案作出一审裁定,判决要求被告于判决生效之日起停止侵犯原告第 352997 号注册商标专用权的行为,即停止在其生产销售的糕点商品包装上使用"稻香村"文字标识,并且赔偿原告经济损失及合理开支人民币 115 万元。②

先后一个多月时间,北京知识产权法院与苏州工业园区法院针对两起诉由不同的案子作出了判决。判决之后,数十家传统媒体和新媒体就案件进行了报道。传统媒体总体来说还能比较客观地进行报道,但是有一些新媒体则有意无意地带着"情绪"进行偏向性报道。特别是一些"标题党"开始用"同案不同判""主场必胜"等充满噱头的概念来吸引受众,并没有用法律思维及法理思维来分析、解剖这两个案子,更没有结合法治宣传的要求来进行释法,而是完全凭借情感或经验进行报道。这些不全面或不准确的报道刊发后,一时间舆论纷纭,引发了受众的疑惑。这本是两个不同的案子,产生不同的审判结果本属正常,但是就是这种经不起法理推敲和质疑的报道,不仅损害了司法权威,也削弱了法院的公信力和歪曲了法官的公正形象。

二、司法报道应慎重给案件定性

法治新闻属于专业性比较强的新闻,如果缺乏法律专业知识,会在报道中作出与事实不符的错误叙述,而如果对案件的判决定性不当,就会引起公众对司法的质疑,引发公众对司法的不信任。就上文的两起诉讼来看,这两起不同的案件被媒体错误地定性为"同案不同判",结果就引发了有关司法公正的舆情。这两个不同的案子为什么会被贴上"同案不同判"的标签呢?要想分清这两个案子的区别,理解"同案不同判"的概念就至关重要。深究"同案不同判"的定义,本质上要解决两个问题:一个是何谓"同案"?另一个则

---

① (2015)京知民初字第 1606 号。
② (2018)苏 0591 民初 1277 号。

是何谓"不同判"？

"同案"是指同一个案件或同一类案件。判断"同案"的标准有以下几个：首先，诉讼主体是否相同？作为与案件有直接利害关系的诉讼主体（即原告与被告），其诉讼行为直接影响诉讼程序的发生、变更和结束。如果案件中的诉讼主体有明显差异，就不存在"同案"的可能性。其次，诉讼请求是否相同或相近？诉讼请求是指原告向人民法院提出的，基于司法保护予以判决的请求，是审判一个案件的核心。根据处分原则，判决不能超出当事人的诉讼请求范围。原告的诉讼请求对法官的审判依据及审判结果的产生具有重要作用。再次，法律构成要件事实是否相同或相似？如果两个法律构成要件事实基本相同的案件，产生了裁判依据不同或者裁判结果相反的判决，那就不符合法律的正当性和合理性要求。①

关于"不同判"，目前存在两种主要观点：第一种观点认为，"不同判"是指判决结果的不同，这是最浅层的字面解释；第二种观点认为，"不同判"是指法官采用的判决依据不同②，此类情况在现实审判中发生率较高，主要是由法官的办案能力和职业素养差异而造成的。相同或同类的案件在法律的适用方面或者自由裁量权的使用方面存在差异，容易让民众对法官及其审判是否客观公正产生质疑。因此，"同案"是否"同判"已成为普通民众衡量司法公正的默认标准。在法治新闻报道中，定性"同案不同判"应该格外谨慎，定性错误将会直接影响法官的职业形象、司法机关的公正形象以及国家的法治形象。

从法理角度来看，法律具有指引和预测作用，人们用现有法律来指引自己实施正确的行为，并预测此行为将会导致何种法律后果，或者受到何种惩罚或保护。法官依照法律规定对案件进行判决，判决结果向公众公开后，将为其他人提供一种期待模式，从而对自己的行为作出合理的安排。如果案件涉及要点相同，但审判结果却相反，就既会破坏判决的指引作用，也会破坏法律所规范的秩序，势必会灼伤大众的法治信仰。③ 法治新闻报道是审判公开的重要途径，也是判决结果公开的重要手段。因此，对"同案不同判"的错误定性与报道，将会对公众的行为期待模式造成困扰，也会破坏公众对法律与

---

① 张双英：《论"同案不同判"现象的类型及应对》，载《贵阳学院学报（社会科学版）》2011年第2期。
② 何然：《从"同案不同判"的界定看其存在之合理性》，载《法制博览》2017年第1期。
③ 崔红丽：《浅议民事案件"同案不同判"检察监督路径》，载《法制与社会》2015年第10期。

法治的信仰。"南北稻香村案"中,北京、苏州两地法院审理的并非"同案"。首先,两个案件的诉讼当事人不同。北京知识产权法院审理的案件中,原告为北稻公司,被告为北京苏稻和苏稻公司;而在苏州工业园区法院审理的案件中,原告变成了苏稻公司,被告则是北稻公司和苏州工业园区申联超市。其次,两案的诉讼请求不同。北京知识产权法院审理的案件中,原告针对的是被告在电商平台以"稻香村"商标销售粽子、月饼等产品,用与原告注册商标近似的图案进行宣传销售的行为;而苏州市工业园区法院审理的案件中,原告的诉求则是要求被告停止在糕点商品上继续使用"稻香村"商标,涉及的是被告超范围使用注册商标的问题。双方争议的焦点不属于同一法律关系,因此不符合"同案"的定义。媒体在对这两起案件的报道中,不仅简单地混淆了诉讼主体,更没有理清两案的诉讼请求,错误地认为这是两个相同的案件。

两地法院都是严格依照法律规定和法律程序来审判案件,却因媒体缺乏基本的法律常识和法理知识,并未深入了解审判过程,向社会公众传达了"同案不同判"的错误解读,导致民众对司法公正产生了质疑。在报道案件之前,深度理解法院判决,合理合法报道,是媒体人应当遵守的职业法则。当前,媒体在司法案件报道中存在着"失实报道悖离法律事实""煽情主义驱逐法理分析""专业知识欠缺导致报道失准""法律意识淡薄引发司法信任危机"[①]等问题,这些问题大都是由缺乏法治思维和法理思维而引发的。在"南北稻香村案"的报道中,许多媒体显然也犯了同样的错误。

三、司法报道失当的影响分析

(一)法治理念缺失引发司法质疑

新闻媒体是连接普通民众与国家机关的重要纽带,是公众知情权行使的重要途径。公众通过媒体来了解司法活动的具体情况,将媒体对司法案件审判的解读作为获取信息的主要方式。媒体对司法审判内容的正确传递至关重要,这关系到民众对司法公正和法治发展的认同感。司法案件报道中,媒体的报道失当主要是由于法治理念缺失和法律观念淡薄而引发的。这些失当报道在实体法和程序法上存在理解偏差,从而导致了释法的错误,进而引

---

① 范玉吉、杨心怡:《从"掏鸟窝"事件审视传媒法律素养》,载《新闻记者》2016年第2期。

发了民众误解,给司法公正和法律的普及带来了严重危害。

失当报道源自法治理念的偏差。部分媒体对法院及其裁判结果的不尊重,对司法程序与法律适用的不了解,往往引发民众对司法的质疑。《南方周末》于 2018 年 10 月 18 日发布的《南北稻香村之争背后的大问题》认为,南北稻香村选择在自己的"主场"起诉对方,不是偶然,而是有"地方司法机关偏袒本地当事人的地方保护主义的可能性"。① 这完全是由于媒体对法律程序不了解而产生的错误判断。对于原告来说,选择案件的管辖法院是法律赋予的权利,在法律规定的范围内,原告可以选择任一法院提起诉讼。《民事诉讼法》第 28 条规定:"因侵权行为提起的诉讼,由侵权行为地或者被告住所地人民法院管辖。"本案中,无论北稻还是苏稻,在管辖法院的选择上均符合《民事诉讼法》的规定,并不存在所谓"主场起诉"的故意行为。对于人民法院来说,依法受理案件、保护诉讼双方的合法权益既是权力也是职责所在。媒体将法律明文规定的法院管辖权臆想为地方保护主义,是对司法程序的不尊重和亵渎,极易诱导不甚熟悉法律的民众对司法公正产生质疑,严重违背了"努力让人民群众在每一个司法案件中感受到公平正义"的精神。这种为博取受众的关注度而将国家的法律法规抛之脑后,歪曲审判过程,任意解读审判结果的行为,必须尽快加以规范和惩治。

(二) 主观化报道掩盖法律事实

媒体的职责在于将法律事实和各方观点客观、真实、全面地呈现给受众,但现实中,夹杂着记者主观主义色彩的报道却层出不穷。究其原因,无非涉及以下两点:一是记者为迎合读者的情感需求和审美趣味,片面追求点击量与关注度,偏离新闻事实本身以吸引注意力;二是记者偏离新闻专业性立场,缺失应有的价值导向,个人情绪泛滥,使报道演变成个人情感的宣泄场。主观化报道对受众了解案件真相产生重大阻碍,致使公众在阅读报道后,对案件事实的获取不全面、对法院审判程序的理解不准确、对审判依据的认识不正确,公众的情绪和认知都被误导,不仅知情权无法得到保障,还会对司法公正产生质疑。

就"南北稻香村案"的报道而言,众多媒体将关注点投放到两家企业的历史渊源上,两起商标侵权案件在媒体的助推下,逐渐演变成了历史真伪大讨

---

① 辛省志:《南北稻香村之争背后的大问题》,载《南方周末》2018 年 10 月 18 日。

论。在苏州工业园区法院起诉时，原告苏稻公司并没有对被告北稻公司的历史是否涉嫌造假提出相关诉讼请求，只是对被告侵犯原告第 352997 号注册商标专用权的行为提起了诉讼。媒体却没有抓住这一点进行深入剖析和报道，而是偏离了案件事实本身，进行"超案由"或"非案由"报道，不仅歪曲了法律事实，而且破坏了北稻公司的公众形象，更损害了两地法官和法院的公正形象。中国新闻网在 2018 年 10 月 12 日刊发的《"南北稻"之争一审判决 知识产权再成舆论焦点》中有这样一段话："(北稻公司)这种在经营过程中间通过移花接木，把自己包装成老字号，且进行大肆虚假宣传的行为，不仅是对消费者的欺骗，也不利于市场上的公平竞争，涉嫌不正当竞争。"[1]文章对苏稻公司的历史及传承的大篇幅描绘，以及对北稻公司历史的造假质疑，偏离了案件的审判重点，误导了受众，特别是不客观的主观情绪可能煽动受众的情绪，对北稻公司产生不利影响。这种越出法律事实的报道，不仅仅是掩盖了法律事实、歪曲了新闻事实，更是使案件所包含的深层次法律问题消解在了肤浅的煽情性表达中。

(三)法律知识欠缺造成释法障碍

法治新闻因其强烈的可读性而备受媒体的青睐，但法治新闻也具有比较强的专业性，往往又会因为记者法律知识的欠缺而产生释法的障碍。司法活动是个技术活，法治新闻报道同样也具有较高的技术含量，缺乏必要的法律知识会造成记者采访不深入、不全面，甚至还会造成释法的不全面、不准确。在司法审判中，呈现在法庭上的事实必须是在法定证据证明之下的事实；按照法定的审判程序，原告和被告都应当也有权利在法庭上进行陈述，任何一方声音的人为缺失都是对司法公正的损害。然而，有的报道在叙述中明显偏袒某一方当事人，为吸引受众而故意挑选和制造"泪点"，以博得受众同情。在采访对象的选择方面，只听取一方当事人及其代理人的言辞，无意甚至有意忽略对另一方观点的报道，都是不负责任的行为。在释法方面，有的报道由于缺乏必要的法律知识，不能将法院的判决和法律适用完整正确的传达给受众，结果使大众对司法公正产生了质疑。

鹰眼新闻于 2018 年 10 月 12 日发表的关于"南北稻香村案"的报道，无

---

[1]《"南北稻"之争一审判决 知识产权再成舆论焦点》，http://www.chinanews.com/business/2018/09-25/8635544.shtml#zw_cyhd。

论是叙述情绪的把控还是对采访对象的选择,均具有明显的偏向性。[①] 首先,明显倾向于苏稻公司一方。文章采用了苏稻公司负责人的一句话,即"相信正义永远不会缺席",引发了民众对苏稻公司遭遇的同情心,却丝毫未对北稻公司合法拥有商标权和苏稻公司在电商平台上使用与北稻公司近似商标图案进行销售的行为进行报道,更无任何来自北稻公司方面的有关观点的阐述和表达。其次,采用的专家观点具有显著的导向性。专家对北稻公司的现有商标定义为是"恶意注册"的结果,并作出了"违反诚实信用原则"等评论,而针对此观点,记者并未向北稻公司进行求证,也未列出其他专家的相反观点。最后,文章只针对苏州工业园区法院的判决进行合理化解释,但对北京知识产权法院的审判依据却只字未提。这种对两地法院的审判结果不进行公平阐述的做法,极易导致受众被误导。

在审判案件的过程中,法官针对不同的案由、不同的诉求、不同的法律事实并结合不同的法律规定进行裁判,其中有许多专业的内容,并不是一般大众能简单了解的。因此,以案释法,将案件及其审理过程中的相关法律问题向公众解释清楚,不但可以使民众对法律产生信赖,也可以借特定案例,向公众普及相关的法律法规。本来两个案子的重点都在知识产权的保护方面,而我国知识产权保护正处于任重道远的状态,可以借这两个案子来引起公众的广泛关注,是进行知识产权法律普及的最好机会,但是由于记者的释法能力不足,反而错过了一个普法、释法的大好时机。

四、提高媒体法律素养的重要性

新闻媒体承担着舆论引导的责任,在全面推进依法治国的大背景下,即使不是专业化的法治媒体,只要报道法治新闻,也应当准确报道案件的事实,并承担普法与释法的功能。但是,就目前情况看,媒体的法律素养还是欠缺比较多的。对于专业的法治媒体来说,这方面的问题不大,但是对于一般的都市媒体——尤其是新媒体和自媒体——来说,在法律意识的提高及法律知识的学习方面,应该具有更为紧迫和深刻的认识。

第一,从公民法律意识构建的层面来看,媒体法律素养的提高有利于促

---

① 《南北稻香村十年商标纠纷今日判决 北京稻香村被判停止使用"稻香村"标识》,http://www.yingyannews.com/18/2018-10-12/41569.html。

进公民尊法守法意识的形成。党的十九大报告指出，要加大全民普法力度，建设社会主义法治文化，树立宪法法律至上、法律面前人人平等的法治理念。媒体要在普法教育中发挥职能作用，强化规则意识，增强法治的道德底蕴，引导人们尊法守法。法律的权威源自人民的内心拥护和真诚信仰，而媒体的报道在某种程度上影响着公民的法律接受和认知程度。在日常生活中，公民通过媒体的报道来获取案件审判结果，了解法律的具体应用规则，媒体在报道中对法律解释的正确性及对法律规则的理解程度，对公民法律意识的形成至关重要。

第二，从传媒业发展的角度来看，媒体提升自身法治素养是新闻行业的基本准则之一。所谓"无规矩不成方圆"，这里的规矩不仅仅指法律职业道德，更包含国家法律规定。新闻职业伦理的第一定律就是真实，如果报道法治新闻，基本的新闻事实却不是法定事实，那就有违新闻真实性的第一要义。除了事实的真实可信，报道中涉及的诉讼程序、适用法律等也必须准确无误，这是法治新闻报道的基本原则。因此，无论是从行业规范还是从报道内容来看，法律对传媒业的发展都具有规范和指引作用，媒体法律素养的发展程度对传媒业发展有重大影响。

第三，从国家法治建设的角度来看，国家法律公信力的形成离不开法治媒体的正确报道。法治新闻是新闻报道中不可或缺的重要部分，其具备高度专业性、严谨性等特点，往往与司法公正、社会主义核心价值观、法治建设等息息相关。在建设社会主义法治国家的进程中，法治新闻报道关系着国家法治形象的塑造，依法行政、公正执法、司法公正等正是构成国家法治形象的重要内容，法治新闻报道与国家法治建设的关系可谓十分密切。奉法者强则国强，奉法者弱则国弱，媒体在报道中存在的法律素养缺失问题是引发报道失当的主要原因。报道失当将会导致公众对司法人员能力产生怀疑，对司法机关产生质疑，甚至对司法公正和依法治国产生不信任，从而为社会主义法治国家建设带来负面影响。

在当今的法治报道中，确实存在许多报道失当现象，这在一定程度上导致了公民对司法公正的质疑。对此，媒体应当高度重视，尊重法律规定，努力提升法律素养，用法律思维、法治观念和法治精神对民众进行舆论引导，用求真务实和公平正义来彰显依法治国的力量。媒体应构建符合法治思维的报道体系，将审判中蕴含的法律思想和法治力量传递给大众，推动中国特色社会主义法律体系的完善和社会主义法治的建设。

第四节 "融媒+智媒"背景下的法治新闻传播

依法治国是国家治理体系和治理能力现代化的必由之路。随着对法治理念认识的不断深化和依法治国方略的不断推进,我国已经建成了富有中国特色的社会主义法律体系,特别是第一部以法典命名的《民法典》审议通过,使得这一体系更加完善。然而,有了法律并不等于就实现了法治。法治并非一个象征符号,不能仅仅以为其存在就能自动地激发出全社会对它的信仰和遵从。比利时法学家胡克将哈贝马斯的法律商谈理论运用于法律哲学领域的研究,强调法律真理"不再是主客体间的符合论,而是主体间的共识论。主体间何以达成共识,那就是通过交往沟通的媒介"[①]。法治的实现需要人与人之间对通过这一符号及其意义的传递所产生的相互影响及相互作用的社会互动,从而完成对法治从感性认识到理性认同的转变,进而产生坚定的法治信仰。这一过程必须依赖法治传播才能完成。正确认识法治传播在当代的责任和所面临的困境,是充分发挥它对法治建设效用的前提。同时,媒体在法治传播中的作用不言而喻,媒体形态的迭代和随之而来的媒体环境的变迁对法治传播的实践影响深远。媒体融合和智能媒体的出现是"七五"普法以来我国传媒领域的最新动态,这些新趋势、新技术会对法治传播当代困境的解决有着怎样的影响值得我们讨论。而且,2021年是"八五"普法的开局之年,也是"十四五"规划的开局之年,深入研究"融媒+智媒"背景下的法治传播规律,对顺利开展"八五"普法和实现"十四五"规划意义重大。

一、法治新闻传播的当代责任

目前,我国学术界对法治传播并未形成一个通说概念,学者们大多从自身学术背景出发,对法治传播进行概念界定。例如,从新闻传播学的视角出发,胡菡菡认为,"法治传播简单而言,指的是与法治相关的信息的传播……因此传统新闻学研究中的法制新闻研究、新闻舆论与司法公正关系的研究,

---

[①] [比]马克·范·胡克:《法律的沟通之维》,孙国东译,法律出版社2008年版。

甚至司法公开研究,都可以被称为法治传播研究"。① 这一定义丰富了法治传播研究的内容,将大量与"法治+信息传播"有关的内容纳入其中,但缺点是边界过宽,让人难以准确把握这一概念的内涵。又如,李朝认为,法治传播是"实现公众知情权、公开权和参与权的主要平台",在"法治讯息的获知"及"对我国法治进程进行舆论监督"两个方面发挥重要作用"。② 也有学者将重心放在法治传播的"法治"上,夏雨就认为,"法治是对传统社会秩序和精神秩序的重新构造,是社会构建的产物。法治要建构社会现实,成为人们的思维方式、内心信念和解释生活的模式,一个重要的途径就是传播",而法治传播的"核心价值目标是规范法律意识的形成"。③ 周长秀通过对《南方周末》20 年来法治报道的实证研究,认为法治传播即"法治文化的传播,法治思想的启蒙,法治理念的普及和提升,法治公民的培育和塑造"。④

除了上述各种定义,笔者认为,还应该从法治传播对法治建设的更本质的作用形式出发,更深层次地界定法治传播,即法治传播主要是通过对国家法治形象的塑造,用形象取代概念,使受众在潜移默化中接受法治理念;用共情取代灌输,最后使受众形成法治信仰。因此,在当代,法治传播的责任可以说就是更好地塑造国家法治形象。"国家法治形象作为法治国家的媒介形象,主要包括国家法律形象、法治政府形象、公正司法形象和法治社会形象四个方面。"⑤通过法治传播的塑造,这四个形象及其背后所表征的社会主义法治国家的建设才能更好地被民众认知和认同,最终形成法治信仰。

国家法治形象反映的不仅包括完善的法律制度等立法成果,还包括民主科学的立法体制与机制。因此,法治传播对国家法治形象的塑造也应从这两个方面入手。目前,我国社会主义法律体系已经形成并不断完善。自 1985 年起,我国共实施了七次法治宣传教育五年规划,均将宣传以宪法为核心的中国特色社会主义法律体系作为法治宣传教育的基本任务,在传播法律知识的同时大力弘扬法治精神,促进公民法治意识与权利意识的形成,消除传统

---

① 胡菡菡:《自媒体语境下法治传播研究的概念使用和理论路径》,载《中国网络传播研究》2013 年第 7 期。
② 李朝:《中国"法治传播"评估的价值与实现路径》,载《理论观察》2014 年第 11 期。
③ 夏雨:《法律的传播之维》,武汉大学出版社 2012 年版,第 61 页。
④ 周长秀:《〈南方周末〉法治传播理念研究》,西南政法大学 2010 年硕士论文。
⑤ 范玉吉:《法治新闻报道与国家法治形象塑造》,载《青年记者》2019 年第 34 期。

思想作用下的"法不责众""人情大于国法"等非法治认识。我国在立法成果层面的法治传播已经相当成熟，当前阶段应更加着重于对立法体制、机制的科学性与民主性的反映。哈贝马斯认为，"法律获得充分的规范意义，既不是通过其形式本身，也不是通过先天的既有的道德内容，而是通过立法的程序，正是这种程序产生了合法性"。[①] 如果一项法律的出台有自己参与，那么民众将会更多地出于对法律的认同而非畏惧去遵守法律。目前，我国民众立法参与的制度化渠道越来越完善，非制度化的渠道（如网络新媒体等）也逐渐被广泛使用，人们的参与意识得到前所未有的激发。法治传播也应顺势而为，通过对民众参与立法、立法者与民众的良性互动等内容的传播来塑造更加丰富的国家法治形象。

法治政府形象来源于公众对政府执法行为与行政能力的肯定和认同，它是法治政府建设的主观目标。法治政府的理念强调行政权力运行中法律对政府的规制，这样的政府必然是在法律的轨道上开展工作。权责统一、执法严明、公正廉洁的政府形象塑造，需要法治传播把当前我国依法行政、法治政府建设的成果以法治新闻报道等形式呈现给民众，着重体现政府运行过程中法律的积极作用，使民众逐渐认同政府、支持政府。同时，完善的政府监督也是法治政府建设的应有之义。法治传播在以坚持正面信息传播为主的前提下，也应反映当前我国法治政府建设的不足之处，为舆论监督创造条件，促成政府与民众在法治轨道上的良性互动，这样才能更加有效地塑造法治政府形象。

司法是维护社会公平正义的最后一道防线，公正司法形象的塑造对民众产生法治信仰至关重要。司法公正形象体现在司法的全过程，包括法官形象、司法审判形象、司法执行形象等。无论是法官群体形象不佳、案件审判不公、适用法律失当还是民事执行不严，甚至是裁判文书写作纰漏，都会严重损害公正司法形象，使民众产生对司法的不信任。因此，全面顾及司法形象形成的各个影响因素，全面地塑造司法过程中每一个环节的正面形象，是法治传播在当代的重要使命。

法治社会建设是法治国家建设的前提，法治社会为法治国家建设提供了

[①] [德]哈贝马斯：《在事实与规范之间——关于法律和民主法治国的商谈理论》，童世骏译，生活·读书·新知三联书店2003年版，第167页。

适宜的土壤。一个社会中,民众若是不知法、不守法、不信法,要在这样的基础上建立法治国家无异于天方夜谭。法治社会建设的关键在于民众法治观念的养成,在于形成浓厚的法治文化氛围。广义的文化就是指民众普遍的生活方式,而法治文化则意味着法治不仅仅是国家治理的基本方略,更是民众日益习惯的生活方式和思维模式。在全社会法律文化形成的过程中,法治传播应该着力宣扬那些遵守法律、捍卫法律的人和事,塑造法治社会形象。无论是法治新闻报道还是法治文艺,都应该以情感互动为手段,以法治理念为引导,使民众逐渐接受将法治作为自身社会交往的指导准则,更加积极地依法行使权利,承担社会责任。① 法治传播应充分调动全社会推进中国特色社会主义法治建设的积极性、主动性、创造性,努力为法治国家与法治政府建设奠定更加坚实的社会基础。

二、法治新闻传播的当代困境

当代的新闻传播已经进入了以"融媒+智媒"为主要格局的传播时代,网络新媒体和人工智能的深度融合从渠道到内容、从手段到方法、从传者到受众、从理念到意识都在发生着颠覆性的变革,但是法治传播在这种传媒格局之下却有太多的不适应。

(一)传播渠道单一,法治宣传范围狭窄

传播的渠道对传播效果的实现至关重要,同样的内容经由不同的渠道传播,被接受的程度往往差异很大,新颖、快捷、有趣的互动型传播形式比传统的单向灌输形式更能引起受众的兴趣,从而更好地实现传播效果。随着互联网技术的飞速发展,特别是移动互联网时代来临,社会的传播渠道空前丰富,带来了媒介格局的深刻调整和舆论生态的重大变化,民众可以接触到的媒体也越来越多。传统媒体时代的"内容为王",如今已转向了"渠道为王"或"平台为王"。在我国,法治传播主要是由国家主导的,基本组织架构是"以中央宣传部、司法部和全国普法办公室为总领导,依托地方各级党委宣传部和司法行政机关,制定统一的法治宣传教育纲领,运用各类新旧媒体、各类文艺团体和各级群团组织,从大众传播、组织传播再到人际传播,构建起一个立体多

---

① 范玉吉:《用法治传播塑造公民法治信仰》,载《青年记者》2020年第22期。

面的法治传播组织架构"①。在这个架构中,传统媒体依然是主要的传播渠道。但是,在"融媒+智媒"的移动互联网时代,注意力是稀缺资源,传统媒体在与网络新媒体争夺注意力方面明显处于劣势,单一的传播渠道无法适应新的传播格局。许多省级单位的法治宣传主要阵地还是创办于20世纪八九十年代的报纸,而电视、广播等媒体又由于收视率的因素而停播了原来的法治栏目或节目,即使有法宣网站,也还停留于21世纪初的办网水平,极少有经营成功的移动互联网法治传播平台。因此,法治传播必须创新形式,注重宣传时效,唯一的出路就是突破单一的传统传播渠道,运用好新媒体,扩大法治传播的范围。

(二)传播内容混乱,释法功能丧失

法治传播内容混乱,必然会使国家法治形象的塑造出现偏差。据笔者考察研究,当前我国法治传播内容混乱主要表现在两个方面:一是传播内容缺乏法治思维,导致释法功能丧失。以法治新闻报道为例,法治新闻与其他新闻类型的区别就在于其法治属性,即通过将新闻事件所蕴含的法律知识、法治原则和法治理念等价值体现出来,不仅传播新闻信息,更要传递法治观念,最终达到培育公民法治信仰的目的。然而,现在许多法治新闻仅仅是对事件本身的报道,与一般的社会新闻无异。如今,许多法治新闻节目都出现了所谓故事化叙事的模式,即以具体案件分析为主,通过编排,将案件以故事的方式讲述出来,并且运用各种技术来着重还原案件情节。这种节目方式贴近受众生活,更加有趣味性,也更能调动观众的情感,有助于提高收视率,有其可取之处,但这无疑会稀释节目的法治属性,特别是在叙事的快感中丧失了对法律知识的传播和对法治理念的培育。二是传播内容的煽情倾向损害法治形象。法治传播的煽情化问题长期存在,在"后真相时代"来临之后,这一问题愈演愈烈。部分媒体为了博眼球,利用我国当前社会发展不平衡的现状下产生的"仇富""仇官"等心态和朴素的正义感,在法治新闻报道中夹杂情绪化的内容,假以公意,实为迎合受众心理,以求流量。

2020年4月,"鲍毓明案"被广泛关注,《南风窗》最早刊发了报道,披露了某企业高管鲍某长期性侵未成年养女却逍遥法外一事。虽然出自一家严肃媒体,这篇报道却不同于一般的严肃新闻,从其标题就可见一斑(原标题为

---

① 范玉吉:《用法治传播塑造公民法治信仰》,载《青年记者》2020年第22期。

《涉嫌性侵未成年女儿三年,揭开这位总裁父亲的"画皮"》)。文章的内容主要是从受害者的角度来叙述案件的经过,着重描写受害者遭遇,大量文学性的描述使文章看起来更像是一篇受害者的控诉书。该报道在短短几天之内引得群情激愤。2020年9月17日,最高检、公安部通报该案调查情况,表示现有证据不能证实鲍某的行为构成性侵犯罪,之前所谓的受害者也存在违规变更年龄等违法行为,两人不存在收养关系,案件最终真相大白。这样的案件其实涉及了《未成年人保护法》《收养法》《刑法》等多项法律法规,而媒体在报道时却根本就没有以案释法的努力,一味追求眼球效应。这样的报道无益于民众了解案件的真相,不仅抛弃了新闻专业主义的要求,更重要的是为一己私利,以煽情的手段裹挟民意,恨不得将每个案件都描述成千古奇冤,而且还总是通过媒介审判,超越司法程序胡乱地给他人定罪,严重损害了司法机关的权威和国家法治形象的塑造。

(三)目标受众失准,普法效果不佳

受众是传播过程的基本要素,传播效果的实现以信息到达受众为前提,以受众的接受为基础。法治传播要想取得良好的传播效果,必须考虑受众因素,需要明确将哪些人群作为重点的传播对象,并针对不同的人群来调整传播形式和传播内容。在我国,传统的法治传播模式"主要是利用报刊、广播、电视,以及开展法律咨询、图片展览、知识竞赛、文艺汇演、编写教材等进行法治宣传教育"[1]。在这种模式下,主要是政府主导传播,民众被动接收,传者与受者之间缺乏互动。为了达到一定的传播效果,只能采取大水漫灌的方式,结果出现"有官方不遗余力的外在灌输,而无民众真诚的内心皈依;有政府坚持不懈的豪情推进,而乏民众积极参与的实际回应"[2]的现象,这正是缺乏受众思维的表现。互联网技术的发展对信息传播和社会沟通方式产生颠覆性的影响,网络信息量大、传递快捷、双向互动等特点使得民众能更容易地获取法律知识并在交流互动中培养法治理念,法治传播主体也积极运用自建网站、门户网站、"两微一端"等广泛开展法治宣传教育。但是,由于专门人才缺乏、资金不足等问题,法治传播即使有了新形式也往往难以产生优质内容,只是将新媒体当作一个发布平台,没有发挥网络传播互动性的优势,没有对受

---

[1] 魏志荣、李先涛:《基于大数据的精准普法探析》,载《中国司法》2019年第2期。
[2] 赵天宝:《中国普法三十年(1986—2016)的困顿与超越》,载《环球法律评论》2017年第4期。

众进行区分,也不了解受众确切的法律需要,结果就只能是泛泛而论,未摆脱传统法治传播模式的弊端。

三、"融媒+智媒"发展为法治新闻传播带来的新机遇

融媒体是融合多种媒体形态,将视频、音频、文字、图片通过资源整合互补,在报纸、微博、微信公众号等不同媒介进行传播。融媒体与全媒体的不同之处在于,融媒体不仅包括全媒体所追求的传统媒体与新媒体在技术层面的融合,还注重各个介质之间的"融","即打通介质、平台,再造新闻生产与消费各个环节的流程"①,是实现"资源通融、内容兼融、宣传互融、利益共融"的新型媒体。智能媒体并不是某种具体的媒介形式,而是人工智能技术全面应用到新闻传播领域的一种现象及一种成果,"不仅形塑了整个传媒业的业态面貌,也在微观上重塑了传媒产业的业务链"②。智能媒体主要是运用算法技术对网络大数据进行挖掘和加工,使信息传播更加智能化、个性化、精准化。新的传播技术不仅意味着工具的更新,而且往往会深刻改变现有的媒介环境,并潜移默化地影响人们的认知、态度和行为,进而影响整个人类社会。融媒体和人工智能媒体的发展,无疑为法治传播摆脱当下的困境提供了新的机遇。

(一) 媒体融合为法治传播打造新的传播渠道

媒体融合使传统媒体和新兴媒体优势互补,以先进技术为支撑,推动传统媒体和新兴媒体在内容、渠道、平台、经营、管理等方面深度融合,使得传统媒体重新焕发生机与活力。在法治传播方面,传统媒体仍然是主要渠道,法治传播的渠道困境蕴藏于传统媒体在移动互联网时代的危机。随着媒体融合的理念不断普及,特别是 2014 年中央审议通过《关于推动传统媒体和新兴媒体融合发展的指导意见》后,媒体融合已经上升为国家战略,融媒体的发展速度迅速加快。以中央媒体为代表的一批传统媒体逐渐形成报、台、网、微、端齐备的立体传播格局,并熟练运用 H5、VR、AI 等传播技术,其传播力、引导力、影响力和公信力呈几何级增长,实现了关注度的大翻盘,传统媒体及其衍生媒体重新成为民众信息的主要来源。

---

① 栾轶玫、杨宏生:《从全媒体到融媒体:媒介融合理念嬗变研究》,载《新闻爱好者》2017 年第 9 期。
② 喻国明、兰美娜、李玮:《智能化:未来传播模式创新的核心逻辑——兼论"人工智能+媒体"的基本运作范式》,载《新闻与写作》2017 年第 3 期。

人民日报社在《民法典》宣传的过程中深刻体现了这一点,其在纸质载体《人民日报》上整版介绍《民法典》各编立法亮点,并发表评论员文章论述《民法典》颁布的意义;人民日报新媒体中心又推出适合在各种短视频平台播放的3D动画短视频《当哪吒遇上民法典》,讲述师父将《民法典》作为"包罗世间万象的秘笈"送给哪吒,帮助他解决生活中的各种问题,画面精美、生动形象,微博的话题阅读量超7000万,讨论超1.5万;人民日报客户端推出《这座图书馆里,藏着一本神奇的百科全书》H5互动动画,通过设置不同的法律问题情景,让读者在点击参与中了解《民法典》;此外,还推出针对微信公众号、微博、头条号等读图平台传播的漫画《民法典与"小明"的故事》……这些融媒体作品让广大民众更加主动地了解《民法典》,极大地拓宽了法治传播的渠道。

(二)媒体融合助力解决法治传播内容乱相

法治传播中之所以出现各种乱象,无论是法治思维缺失、煽情报道充斥,还是采访失衡损害司法权威,很大程度上是因为法治传播对专业性的要求很高,即使是一个简单的判决,背后往往也蕴含着严密的法律逻辑和法理原则。法治传播的队伍如果缺乏受过系统法学训练的专业人才,传播内容难免会出现混乱。

2017年,中共中央办公厅、国务院办公厅发布《关于实行国家机关"谁执法谁普法"普法责任制的意见》,要求建立法官、检察官、行政执法人员、律师等以案释法制度,围绕热点与难点问题向社会开展普法。这一举措壮大了法治传播的专业人才储备,打破了以往司法行政机关唱独角戏的普法小格局。在普法责任制的要求下,许多行政执法、司法机关利用各种新媒体开展普法工作,建立了数量庞大的政务微博、公众号、短视频账号,甚至通过网络直播等开展更接地气的法治传播实践。但是,在实际操作过程中,出现了很多问题。一是由于缺乏评价机制,许多普法责任主体重视程度不够,并且许多机关的人、财、物条件均不具备,导致难以维系日常运营,从而出现大量"僵尸号";二是传播的内容偏离法治传播目的,有些机关的账号为了获取点击量,常常化身"段子手""标题党",出现泛娱乐化倾向,存在着一定的主业迷失问题。做传播的搞法治不专业,搞法治的做传播不专业,法治传播的推进受到极大困扰。

近年来,一些媒体在融合发展中的创新做法为以上矛盾的解决提供了有益的探索经验。上海广播电视台和上海市公安局联合哔哩哔哩推出了全景式警务纪录片《大城无小事——派出所的故事2019》。该片在东方卫视首播，并以哔哩哔哩为网络播放平台，且结合该平台的传播特点进行了针对性的剪辑制作。哔哩哔哩的最大特点就是观众可以将自己观看过程中实时的感受通过弹幕的方式在视频画面中展示，为观众创造了一种"天涯共此时"的传播情境[①]，实现共情传播。《大城无小事——派出所的故事2019》多次通过诙谐的音效、花字或人物语言来事先设置弹幕引发点，创造出高讨论度的弹幕时刻，很好地融合了传统纪录片和广受年轻人喜爱的传播模式。目前，该片在平台总播放量将近5000万，成绩突出。同时，该片以警方执法记录仪的拍摄内容和节目摄制组蹲守上海22个派出所全程跟拍的民警日常工作情况为主要内容，范围涉及户籍办理、未成年人走失、家庭矛盾、情感纠纷、地铁反扒、查处酒驾等各类警务工作，坚持了法治传播的专业性和严肃性，并且结合警方的实际工作，达成了"执法的同时普法"的效果，受到了广大群众和专业人士的一致好评。这个成功案例充分说明，传统媒体主导下的媒体融合实践在帮助法治传播充分发挥传播能力的同时解决内容乱象方面有很大的潜力。

（三）法治传播应用人工智能实现精准普法

信息技术发展与社会的交互产生了海量的数据资源。通过对大数据的采集和分析，可以"发现新知识、提升新能力、创造新价值"，人工智能在司法服务领域的应用将极大提高法律服务精准化水平。人工智能技术的广泛应用将极大地提高法治传播的效率和效果，具体表现在以下两个方面：

一方面，深度挖掘受众的法律需求。近年来，随着经济社会快速发展，社会分工越来越细化，公民诉求日益多元化；全民法治意识逐步提升，运用法律手段解决问题成为常态，公民的法律需求越来越精细化。有赖于互联网技术的发展，法治传播的内容供给虽然不断增长，但是真正契合民众实际需求的个性化产品依旧稀缺。传统大水漫灌式的普法模式与民众日益异质化的法治内容需求形成了错位，亟需进行供给侧的改革。基于大数据挖掘和分析，可以更加精确地把握民众的普法需求变化情况，可以准确掌握某一法律法规的接受和运用情况及某一案件的关注情况，进而有效识别普遍性和趋势性问题，前瞻性地采取措施加以应对。通过大数据，可以进行用户法治需求画像，利用精准识别、精准匹配和智能推送来实现个性化普法，促使法治传播由大

[①] 邓昕：《互动仪式链视角下的弹幕视频解析——以Bilibili网为例》，载《新闻界》2015年第13期。

水漫灌式向滴灌式转变。例如,当下流行的基于算法的个性化推荐新闻产品通过算法来实时监测用户的阅读行为,可以较为准确地定位用户在某一时间段内最需要的法律知识和最感兴趣的法治新闻信息,然后快速地进行相关内容的推送。这种方式打破了传统传播模式下把关人对内容的筛选,使用户成为信息传播的主导因素,内容的生产从垂直单向变为水平互动,更能激发民众根据自身的兴趣了解法律、运用法律和信仰法治的动能。

另一方面,助力发现法治传播的利基市场。"利基是指从更为狭窄的角度定义的、寻求独特利益组合的消费者群体"①,利基市场过于狭小且差异性较大,强大的竞争者对此不屑一顾,因此极易被忽略,这些市场的消费需要并没有被服务好。法治传播的利基市场就是指那些法治宣传教育中容易被忽视的人群和那些细小的法治领域。我们经常强调普法要紧紧抓住领导干部这个关键少数,因为他们掌握着公权力,他们的法治素养能否引导其依法行使权力"将直接决定社会能否依法有序地运转,公民的权利能否得到有效地保障"②。全面依法治国,建设社会主义法治国家,需要社会中的个体广泛地尊法、学法、守法、用法,形成法治信仰。因此,"八五"普法规划中,要以群众独特的法治需求为出发点和落脚点,将全民普法作为长期的基础性工作。在抓住关键少数的同时,必须发现法治传播的利基市场,全面地满足人民的法治需求。

2017年,最高人民法院开始组织司法大数据的专题研究,至今共发布了23次司法大数据研究报告,这些报告利用人工智能技术来分析各类民事与刑事案件中的当事人特征、地域分布特征、判决结果等各种详尽信息。从这些报告中,我们可以发现许多法治传播的利基市场。譬如,在电信网络诈骗中,56.91%的被告人是无业人员;在涉拐案件中,16.6%的被告人是无业人员;在性侵案件中,30.2%的被告人是无业人员;在涉黑犯罪中,48.14%的被告人是无业人员……这些人群虽然社会影响较小,但是流动性大,组织约束缺乏,犯罪率高,提高他们的法律素养和法律意识可谓迫在眉睫。目前的普法规划并未将无业人员作为一个重点,这着实成了普法中的盲区和薄弱环节。因此,法治传播需要覆盖到这些无业人员,通过他们容易接触的渠道(如

---

① [美]菲利普·科特勒、[美]凯文·莱恩·凯勒等:《营销管理》,陆雄文等译,上海人民出版社2009年版,第241页。
② 汪铁民:《普法重在关键少数》,载《中国人大》2016年第9期。

短视频平台、网吧电脑屏幕、社区宣传设施等)来普及与其最相关的刑事和民事法律知识。可见,对无业人员进行相关的普法教育就是法治传播的一个利基市场。随着人工智能技术在法治传播中被越来越广泛地应用,将有更多的利基市场被发现,有助于全面普法与精准普法目标的实现。

法治传播的当代责任在于,通过对国家法治形象的全面塑造,使民众在潜移默化中接受法治理念,逐渐产生对社会主义法治国家建设的认知和认同,最终上升为法治信仰。"融媒+智媒"的发展为法治传播在拓展传播渠道、破除内容乱象、实现精准传播等方面带来了新的便利和机遇。在"八五"普法这一新的普法周期之中,法治宣传教育也应积极拥抱新的传播技术与传播理念,开启我国法治传播的新篇章。

第五节 用受众思维做好媒体融合时代的法治报道

随着传播技术的发展,整个传播生态发生了革命性的变化,原来以传者为主导的传播格局已转变成以受者为主导的传播格局。受众在新媒体主宰的传媒世界里,已经不再是被动的接受者,也不再是等待施舍的无所作为的看客,而是真正成了新的传播生态系统的主宰者。十多年前,刘南燕在为丹尼斯·麦奎尔所著的《受众分析》一书的中译本所写的译者前言中就断言,当前这场源于技术创新的传播革命,必将使除包括我们所熟悉的大众受众在内的传统传媒生态圈中的大量生物面临灭顶之灾。也就是说,所谓的传播革命,革的不仅仅是传播本身的命,也包括大众受众。传播技术改变的不仅仅是信息的传播方式,其更为重要的是改变了信息的接受方式,受众在新媒体传播体系中是主动的一方,传者反而成了被动的一方。互联网所传播的海量信息只有被主动的受众接触并接受,才能真正产生意义,否则一切都只是一些无意义的信息垃圾。麦奎尔曾经说过,只要大众媒介还存在着,那么传统意义上受众依存的媒介环境也就还存在着,因此传统含义的受众群体也将继续存在并仍然能与媒介环境和谐共生。① 这种"依然存在"的意义是对于传统传播格局中的大众传媒来说的,在以新媒体为主宰的全传媒格局中,以发行

---

① [英]丹尼斯·麦奎尔:《受众分析》,刘南燕、李颖、杨振荣译,中国人民大学出版社2006年版,第176页。

量和收视率为表征存在的受众已经失去了意义，其仅仅是一组组失去灵魂的数字而已。

在新媒体时代，受众以终端数、点击率、上网时长等充满生机的数据状态存在着，这些数据包含了受众的思想、情感、趣味、修养、期望、理念等生动的因素，是一组有灵魂的数字。使用与满足理论最能解释新媒体时代的受众，他们使用媒介是主动的，也是有目的的，他们希望借助媒介来满足自己对各类信息的心理需求或社会需求；他们不再是一些被动的、等待传者通过媒介用信息来装满的容器，而是带着明显的需求目的来寻找信息的猎手。到2018年6月30日，我国的网民规模已经达了8.02亿，互联网的普及率高达57.7%。其中，手机网民的规模已经达到了7.88亿，网民中通过手机上网的用户比例高达98.3%。如此高的互联网普及率和手机接入互联网率说明，在信息传播生态构成中，新媒体信息的占比已经远超传统媒介信息的占比。我国网络新闻的用户规模达到了6.63亿。其中，使用手机上网浏览新闻的用户规模也已经达到了6.31亿，占全体手机网络用户的80.1%。如此高的占比清楚地显示出，新媒体的受众量已经超过了传统媒体的受众量。带着这些数据来观照法治宣传可知，我们必须放弃传统以传者为中心的宣传理念，转向以受众为中心的宣传理念，增强用受众思维来做法治宣传的意识。

一、了解受众：选择宣传载体

宣传工作的目的是让受众了解、接受、认同宣传的理念、方针和政策，其本质是信息的传播，因此要遵循传播的规律，充分了解受众的信息接受习惯及受众对信息载体的选择。宣传工作既包含了公共政策传播的内容，也包含了政府形象塑造的内容。从本质上来看，法治宣传其实就是法治传播。党的十八届四中全会通过的《中共中央关于全面推进依法治国若干重大问题的决定》所提到的许多内容，都应当借助法治宣传工作向全社会甚至全世界进行传播。法治宣传工作应讲好法治中国故事，传播以宪法为核心的中国特社会主义法律体系，宣传以民为本、立法为民的理念；传播依法行政和法治政府建设的成就，塑造法治政府良好形象；传播公正司法、严格司法的新闻，加强对司法活动的监督，以提高司法公信力；传播立法、执法和司法中涌现的典型人物和事例，揭露和批评法治建设过程中的丑恶现象，推动法治工作队伍的建设；传播守法光荣、违法可耻的新闻，以增强全民的法治观念，推进法治社会的建设。通过法治宣传,让民众了解、接受这些信息,最终形成关于法治国家、法治政府和法治社会的理念,这对法治国家的建设至关重要。

新媒体时代,受众的媒介使用习惯已经发生了翻天覆地的变化,新媒体已经从媒介场的边缘走到了中心,成了新的媒体主流平台,所以传统媒体要积极主动地与新媒体融合,走全媒体和媒体融合的道路。2019年1月25日,中共中央政治局将第十二次集体学习会放在了人民日报社,会议的中心内容是全媒体时代媒体的融合发展。习近平总书记在学习会上指出,"全媒体不断发展,出现了全程媒体、全息媒体、全员媒体、全效媒体,信息无处不在、无所不及、无人不用,导致舆论生态、媒体格局、传播方式发生深刻变化,新闻舆论工作面临新的挑战。我们要因势而谋、应势而动、顺势而为,加快推动媒体融合发展,使主流媒体具有强大传播力、引导力、影响力、公信力,形成网上网下同心圆,使全体人民在理想信念、价值理念、道德观念上紧紧团结在一起,让正能量更强劲、主旋律更高昂"。① 受众已经转向了新媒体,那么法治宣传也应当应势而动、顺势而为地转向新媒体、选择新媒体,这样才能使法治宣传实现精准传播,取得良好的宣传效果。

中国网民规模已达8.02亿,手机网民达7.88亿,手机网络新闻用户达6.31亿,这些数字明确地显示出受众的媒介接触习惯已经转向了新媒体。与此形成鲜明对比的,却是传统媒介受众数量的急剧下滑。自2015年起,每年都有几家甚至十几家纸媒宣布休刊或停刊。2019年元旦前后,全国竟然有近20家纸媒停刊,像《北京晨报》《法制晚报》《申江服务导报》等曾经影响巨大的纸媒,如今也只能落得黯然退场的结局。与此同时,电视栏目与节目也纷纷停播、撤并。2019年,东方卫视将娱乐频道和星尚频道合并为新的都市频道,将炫动卡通频道和哈哈少儿频道合并成哈哈炫动卫视。倒逼这些传统媒体退场或撤并的原因,就是受众的大量流失。有研究者指出,纸媒面临受众日益老龄化、内容日益退化、体制日渐僵化的"三化"局面。② 在这种传统的传媒生态格局中,媒体(传者)是传播活动的主导性力量,其占据着信息生产与传播的主动权和主导权,严格控制着为数不多的传播渠道,受众在其中根本无所作为,其基本的信息需求往往得不到尊重和满足。新媒体则不同,

---

① 《推动媒体融合向纵深发展 巩固全党全国人民共同思想基础》,载《人民日报》2019年1月26日。
② 姚传龙:《如何从"争受众"转为"合作服务"受众——浅谈新媒体冲击下传统纸媒的生存之道》,载《传播力研究》2018年第33期。

随着社会化媒体的兴起,原先由专业人士经营的媒介转变成了由用户参与的媒介,而媒介本身也正在从一种特殊的经济部门转变为一种有组织的、廉价而全球适用的分享工具。① 受众在这里被称作用户,其主导性和主动性都得到了空前的重视。在新的传媒生态格局中,受众的热情得以释放,他们可以借助新的媒介来自主选择内容。在信息解码过程中,受众还可以自由解构与重构信息符码,甚至还可以按照自己的方式来创造新的媒介内容。在新的媒介生态系统中,受众(用户)在充当信息消费者的同时,也在充当信息的生产者和发布者。也正是这些因素,构成了受众媒介接触习惯改变的原动力。

虽然传统媒体仍然是十分重要的法治宣传渠道,但是从报刊的发行量和广播电视的收视与收听率就可以看出传统媒体受众萎缩的窘况。如果还死抱着传统媒体不放,就是在放弃受众,那么法治宣传效果也肯定产生不出来。加强新媒体传播,做好媒体融合,特别是要探索并掌握新媒体的传播规律,这对做好法治宣传工作至关重要。随着互联网的发展,我国各级政府都十分重视互联网在日常管理工作中的作用,重视运用新媒体来加强与社会的沟通、辅助政府决策施政。国务院办公厅于 2018 年 6 月 10 日曾经印发了一份《进一步深化"互联网+政务服务"推进政务服务"一网、一门、一次"改革实施方案》,各级政府都十分重视运用新传媒手段来推进工作,现在通过新媒体来进行法治宣传很普遍,公检法司都有自己的网站和新媒体,并将"两微一端"作为法治宣传的主要载体,这一意识是值得肯定的。截至 2018 年 6 月,我国共有政府网站 19868 个,经过新浪平台认证的政务机构微博 137677 个,包括公安微博 19476 个,检察院微博 3725 个,法院微博 3596 个,司法行政微博 3684 个;各级党政机关共开通政务头条号账号 74934 个,包括检察院头条号 3593 个,法院头条号 3517 个,交警头条号 3451 个,普法头条号 3005 个。这些数字标示着传统法治宣传已向新媒体渠道转向,也预示着法治宣传找到了新途径,运用了新载体。但是,法治宣传仅仅依靠这些载体还是不够的,应当从专业性的法治宣传载体扩散到其他社会新媒体载体。目前,各类短视频载体最受用户青睐,用户数和点击量动辄数百万、上千万,因此要运用好这些载体,把法治宣传做在这些平台上。例如,已经成为新晋"网红"的吉林省四平市公安局抖音号"四平警事",自 2018 年 6 月上线以来,推出的法治短视频内容紧

---

① [美]克莱·舍基:《认知盈余》,胡泳、哈丽丝译,中国人民大学出版社 2011 年版,第 204 页。

跟热点,形式接地气,结合关注度高的案件推出一系列普法短剧,甚至出现了点赞超过300万的短视频,成为名副其实的"普法网红"。

普法工作的内容虽然重要,但是在新媒体时代,选择对的载体才是决胜的关键。

二、满足受众:创新宣传文本

就全国网民总体构成来看,青少年网民(10—19岁)人数占比为18.2%,青年网民(20—29岁)人数占比为27.9%,中年网民群体(30—49岁)占比为39.9%。由此可见,中年人群的互联网使用率相当高,人数近3.2亿。从学历层次来分析,初中、高中/中专/技校学历的网民占比分别为37.7%和25.1%;受过大专、大学本科及以上教育的网民占比分别只有10.0%和10.6%。从职业层次来分析,中国网民中,学生群体占比达24.8%;其次是个体户/自由职业者,占比20.3%;企业/公司的管理人员和一般职员占比12.2%;党政机关及事业单位人员占比仅4.1%。中青年网民群体占比最大,20—49岁的网民群体占比达到了67.8%,这一群体可以说是法治宣传的重要对象,抓住这一受众群体的注意力,法治宣传就取得了决定性的成效。网民的受教育程度普遍偏低,其媒介素养自然也相应会比较低,这就可以解释为什么虚假消息在这一群体中传播最快,影响最广,产生的问题也最多。不同群体的新媒体接触习惯和内容消费习惯也有很大不同,因此新媒体传播就不能像传统媒体那样进行模糊性的集中传播,而应当抓住不同年龄段、不同职业群体,甚至不同文化层次的受众特点,从内容选择、表达方式、语言风格、版式结构等方面入手,进行精准传播。

在移动互联时代,新媒体本身的信息传输特点决定了受众的注意力是碎片化的、游离的和漂浮的,其越来越体现出分散、移动、自主、平等等特点。[1] 面对这种特点,要想吸引受众,就必须先了解受众,然后再针对性地满足他们对信息需求的各种特性。腾讯新闻政务中心主编闫国军认为,在移动互联网时代,内容生产、信息传播以及用户群体都发生了变化,首先是位于用户年龄层两端的儿童用户和老年用户都进入了媒体消费圈,手机完全覆盖了

---

[1] 国秋华、钟婷婷:《移动互联时代受众注意力的漂移、捕获与重构》,载《中广播电视学刊》2019年第1期。

全年龄段用户的新媒体信息消费；其次是在用户的资讯消费心理方面，节约时间和消磨时间两种样态都表现强烈；再次从内容消费来看，用户喜欢观看视频胜过阅读文字，对智能视频化资讯的消费需求正在上升；最后从用户存在特征看，他们正在加速群化，网络虚拟世界的身份认同感已超越现实世界的身份认同感。因此，通过短视频的形式或者运用网络化的语言，对普法内容重新进行加工和包装，从表达上进行新媒体化的变革，就可以大大降低普法宣传的认知门槛，让普法宣传的内容更加生动、直观、形象、立体，减少受众接受的认知阻力，更容易受到网民的喜爱。[①]

新媒体面对的受众是一群被称作用户的人，他们不会被动地等待媒体给他们提供信息，而是在信息的自由市场上主动出击，寻找自己感兴趣、对自己有用的信息，总结起来就是寻找"有用""有益""有趣"的信息。因此，新媒体的编辑们总是在想方设法地创造性地生产能引起受众兴趣，对他们有用或有益的信息。BBC新闻学院（BBC Academy）就曾经针对新媒体的内容生产发布过新闻编辑的黄金守则，编辑Nathalie Malinarich分别就标题、导语、结构等给出了新媒体叙事的指引，即标题如果超过55个字就会因冗长而给受众增加阅读障碍，导语要通过既短小又精练的一句话"秒杀读者"，篇幅一般应控制在500字以内，只有十分庞杂的故事才可以超过600字，因为受众喜欢小块地消解信息，所以问答结构在新媒体中能产生很好的阅读效果。[②] 在新媒体主导下的传播是网络传播、大众传播和人际传播三个维度融合在一起的融合传播，承载了信息的文本在三个传播维度之间自由转换，而网络传播则是其中的中介与灵魂。考虑到三个文本维度传播中的话语体系、体裁特征及表达形式之不同，新媒体传播要更加灵活，更加容易满足受众的需求，这样才能在三个文本维度之间实现信息的自由转换与传播。法治宣传文本也要创新，以满足新媒体传播中的用户需求。

法治宣传文本创新，最重要的是要把握好态度、高度、深度、温度这四个"度"。

首先说说态度。俗话说，态度决定一切，万事成败首先取决于态度。《人民日报》曾批评一些官微在运营中存在着各种问题，"有的失管，没有专

---

① 蒲晓磊：《互联网语境下如何做好普法工作》，载《法制日报》2019年1月30日。
② 腾讯传媒研究院：《众媒时代》，中信出版社2016年版，第223—224页。

业人员管理维护,或者外包给第三方机构,当起'甩手掌柜';有的失度,任性发表言论,面对群众问题咨询,出现'雷人回复';有的失语,开通后就没有更新,面对群众诉求毫无反应,变成'僵尸网站'"。① 之所以会出现这些现象,就是因为运营者的态度出了问题,根本就没用心去经营。只有"从加强管理和维护入手,用心建好每个平台、用好每个账号、发好每条内容、做好每条回复,才能使政务官微深入人心,切实成为提升政府治理能力的有效工具"②。同样道理,法治宣传也需要用心经营。法治宣传工作不仅仅是一份职业,更是一项使命,带着这样的态度去开展法治宣传,法治宣传就有了灵魂。现在有些机构将法治宣传当作一份差事,凑合着干,只是满足于把各种文件、案例直接贴到自媒体上,根本不考虑受众的需求和感受,更不会动脑筋、想办法去吸引受众,结果输在了态度上。对于商业性的新媒体来说,往往又只想着增加粉丝数而不考虑普法,结果传播的反而是反法治或伪法治的内容,有些内容甚至走向了法治的对立面。

其次说说高度。法治宣传工作具有极端重要性,其在实现中华民族伟大复兴的过程中作用巨大。一个不讲法治、不讲法律、不讲规则的社会不会是一个小康社会,小康的标准不只有经济一个维度,法治是诸多维度中更加重要的一维。法治宣传的主要目标是建设社会主义法治文化。要实现这一目标,必须通过对立法、执法、司法、守法的全面宣传,通过讲法、释法、用法、守法,在全社会树立起宪法法律至上的观念,以建设法治国家、法治政府、法治社会。明确了这一重要使命和任务,各级政府、各级检察机关与司法机关、各类党媒与商媒、各类网络媒体都要开展有高度的法治宣传。无论是选题策划还是内容制作,都要站在建设社会主义法治国家与建设社会主义法治文化的高度来进行。

第三说说深度。法治宣传的深度,其实就是法律的专业度和精准度。宣传文本在技术层面的创新是比较容易的,怎样结构篇章、怎样遣词造句、怎样美化版式、怎样甄选题材、怎样选择角度等都可以通过特定的专业化训练得以完成,最难的还是专业层面的创新。法治宣传不同于一般的社会性、娱乐性信息传播,其专业性决定了内容无论怎样娱乐化、大众化、通俗化,都不可

---

① 匡吉:《官微运营需用心》,载《人民日报》2019年2月14日。
② 蒲晓磊:《互联网语境下如何做好普法工作》,载《法制日报》2019年1月30日。

以抛弃专业化、精准化。也就是说,在运用新媒体进行法治宣传时,对执法依据、司法程序、案情分析、定罪量刑、适用法律、裁判法理等内容的解释要体现专业性与精准性,努力让人民群众在每一个司法案件中都能充分感受到公平正义。所以,哪怕是制作一个短视频,也要在法律术语、法理精神、适用法律等方面拿捏准确,不能为了点击率而满足于浅薄的娱乐;要以专业的深度去为群众解惑,为民众普法。对于普通商业类自媒体来说,如何精准地释法,以及如何准确地运用法言法语言来说法理,更是需要下足功夫。

第四说说温度。法律需要讲理性,讲逻辑,但并不是说法律就不需要讲感情,不能以温情动人。比如,一直以来,警情通报都是用冷冰冰的语言来体现公事公办的态度,虽然也能起到一定的法治宣传作用,达到警醒民众的目的,但效果并不尽如人意。2019年2月9日,山东莘县公安局通过官方微信通报"莘县燕塔一青年男子坠落身亡"的事件,经警方勘察、取证、走访调查,确定系个人自杀行为。警方的官微通报一改多数通报就事论事的文风,用充满温度的语言写道:"今天是正月初五,正是新春向好。可是,一条年轻的生命就这样从眼前殒落,大好的年华就这样提早结束,让人不禁扼腕叹息。生命不易,一路前行,且行且珍惜。父母渐老,羔羊跪乳,须报养育恩。生活中或有这样那样的困顿挫折,情绪也会有高低起伏,但我们每个人都是在生命的旅程中,奋力跋涉,负重前行。人生没有过不去的坎,哪怕面临绝境,只要咬紧牙关,坚持坚持再坚持,也许就会山重水复疑无路,柳暗花明又一村……"这些言语充满了情感的力量,真诚中蕴含着关爱,以情说法,以诚说理,令人在这件不幸的事件中感到了浓浓的暖意。这份通报的最后也不像平常那样用严厉而冰冷的态度告诫人们不要传播相关视频,而是语气委婉、情真意切地劝告说:"没有经历过,谁也无法体会死者家人的沉痛心情。不讨议,不传播,是对死者的尊重,也是对其家人的安抚和保护。请勿再传播相关视频,让逝者安息,生者在悲痛中生活逐渐回归平静。"这份通报发布后,引发网友广泛的关注,仅一天之内,阅读数量就达到了"10万+"。① 一般而言,作为职务行为,警方向社会发布信息只要符合及时、真实、准确、规范等要求就可以了,但是从法治宣传的角度看,既然是为人民服务,为什么不能为人民着想,讲他们爱听、想听、愿听的话?这样不是更能产生应有的效果吗?

---

① 张雅:《小伙坠楼 警方释疑为何删视频》,载《北京青年报》2019年2月11日。

三、倾听受众：强化宣传互动

受众的组成很复杂，其中交织着地域因素和共同的利益因素。同一受众可能内含着不同的因素，因而不同的受众组成了一个特殊的社会关系网络，每个传播媒介都不同程度地与这一社会网络相融合。作为个体，受众对媒介内容的解读除了受自身的政治、经济、文化等素养影响外，更重要的是还受到其所处社会环境的影响，人际关系、意见领袖等所构成的社会关系引导、过滤并且诠释人们的经验。受众构成的复杂性，决定了宣传效果产生的困难性。不了解受众，不倾听受众，就无法使宣传效应准确释放，从而达到预期效果。

受众研究的目的很多，但大多数指向增强传播的有效性。麦奎尔总结受众研究的目的有"说明销售情况（簿记）""为实现广告目的而测量实际与潜在受众到达率""操纵和引导受众的选择行为""在受众市场上的机会""检验产品和提高传播的有效性""尽责尽力服务受众""以各种方式评估媒介绩效"等。以上受众研究目的都可以和宣传工作建立起某种或深或浅的关联，因为宣传就是要把特定的信息送达受众，并对受众产生传播者预期的影响，取得传播者预期的效果。基于这样的目的，法治宣传应当把了解受众、倾听受众作为工作的重要一环。

在法治宣传工作中，传播的有效性必须放在首位，而检验传播有效性的最好方式也是最直接方式就是倾听受众的评价——评价可能是正面的，也可能是负面的，当然没有评价也是一种评价，说明受众对宣传内容不感兴趣。在新媒体传播中，受众的评价可以分为有意评价和无意评价。所谓有意评价，就是受众通过留言区、评论区对宣传内容进行评论；无意评价则是通过点击量或浏览量反映出来的。无论是有意评价还是无意评价，都是对宣传内容的直接反应。一般的警情通报，点击量都很有限，能上千就已经不错了，但前文提到的山东莘县警方的警情通报不但一天之内就收到了"10万+"的阅读量，而且网友也对通报进行了积极肯定的评论。网友平凡仙客评论说："这份通报我看到了温情的一面，不只是冷冰冰的通报，入理，堪称通报楷模，为你们点赞！"网友congbin评论说："为莘县警局的通报点赞，也为逝者惋惜，珍爱生命。"这样的互动说明了受众对宣传内容的肯定与认可，是法治宣传效果的最直接反映。

只要是做媒体，就会有做得不到位、令受众不满意的地方，那么受众对这种现象加以批评就会是常态。法治传播往往会因为纪律、保密、社会影响等因素而不能做到信息的全面、及时发布,从而就会受到受众的批评指责,有时也会因触及了部分人的利益而引起他们的不满。在这种情况下,法治宣传工作者就要保持虚怀若谷的风度,有则改之,无则加勉;不要总是带着戒心和不满,不接受、不理会,甚至还与受众互怼。作为官微,作为带着使命的媒体,不能让个人的情绪影响了整个媒体,甚至影响了政府的形象。遇到合理中肯的批评,说声感谢,虚心接受,积极改过;碰上不合理的指责,说声对不起,耐心解答,主动沟通。用风度聚人气、立威信、树形象,最后都会转化为传播力、引导力、影响力和公信力。这种互动也可以对法治宣传起到积极的推动作用,因为批评和指责就是完善法治宣传工作的动能,只有知道受众的需求,才能真正做到为人民服务。

新媒体时代,受众变成了用户。在信息市场上,作为用户的受众拥有信息选择的主动权。因此,新媒体时代的法治宣传工作必须了解受众,运用受众的思维来开展法治宣传;必须从受众的角度来选择法治宣传渠道、安排法治宣传内容、创新法治宣传文本,真诚地与受众沟通,这样才能使法治宣传产生积极、良好的效果。

图书在版编目(CIP)数据

法治新闻概论/范玉吉主编. —上海：上海三联书店,2024.12
ISBN 978-7-5426-8038-9

Ⅰ.①法… Ⅱ.①范… Ⅲ.①法治-新闻学-概论
Ⅳ.①G210

中国国家版本馆 CIP 数据核字(2023)第 043164 号

法治新闻概论

主　　编 / 范玉吉

责任编辑 / 宋寅悦
装帧设计 / 一本好书
监　　制 / 姚　军
责任校对 / 王凌霄

出版发行 / 上海三联书店

　　　　　　(200041)中国上海市静安区威海路 755 号 30 楼

邮　　箱 / sdxsanlian@sina.com
联系电话 / 编辑部：021-22895517
　　　　　　发行部：021-22895559
印　　刷 / 上海惠敦印务科技有限公司

版　　次 / 2024 年 12 月第 1 版
印　　次 / 2024 年 12 月第 1 次印刷
开　　本 / 710 mm×1000 mm　1/16
字　　数 / 290 千字
印　　张 / 18.25
书　　号 / ISBN 978-7-5426-8038-9/G·1669
定　　价 / 95.00 元

敬启读者，如发现本书有印装质量问题，请与印刷厂联系 13917066329